O problema
do café no Brasil

EDIÇÕES FACAMP

Editora
Liana Aureliano

Editor executivo
Pedro Martins

Conselho editorial
Carlos Alonso Barbosa de Oliveira
Eduardo da Rocha Azevedo
Frederico Mazzucchelli
Fernando Novais
João Manuel Cardoso de Mello
Liana Aureliano
Luiz Gonzaga Belluzzo
Sônia Draibe

Capa e projeto gráfico
Moema Cavalcanti

Editoração eletrônica
Bárbara Fonseca da Rocha

Revisão
Muiraquitã Editoração Gráfica

FUNDAÇÃO EDITORA DA UNESP

Presidente do conselho curador
Herman Voorwald

Diretor-presidente
José Castilho Marques Neto

Editor executivo
Jézio Hernani Bomfim Gutierre

Conselho editorial acadêmico
Antonio Celso Ferreira
Cláudio Antonio Rabello Coelho
José Roberto Ernandes
Luiz Gonzaga Marchezan
Maria do Rosário Longo Mortatti
Maria Encarnação Beltrão Sposito
Mario Fernando Bolognesi
Paulo César Corrêa Borges
Roberto André Kraenkel
Sérgio Vicente Motta

Editores assistentes
Anderson Nobara
Arlete Zebber
Christiane Gradvohl Colas

Antônio Delfim Netto

O problema do café no Brasil

3ª edição
Campinas, 2009

© Copyright Antônio Delfim Netto
Edições Facamp
Direitos de publicação reservados à:
Promoção do Ensino de Qualidade S/A.
Estrada Municipal UNICAMP-Telebras, km 1, s/n. 13083-970 – Campinas
Caixa Postal 6016
Tel.: (19) 3754-8500 - Fax (19) 3287- 0094
www.facamp.com.br

© 2009 Editora UNESP
Fundação Editora da UNESP (FEU)
Praça da Sé, 108
01001-900 – São Paulo – SP
Tel.: (0xx11) 3242-7171
Fax: (0xx11) 3242-7172
www.editoraunesp.com.br
feu@editora.unesp.br

CIP-Brasil. Catalogação na fonte
Sindicato Nacional dos Editores de Livros, RJ

D391p Delfim Netto, Antonio, 1928-
O problema do café no Brasil/Antonio Delfim Netto. – São Paulo: Editora UNESP,
2009.
288 p.

Inclui bibliografia
ISBN 978-85-7139-938-9 UNESP
ISBN 978-85-62819-01-8 FACAMP

1. Café – Aspectos econômicos – Brasil. 2. Economia agrícola – Brasil. I. Título.

09-3004
CDD: 388.173730981
CDU: 330:633.73321

Reservados todos os direitos. Nenhuma parte desta obra poderá ser reproduzida por fotocópia, microfilme, processo fotomecânico ou eletrônico sem permissão expressa da editora.

2009

Editora afiliada:

Asociación de Editoriales Universitarias de América Latina y el Caribe

Associação Brasileira de Editoras Universitárias

PREFÁCIO

Lembro-me bem do dia em que me chegou às mãos a edição mimeografada de *O problema do café no Brasil*, realizada pela Faculdade de Economia e Administração da Universidade de São Paulo.

Estávamos no início da década de 1970. Fazia uma visita ao inesquecível professor João Cruz Costa em sua casa na rua João Pinheiro. Cruz Costa perguntou-me qual era o tema da minha futura tese de doutoramento. Respondi a ele que pretendia fazer uma reflexão sobre o desenvolvimento do capitalismo no Brasil, a partir, é claro, da *Formação econômica* de Furtado e da *História econômica* de Caio Prado Jr.

Cruz Costa conhecia bem a história do Brasil. A conversa prosseguiu animadamente durante um bom tempo.

Quando já me preparava para a despedida, ele perguntou: "Você conhece o trabalho de doutorado do Delfim sobre o café no Brasil?". E acrescentou: "Eu não li, mas a Alice Canabrava [a extraordinária historiadora da economia, professora da FEA-USP] disse-me ser excelente". Levantou-se, procurou nas estantes da biblioteca e logo achou o exemplar mimeografado que possuía. "É seu. Espero que possa ajudá-lo."

O objeto de *O problema do café no Brasil* é a discussão da política cafeeira no final dos anos 1950: "Quando a situação, depois de 1949, tornou-se favorável aos produtores, o problema dos acordos permaneceu mais ou menos esquecido, para renascer somente em 1954. Durante os últimos quatro anos, o Brasil tem feito esforços consideráveis para convencer seus concorrentes sobre as vantagens de tal medida e, quando parecia que o havia logrado, mudanças políticas internas inutilizaram aqueles esforços. Em 1957, chegou-se a um acordo parcial entre os principais produtores latino-americanos e assinou-se um documento conhecido por Convênio do México, o qual simplesmente fazia referência a quantidades a serem exportadas. Para a safra presente (1958-59) continua em vigor um acordo do mesmo gênero, pelo qual o Brasil se comprometeu a retirar do mercado cerca de 85% dos excedentes mundiais.

"Observemos que nossas conclusões sugerem que uma política de entendimento internacional seria a única maneira de reduzir-se a instabilidade do mercado, mas não sugerem que ela seria a melhor política para cada um dos países e, em particular, para o Brasil."

Em suma, a pergunta é: para o Brasil convém ou não a realização de um acordo internacional destinado a regular o mercado cafeeiro, reduzindo sua instabilidade? E a resposta taxativa é *não*. "A política cafeeira que mais convém ao Brasil não é aquela que procura obter o máximo de dólares por saca a curto prazo, mas aquela que assegura a receita máxima de divisas a longo prazo."

A escolha do tema expressa, por certo, as preocupações do jovem Delfim Netto com os rumos do desenvolvimento econômico do Brasil. As exportações de café eram responsáveis por todo o peso do fornecimento de divisas e a sustentação do preço estimulava a entrada dos concorrentes no mercado internacional. O câmbio valorizado e a inflação vão inviabilizando as demais exportações agrícolas, eliminando das pautas todos os produtos que não tenham influência na formação de seus preços. E chegamos aqui à questão do dinamismo das exportações e da capacidade para importar, grande restrição ao crescimento do nosso país.

"É muito difícil", diz Delfim, "penetrar-se no âmago do problema cafeeiro e em todas as suas implicações sobre a economia nacional sem o estudo minucioso de sua história. Aqui, como em todo problema da vida real, a aproximação metodológica que nos parece mais fecunda é através da história." E acrescenta: "Vamos procurar reconstituir a história do café neste último século [desde 1857 até 1956], ressaltando, principalmente, as relações existentes entre ela, o câmbio e a estabilidade monetária do país, e procurando inseri-la dentro do panorama mais geral do movimento dos negócios em escala mundial".

Estou certo de que a análise magistral da economia cafeeira é e continuará indispensável para todos os que queiram compreender nossa história econômica.

Mas o trabalho é notável também por uma outra razão, de método: o professor Delfim promove um encontro virtuoso entre história e teoria econômica. Encontro, acrescento, que exige a perícia técnica do economista, a sensibilidade para o concreto do historiador e uma grande criatividade do pensador.

São essas razões, creio, que tornam *O problema do café no Brasil* um clássico do nosso pensamento econômico.

JOÃO MANUEL CARDOSO DE MELLO

SUMÁRIO

CAPÍTULO 1
O MERCADO CAFEEIRO SEM A INTERVENÇÃO GOVERNAMENTAL — 11
   Introdução — 11
   Primeiro ciclo: 1857-68 — 18
   Segundo ciclo: 1869-85 — 23
   Terceiro ciclo: 1886-1906 — 27
   Considerações sobre os ciclos — 41
   Os antecedentes da intervenção — 44

CAPÍTULO 2
O MERCADO CAFEEIRO COM A INTERVENÇÃO ESTATAL. DEFESA EPISÓDICA — 61
   Primeira operação valorizadora: 1906-18 — 61
   Apreciação crítica da valorização — 71
   Segunda operação valorizadora: 1917-20 — 83
   Terceira operação valorizadora: 1921-24 — 91

CAPÍTULO 3
O MERCADO CAFEEIRO COM A INTERVENÇÃO ESTATAL. DEFESA PERMANENTE — 101
   Introdução — 101
   Defesa pelo governo federal — 103
   A defesa permanente pelo Estado de São Paulo — 107
   A ação do instituto — 109
   A defesa volta ao governo federal — 122
   A nova forma da defesa — 130

CAPÍTULO 4
O CRESCIMENTO DA CONCORRÊNCIA — 135
   Introdução — 135
   O aumento da concorrência na década de 1920 — 142

A concorrência depois da II Guerra Mundial 153
A concorrência com o café solúvel 161

CAPÍTULO 5
UM MODELO DO MERCADO CAFEEIRO 167
Introdução 168
A oferta e a procura no mercado cafeeiro 168
A estabilidade do equilíbrio 173
Solução geral do equilíbrio 175

CAPÍTULO 6
RELAÇÃO ENTRE O MERCADO CAFEEIRO E A ECONOMIA NACIONAL 185
Introdução 185
O modelo utilizado 186
O modelo e o conhecimento histórico 190

CAPÍTULO 7
OS PROBLEMAS DO EQUILÍBRIO DO MERCADO CAFEEIRO 197
O equilíbrio do mercado dentro da política de valorização 197
O equilíbrio do mercado dentro da política recente 202
O custo social da defesa 209

CAPÍTULO 8
O PROBLEMA DA ELASTICIDADE DA PROCURA DO CAFÉ 219
Introdução 219
O problema estatístico 219
Procura com erro nas variáveis 223
A procura dos consumidores e dos operadores 230
A elasticidade dentro do modelo 238
O mercado europeu 244
Níveis de preço e tempo da procura 247

CAPÍTULO 9
O PROBLEMA DOS ACORDOS INTERNACIONAIS 251
Introdução 251
Os tipos de acordo 254
Apreciação final dos efeitos estabilizadores
dos acordos internacionais 260
A aceitação da política de acordo pelos produtores 262

CAPÍTULO 10
AS POSSIBILIDADES DO BRASIL DENTRO DO MERCADO CAFEEIRO INTERNACIONAL 265
Introdução 265
Café e desenvolvimento econômico 265
Conclusão 269

CAPÍTULO 11
RESUMO DAS CONCLUSÕES 273

Anexo – Preço de importação do café nos Estados Unidos 277

Bibliografia 279

CAPÍTULO 1

O MERCADO CAFEEIRO SEM A INTERVENÇÃO GOVERNAMENTAL

Introdução

É muito difícil penetrar-se no âmago do problema cafeeiro e em todas as suas variadas implicações sobre a economia nacional sem o estudo minucioso da sua história. Aqui, como em todo problema da vida real, a aproximação metodológica que nos parece mais fecunda é através da história. É dessa observação que eventualmente nascerá um modelo abrangendo as variáveis mais importantes do fenômeno e que nos permitirá compreendê-lo mais profundamente.

Vamos procurar, no presente capítulo, reconstituir a história do café neste último século, ressaltando, principalmente, as relações existentes entre ela, o câmbio e a estabilidade monetária do país, e procurando inseri-la dentro do panorama mais geral do movimento dos negócios, em escala mundial.

O primeiro cuidado num trabalho dessa natureza reside na reconstituição das séries históricas. Felizmente, o trabalho de Henry Hopp (1954) contém um precioso apêndice de dados que nos serviu de base. Conferimos aqueles dados com informações suplementares obtidas em outras fontes e ampliamos o período coberto pelas tabelas.

Nosso objetivo é mostrar o comportamento cíclico dos preços no mercado cafeeiro e as implicações desse movimento sobre a economia nacional. Como preço de referência, tomamos o preço de importação nos Estados Unidos da América do Norte, calculado dividindo-se o pagamento total em dólares pelo volume de café importado. Nossa escolha recaiu sobre essa série por várias razões:

a) ela reflete o comportamento dos preços de todos os cafés (nossos e de nossos concorrentes);

b) essa média tem um sentido mais preciso do que as médias anuais de preço, que em geral são calculadas como a média das cotações de um determinado dia da semana;

c) a importância dos vários tipos de café se alterou durante o período de observação (o Rio 7 era o mais importante no mercado de Nova Iorque e hoje não é mais o principal café brasileiro cotado naquele mercado; o Santos 4 não existia e hoje é o mais importante), de maneira que seria difícil encadear as cotações do disponível.

Uma das objeções que podem ser levantadas contra essa série é a de que ela não representa, em cada ano, os preços rigorosamente vigorantes dentro dele. De fato, como entre a operação comercial de compra e venda e a chegada da mercadoria ao destino medeia um período de mais ou menos dois meses, as mercadorias recebidas no mês i estão faturadas aos preços do mês i-2. Até 1918, a série mais fidedigna de que se dispõe (dados da própria alfândega americana) era calculada com base no ano fiscal norte-americano (1º de julho a 30 de junho), o qual coincide exatamente com o ano comercial do café. Esses dados refletem, entretanto, as cotações vigorantes no disponível entre mais ou menos 1º de maio do ano t-1 e 30 de abril do ano t. Essa média praticamente coincide com a dos preços vigorantes em t-1, justamente porque no segundo semestre (o de safra), é que se verificam as modificações mais importantes no mercado. Dessa forma, utilizamos os dados de alfândega do ano fiscal t para representar a média dos preços de importação do café no ano t-1.

A partir de 1918 os dados se referem ao ano civil e rigorosamente, portanto, as médias se referem às cotações no disponível entre 31 de outubro do ano t-1 e 1º de novembro do ano t. Quando se trata, entretanto, de analisar os preços dentro de determinados períodos, apelaremos para as cotações do disponível em Nova Iorque.

Nossa análise começa no ano de 1857. A escolha é evidentemente arbitrária e justifica-se pelo nosso desejo de examinar um século dos preços do café, em cuja primeira metade o mercado foi inteiramente livre e em cuja segunda metade registraram-se intervenções de toda sorte. Há ainda outro motivo. Uma análise das cotações CIF Nova Iorque a partir de 1825, realizada com os dados recolhidos por Thurber (1881), convenceu-nos de que 1857 marca o início do período de ascensão de um ciclo do mercado cafeeiro (os preços se encontravam no mesmo nível, mais ou menos, desde 1851). O gráfico 1 mostra o comportamento dos preços do café neste último século, de acordo com os dados da tabela que anexamos no fim deste trabalho.

A análise do mercado cafeeiro num período anterior à intervenção governamental (iniciada em 1906), e que procederemos a seguir, objetiva, principalmente, tentar distinguir um comportamento cíclico que se espera que exista. Aqui, como em todo este trabalho (a não ser quando especificamente observarmos), a expressão "comportamento cíclico" deve ser entendida como um comportamento oscilatório do preço (a principal variável que nos interessa), cujo período não é constante. Não se trata, portanto, da pesquisa de ciclos dentro da concepção mecânica, mas de movimentos oscilatórios de período e amplitude variáveis.

Antes do início da análise, dois trabalhos preliminares se impõem. Inicialmente, é preciso verificar-se se a série não contém uma tendência secular, pois, em caso positivo, o movimento oscilatório apresentar-se-ia combinado e, uma medida maior ou menor, escondido por ela. Confirmada a existência

GRÁFICO 1
PREÇO DA IMPORTAÇÃO

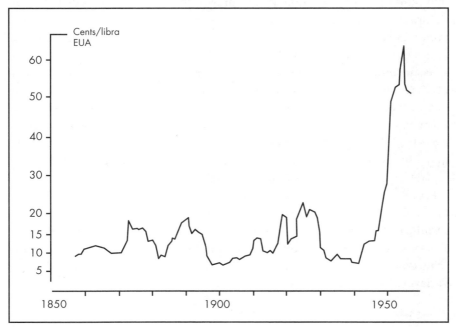

de uma tendência secular, colocam-se dois problemas: a) a sua explicação, e b) a sua eliminação. Obtida, por qualquer dos princípios clássicos utilizados, a série estacionária correspondente, seria preciso testar a independência dos desvios para julgar se os possíveis ciclos obtidos não poderiam ser explicados pelo comportamento de uma variável aleatória. Esse cuidado é muito importante, pois a simples análise gráfica do problema pode levar o pesquisador a procurar complicadas explicações para ciclos "aparentes", os quais, com uma probabilidade suficientemente elevada, poderiam ter sido gerados por uma variável aleatória.

Para a solução desses problemas, lançaremos mão de dois testes não paramétricos clássicos. Vamos utilizar os dados de preço de 1856/57 a 1904/05 (49 observações) em que o mercado cafeeiro e o mercado cambial permaneceram inteiramente livres no Brasil, para analisar o comportamento dos preços do produto num mercado livre.

Para verificar se a série possui tendência secular, vamos aplicar o teste sugerido por Mann (1945), o qual se resume numa aplicação especial da correlação de ordens (*rank correlation*), desenvolvida no livro de Kendall (1948). Como a nossa amostra é bastante grande e a convergência para a normalidade é muito rápida, não vamos utilizar o coeficiente de correlação, mas sim a soma total S que se obtém associando-se a cada ordem o total de ordens que lhe são superiores. Sabe-se que S se distribui, normalmente, com média O e variância $N(N-1)(N+5)/18$. Para fazer-se o teste, aplicamos a correção de continuidade, somando 1 a S.

Associando a cada preço a sua ordem e aplicando a fórmula $S = 2P - (1/2)(N)(N-1)$, onde P é a soma total das ordens associadas a cada um dos preços, encontramos $S = -119$. Como vimos, $E(S) = 0$ e, aplicando a fórmula da variância, encontramos $V(S) = 13.459$. Encontramos, portanto, $\xi = -1,0$. Disso decorre que não existe razão para se rejeitar a hipótese de que S se distribui normalmente, de onde se segue que não existe razão para se pensar que a série possui qualquer tendência secular.

Para verificar a existência de oscilações na série, vamos utilizar o teste de Wallis e Moore (1941), que consiste na fixação da probabilidade de determinadas séries de sinais nas primeiras diferenças das variáveis. Pode-se demonstrar que a média de séries completas de sinais positivos ou negativos de tamanho m, numa série de N observações independentes de uma variável aleatória, é dada por

$$2(m^2 + 3m + 1)(N - m - 2)/(m + 3)!$$

Com essa fórmula, pode-se calcular o valor esperado de séries de apenas um sinal, de séries de dois sinais iguais, de três etc. Chamando de m_1 o valor esperado de séries de um sinal, m_2 o das séries de dois sinais e m o das séries de três ou mais sinais, Wallis e Moore demonstraram que

$$X^2 = \frac{(M_1 - m_1)^2}{m_1} + \frac{(M_2 - m_2)^2}{m_2} + \frac{(M - m)^2}{m}$$

onde M_1 é o número de séries observadas de um sinal, M_2 o número de séries observadas de dois sinais e M o número de séries observadas de três ou mais sinais, distribui-se aproximadamente segundo 6/7 (X^2) com dois graus de liberdade se a soma for menor do que 6,3 e segundo um X^2 com 2,5 graus de liberdade se ela for maior.

A análise da série deu os seguintes resultados:

Número de sinais por série	M	m
1	14	20,00
2	3	8,62
3 ou mais	8	3,05

Calculando-se a soma associada a esses dados, encontramos $X^2 = 13,49$. Como a probabilidade de se obter um X^2 com 2,5 graus de liberdade maior do que 10,3 é menor do que 1% quando não há associação entre as várias observações, concluímos que essa hipótese deve ser rejeitada. Com base nas observações, portanto, há razão para se acreditar na existência de um comportamento oscilatório das séries dos preços do café no período 1856/57 a 1904/05.

Chegamos, portanto, à conclusão de que durante o meio século em que o mercado cafeeiro permaneceu livre os seus preços apresentaram as seguintes características:

1. *Flutuaram sem apresentar qualquer tendência secular.* É importante observar-se que o mesmo aconteceu com o nível geral dos preços mundiais, se o medirmos pelo índice de preços de atacado na Inglaterra ou nos Estados Unidos. Como veremos a seguir, a flutuação dos preços mundiais explica boa parte do movimento dos preços do café. Este apresenta, entretanto, também movimentos próprios, que explicam a diferença de seu comportamento dentro de cada um dos movimentos de conjuntura, em escala mundial, que se pode distinguir no período. Seria errôneo pensar-se que, para investigar o comportamento dos preços do café, deveríamos encontrar

um deflator adequado, pois o nosso objetivo não é propriamente o de medir o preço do café com relação aos dos demais produtos (o que daria uma estimativa das relações de troca do Brasil), mas sim o de estudar-se como oferta, procura e preço se conjugam. É evidente que, se o nível geral de preços se eleva por um processo inflacionário, isso normalmente significa que a curva de procura do café está se deslocando para cima, porque o aumento das disponibilidades monetárias deve ampliar a procura de café a cada nível de preço; reciprocamente, se o nível geral de preços está baixando devido a uma diminuição da procura global e a um aumento da taxa de desemprego, o deslocamento para baixo da curva de procura deve provocar uma redução dos preços do café. Entretanto, o que essencialmente objetivamos é mostrar como esses deslocamentos atuam sobre o preço do produto.

Por outro lado, o deflator introduziria seus próprios movimentos na série corrigida, devido à pequena importância do café dentro do índice agregativo, o que poderia gerar movimentos oscilatórios "fantasmas". Essas observações têm somente importância metodológica, pois as flutuações dos possíveis índices gerais de preço foram relativamente pouco importantes quando comparadas com as dos preços do café dentro do período de meio século que vamos analisar. O índice de preços no atacado nos Estados Unidos da América do Norte, por exemplo, permaneceu dentro de limites fixados por mais ou menos 20% da média, no período que vai do fim da Guerra de Secessão até a I Guerra Mundial.

2. *As flutuações apresentadas dão clara indicação de que existe um movimento oscilatório.* A existência desse movimento oscilatório é aceita com base na rejeição da hipótese nula de que os preços se comportavam como uma variável aleatória. Deste fato decorre a existência de uma correlação entre as várias observações e a possibilidade de existência de um esquema autorregressivo do tipo

$$\sum_{0}^{k} a_i p_{t-i} = e,$$

onde os a_i são coeficientes e p_{t-i} é o preço no tempo $(t-i)$. O resíduo e deve ser considerado como uma variável aleatória.

É fácil compreender-se por que o mercado cafeeiro deve, em condições normais, apresentar um comportamento oscilatório. Como se sabe, o cafeeiro é uma planta perene que apenas produz completamente no seu 4º ou 5º ano de vida e, depois disso, continua produzindo economicamente durante um número bem variável de anos, que vai de 15 ou 20 nas áreas menos férteis (e dentro de determinado nível tecnológico), até 50 ou 60 anos, em áreas excepcionais. Posteriormente desenvolveremos um modelo completo da oferta de café. Para compreendermos a existência dos ciclos, entretanto, basta considerarmos o caso mais simples, em que o café produzisse somente uma vez, depois de 4 anos. Nessas circunstâncias, a oferta de café no ano t dependeria não do preço do café no ano t, mas do seu preço no ano $t-4$ (quando a plantação foi realizada). Por uma questão de simplicidade, podemos colocar $s_t = a + bp_{t-4}$, onde s_t significa a oferta de café no ano t e a e b são parâmetros. A procura de café, entretanto, depende, no caso mais simples, somente do preço do ano t e podemos indicá-la por $d_t = C + pd_t$, onde d_t é a procura no ano t e c e d são parâmetros. Num mercado inteiramente livre, o preço seria formado de maneira a igualar oferta e procura, de onde decorre a equação de equilíbrio $s_t = d_t$. Temos, então, que

$$p_t + mp_{t-4} = k,$$

onde m é um número positivo igual a (b/d), uma vez que d será negativo por hipótese e k será igual a $(a-c)/d$. Estamos diante de uma equação a diferenças de coeficientes constantes, de quarta ordem, não homogênea, cuja solução é

$$p_t = A_1 (z_1)^t + A_2 (z_2)^t + A_3 (z_3)^t + A_4 (z_4)^t + K/1 + m,$$

onde z_i são as raízes da equação $x^4 + m = 0$. Como m é um número positivo, as raízes serão complexas e p_t descreve um caminho cíclico. É importante notar-se que o período da solução independe de m, mas que é a magnitude desse coeficiente que determina se p_t continuará a oscilar com a mesma amplitude, se convergirá para $k/1 + m$ ou, então, se explodirá. O modelo que estamos apresentando é uma simples generalização do conhecido teorema da Teia de Aranha (Allen, 1957) e, se $m = 1$, teremos uma oscilação com a mesma amplitude; se $m < 1$, os preços tenderão para o ponto de equilíbrio $c/1 + m$; e se $m > 1$ a solução explodirá. Como é óbvio, a solução da equação anterior descreve um ciclo de período igual a oito anos.

Esse modelo, que é o caso mais simples que se pode imaginar no mercado cafeeiro, indica claramente que os preços deverão ser altamente correlacionados, porque a oferta e procura do produto são inter-relacionadas. Nos casos mais complicados, não será possível obter-se uma solução com período constante, mas a subsistência da correlação mostra que ainda assim deveremos ter um comportamento oscilatório, hipótese reforçada pelo teste das observações, que acabamos de realizar.

A análise preliminar da série dos preços de café no século XIX revela que o comportamento do mercado cafeeiro se alterou a partir de 1900. Na segunda metade daquele século, nota-se claramente a existência de alguns ciclos, os quais procuraremos explicar adiante, com fase ascendente de seis ou sete anos e fases descendentes maiores. A partir do começo do século XX, entretanto, esse comportamento cíclico está mais escondido. É importante notar que foi justamente na segunda metade do século XIX que a exportação nacional mostrou maior dinamismo, tendo passado de 2,5 milhões de sacas entre 1857 e 1860 para quase 9,5 milhões entre 1897 e 1900 e a mais ou menos 13 milhões em 1901-04.

Os três ciclos notados antes de 1900 podem ser explicados, como veremos adiante, pela interação das forças de oferta e procura do produto.

Primeiro ciclo: 1857-68

A ascensão do preço a partir de 1857 (que foi um ano de crise generalizada) deve-se, de um lado, à recuperação da economia europeia e, de outro, à infestação das culturas cafeeiras do Brasil pela *elachista coffeela*. Pensou-se, na ocasião, que ela liquidaria os cafezais brasileiros, como já o havia feito nas Antilhas, o que felizmente não aconteceu, como aliás previra o botânico Francisco Freire Alemão. Outro fator importante que contribuiu para a elevação do preço foi a lei Euzébio de Queiroz, de 1850, a qual, do ponto de vista prático, extinguiu o comércio de escravos e limitou, portanto, as possibilidades de ampliação da oferta de mão de obra dentro do mercado nacional, que já era o principal fornecedor do produto. Essa limitação da mão de obra atingiu duramente as lavouras do Rio de Janeiro (o então grande exportador), que se apoiavam no trabalho escravo.

Durante o período, o aumento dos preços do café provocou uma melhoria ponderável da nossa receita de divisas. Com a estabilização da nossa taxa cambial (dinheiros por mil réis), como se vê no quadro 1, a melhoria dos preços internacionais do café refletiu-se em seus preços internos, que passaram de mais ou menos 18 mil réis a saca, na exportação, em 1857, para 27 mil réis, em 1863.

As plantações sofreram grandes estímulos, o que provocou uma grande mobilidade interna da mão de obra. Como o cafeeiro leva de quatro a cinco anos para se tornar adulto, esse estímulo dos preços somente se refletiria na produção mais tarde. Em São Paulo, que principiava a expandir sua

QUADRO 1

Anos	Mais baixa	Mais alta
1857	27	28
1858	24	27
1859	23 1/4	27
1860	24 1/2	27 1/2
1861	24 1/4	26 3/4
1862	24 3/4	27 3/4
1863	26 3/4	27 1/8

Fonte: Viana, Victor, 1926, p. 974.

cafeicultura, os recursos foram retirados da cana-de-açúcar e destinados à expansão da cultura do café e do algodão (cuja procura havia aumentado enormemente por parte dos mercados europeus em virtude da Guerra de Secessão). A mão de obra escrava utilizada nos canaviais do Norte foi também fortemente atraída para o Sul devido à melhoria da rentabilidade dos cafezais. A escassez de mão de obra, criada, de um lado, pela expansão das culturas e, de outro, pela sustação do tráfico, elevou de maneira violenta o preço dos escravos e nem todos os esforços dos governos das províncias, criando elevados impostos sobre a movimentação da mão de obra cativa, foi suficiente para impedi-la.

No início da Guerra do Paraguai (1864), os preços do café no mercado internacional já se encontravam caindo, não só devido à redução da procura norte-americana, como também em virtude da expansão brasileira e ao crescimento da produção na América Central, que passara de 400 mil sacas para quase 800 mil sacas por ano, da Ásia, que passara de 1,8 milhão para 2,2 milhões de sacas e da África, que passara de 25 mil para 35 mil sacas anuais.

A importância do mercado norte-americano já era muito grande nessa época e as restrições causadas pela guerra prejudicaram as exportações, como se vê no quadro 2.

A guerra norte-americana produziu vários efeitos. Os portos do Sul foram bloqueados e as importações de Nova Iorque aumentaram de maneira considerável, principalmente no ano de início da guerra, pelo amplo movimento comercial gerado pela introdução de uma taxa de importação de 5 cents por libra (inicialmente de 4 cents e depois acrescida de mais 1 cent), para auxílio das finanças de guerra. Os preços internos do café se elevaram, o que motivou uma ampla utilização de sucedâneos.

QUADRO 2
EXPORTAÇÃO (EM 1.000.000 DE SACAS)

Anos	Europa	Estados Unidos
1857	1,5	1,1
1858	0,8	1,4
1859	1,1	1,4
1860	1,4	1,4
1861	1,6	0,9
1862	1,3	0,5
1863	1,2	0,5
1864	1,1	0,7
1865	2,3	0,9
1866	1,3	1,0
1867	1,7	1,5
1868	1,4	1,4
1869	1,6	1,5

Fonte: Retrospecto comercial, 1874.

É certo, por outro lado, que, na fase ascendente do ciclo, os preços somente não cresceram mais devido ao bloqueio de Nova Orleans e à crise mundial que teve início em 1866. A partir de 1865 começou a processar-se uma revolução tecnológica da mais alta importância para a generalização do consumo do café. Até então, o café era vendido verde, e posteriormente era torrado em casa pelos próprios consumidores, forma esta de comercialização que começou a ser substituída pela venda de café torrado em pacotes.

A importância dessa modificação merceológica é hoje dificilmente compreendida, mas a sua análise poderá nos auxiliar a compreender o que poderá vir a acontecer com o solúvel, tão logo seja possível resolver-se os seus dois grandes problemas: aroma e paladar. O café torrado pelo próprio consumidor ficava na dependência de sua habilidade e a sua qualidade era muito mais variável. Quando esse serviço passou a ser executado por grandes torradores, nasceu não só a especialização, como também generalizou-se a "prova de xícara". O consumo de café era trabalhoso, pois o café torrado perde logo seu aroma e sabor, de maneira que a operação devia ser realizada em pequenas quantidades e com frequência e não sem perdas consideráveis. O fornecimento de café já preparado, em pequenos pacotes, resolvia completamente o problema.

Como subproduto dessa revolução merceológica, tornou-se possível padronizar certas misturas, que produziam bebidas com paladar específico, e diferenciar o café por marcas facilmente distinguíveis por parte do consumidor.

No início, o melhor aproveitamento do produto poderia indicar uma diminuição do consumo total de café, mas a facilidade de uso e a comodidade introduzida pelo café em pacotes superaram largamente aquela diminuição e o consumo total de café cresceu. Esse fato, provavelmente, se repetirá à medida que o café solúvel puder ir melhorando de qualidade e mesmo que o seu maior rendimento possa representar, a curto prazo, uma diminuição do consumo total de café, é possível que a prazo mais longo as facilidades que ele proporciona acabem elevando o consumo total.

Da mesma maneira que o café em pacotes trouxe consigo uma modificação das relações de comercialização entre os produtores e os consumidores, pela exigência de padronização da qualidade, devemos esperar modificações nessas relações à medida que se amplia o consumo do café solúvel.

Quando, a partir de 1863, os preços do café começaram a cair, a ampliação do volume exportado permitiu a manutenção do mesmo nível de receita de divisas obtidas com o produto. O fato singular desse período é que entre o começo e o fim da Guerra do Paraguai o volume de moeda em circulação no Brasil praticamente triplicou, sem pressionar, como seria de se esperar, a taxa cambial. Foi somente a partir de 1867 e até 1870 que o câmbio reagiu desfavoravelmente, tendo flutuado entre 14 e 20 dinheiros por mil réis, em 1868, o que melhorou a remuneração do café em moeda nacional. Essa flutuação se explica pela redução da receita de divisas provenientes das outras exportações que não o café, particularmente o algodão. Durante esse período, entretanto, deve ter havido um aumento ponderável dos preços internos, o que elevou também o custo de produção do café. Sobre esse custo já pesava, aliás, a escassez considerável da mão de obra escrava, de forma que é de se duvidar que a elevação dos preços internos tenha sido acompanhada por uma elevação proporcional do lucro líquido obtido com o produto. De qualquer maneira, o estímulo proveniente da alta de preços internacionais entre 1858 e 1863, elevando os preços internos em 50% (enquanto os preços internacionais se elevavam em mais de 60%), provocou uma expansão ponderável da produção brasileira. Nossas exportações passaram da média de 2,5 milhões de sacas em 1857-60 a nada menos do que 3,4 milhões no período 1866-69, registrando um aumento superior a 30%. Para absorver esses aumentos de produção, o mercado exigiu que os preços voltassem aos níveis vigorantes em 1857-58.

A expansão da cultura do café no vale do Paraíba permitiu, assim, que o Brasil fizesse a Guerra do Paraguai com pequenas flutuações na sua taxa cambial. Nos seis anos de guerra, o câmbio mínimo flutuou entre 14 e 22 dinheiros por mil réis e o máximo entre 20 e 27 1/4.

Em 1866, havia se iniciado na Europa — particularmente na Inglaterra e na França — uma crise econômica, a qual se manifestou na redução das construções de estradas de ferro, na diminuição do consumo de algodão etc., e que reduziu o nível de rendimento dos consumidores. A queda dos preços, necessária para ampliar o consumo nesse período, deve refletir, portanto, na Europa, também uma compensação do efeito-renda.

É muito provável, entretanto, que a relativa estabilidade (a taxa apresentou vários movimentos especulativos, em resposta ao fracasso ou ao bom êxito de determinadas operações militares que teriam podido decidir o destino da guerra) da nossa taxa cambial no período tenha sido devida a condições particularmente favoráveis. Quando se iniciou a Guerra de Secessão nos Estados Unidos, a Europa registrava um período de próspera expansão e pudemos substituir uma parte do fornecimento norte-americano de algodão. De fato, o café, que vinha aumentando a sua participação no fornecimento total de divisas para o país e que já chegara a representar quase 60% de nossas exportações no período imediatamente anterior a 1861, viu a sua participação diminuir durante a Guerra de Secessão e mesmo em 1863, quando os seus preços foram os mais elevados do período, ele não chegou a representar 45% do total das exportações. O aumento das nossas outras exportações prolongou-se até o fim dos anos 1870.

Por outro lado, a crise de 1866 teve uma curta duração e a recuperação foi extremamente rápida e sensível depois de 1869. Com o fim da Guerra de Secessão começou a se restabelecer o fornecimento normal aos Estados Unidos, que cresciam muito depressa, o que igualmente se registrava na Alemanha. Coincidindo esse período de rápida expansão com os relativamente baixos preços do café, sustentados por uma oferta crescente, o consumo pôde absorver os 50% de acréscimo da produção brasileira, com uma redução equivalente em seus preços. É evidente que não se pode falar aqui em elasticidade unitária da procura, uma vez que estamos diante de um período de rápida expansão, em que a curva de procura se deslocava para a direita à medida que aumentava o nível de rendimento dos consumidores do produto. Os movimentos do preço e do consumo do café no período não foram sobre uma curva de procura, mas entre curvas de procura.

Durante o período, o sistema de preços funcionou corretamente, pois os preços internos do café baixaram juntamente com os preços internacionais.

Aparentemente, a baixa dos preços internos era insuficiente para desestimular as novas plantações que começavam a se desenvolver no interior paulista, graças às facilidades proporcionadas pela construção das estradas de ferro.

Segundo ciclo: 1869-85

Em 1868, a produção mundial de café, que vinha crescendo rapidamente e sem interrupção desde 1863, sofreu uma redução devido a uma quebra da safra brasileira e da safra da América Central, fato esse que, combinado com a expansão já mencionada do consumo, iniciou um novo ciclo de elevação dos preços no mercado internacional e que iria durar até 1874. A elevação dos preços assumiu proporções violentas a partir de 1870, por ocasião de uma geada que dizimou uma parcela ponderável dos cafezais paulistas.

As exportações do Brasil, que haviam atingido a média de 3,6 milhões de sacas por ano em 1868-71, atingiram 3,3 milhões em 1873-76. Em compensação, os preços internacionais do produto dobraram entre os dois períodos, de maneira que nossa receita de divisas proveniente do café também quase dobrou. Melhorou assim a taxa cambial (que em 1868 havia atingido o seu ponto mínimo), mantendo-se a taxa mínima entre 1871 e 1876 acima de 23 1/2 dinheiros por mil réis e a máxima abaixo de 28 3/4, limite que não mais seria atingido.

Nesse período, a importância do café no total das exportações retomou a sua posição anterior, representando, novamente, mais de 60% do valor exportado pelo país. Devido aos saldos do balanço comercial e à realização de operações financeiras, a taxa cambial melhorou sensivelmente, mas isso não impediu que os preços do café crescessem bastante em moeda nacional. Uma diminuição da produção em 1873 dobrou o preço internacional do produto e a saca de exportação, que havia estado a menos de 20 mil réis em 1870-72, passou a quase 40 mil réis.

A violenta crise mundial de 1873, que baixou consideravelmente os preços na Europa, particularmente o nível de salários, surpreendeu um mercado cafeeiro equilibrado, o que lhe deu melhores condições de resistência e, portanto, sustentou os preços internos e externos do produto. Devido à redução do nível de rendimento dos países consumidores, a taxa de expansão do consumo até então verificada não poderia ter sido mantida a não ser por meio de grandes baixas nos preços. O fenômeno foi, entretanto, mitigado pela diminuição permanente da cultura cafeeira em Java; e, em plena crise mundial, vimos crescer nossa receita de divisas.

Devido aos compromissos governamentais, principalmente com relação à seca no Nordeste, os déficits se avolumaram. Essas pressões acabaram por fazer baixar a taxa cambial, a despeito do aumento da receita proveniente do café, e assistimos a um fenômeno curioso e de extrema importância para a economia nacional. Como consequência da favorável situação do seu mercado, o preço do café caiu lentamente dentro de um período de crise (à custa, evidentemente, da diminuição da taxa de crescimento do consumo a largo prazo). A diminuição lenta do preço do café manteve relativamente elevada nossa receita de divisas, mas em consequência do aumento da pressão para importar, a taxa cambial começou a declinar e, durante algum tempo, os movimentos de baixa do preço do café no mercado internacional foram compensados, de forma que a remuneração do café, em moeda nacional, diminuiu muito menos rapidamente.

Esse fato explica por que, apesar de o mercado se manter em baixa durante quase 10 anos, a produção de café não deixou de aumentar, atingindo a crise de mão de obra o seu ponto máximo. Paralelamente, a violenta elevação de preços da década de 70 havia estimulado a cafeicultura de outros países latino-americanos, que começaram a substituir a produção javanesa em declínio.

É certo, por outro lado, que foram as más condições climáticas que impediram uma queda maior dos preços, pois o quadro cafeeiro já plantado tinha capacidade para produzir muito mais. É possível verificar isso pelo fato de que, em 1881 e 1882, exportamos 4,4 e 4,2 milhões de sacas, respectivamente, enquanto nossas médias nos períodos anteriores haviam sido: em 1873-76, 2,8 milhões de sacas; em 1877-80, 3,4 milhões. A alta no mercado internacional havia terminado em 1874, e o café, no mercado interno, havia atingido o preço de quase 40 mil réis a saca, na exportação. Os seus preços baixaram, mas, devido à baixa cambial, mantiveram-se ainda, até 1880, acima de 30 mil réis a saca, quando não chegava a 20 mil réis no começo da década de 70; esse fato é que propiciou a expansão das plantações ainda por algum tempo. Como, entretanto, o movimento de baixa perdurou por mais de uma década, com recuperações puramente episódicas, assistimos a uma modificação da estrutura da produção interna, que passava do Rio de Janeiro para São Paulo, sem elevar o volume total produzido. A cafeicultura transferira-se para São Paulo, onde, devido à maior produtividade, ela ainda era lucrativa. Essa substituição, que já vinha se processando há longo tempo, acelerou-se com a libertação dos escravos, pois uma parte importante da cafeicultura paulista apoiava-se na mão de obra imigrante que havia entrado no país.

A partir da metade da década de 70, a economia europeia, que havia sofrido bastante com a crise de 1873, entrou em fase de recuperação e principalmente as indústrias de bens de produção registraram crescimento importante a partir de 1879.

Essa recuperação, entretanto, se fez com elevações relativamente pouco importantes nos preços.

A depressão verificada sobre os preços do café era a mesma que pesava sobre os preços dos outros produtos, com uma gravidade talvez um pouco maior do que a verificada nos demais setores, com exceção do têxtil.

Não pode deixar de ser considerado, por outro lado, que a baixa dos preços do café, depois da crise, facilitou uma ampliação de nossas exportações e permitiu que obtivéssemos, mesmo durante a fase mais aguda da crise mundial, uma receita de divisas proveniente do café quase duas vezes maior do que aquela que até então vínhamos obtendo. O quadro 3 permite uma visão mais adequada dos fenômenos que se sucederam.

QUADRO 3

Anos	Câmbio médio	Preço médio do café por 10 kg	Exportação em 1.000.000 de sacas
1874	24 23/32	7$257	2,67
1875	27 7/32	5$597	3,15
1876	25 11/32	5$293	3,76
1877	24 9/16	6$290	2,85
1878	22 15/16	5$244	3,03
1879	21 3/8	5$374	3,54
1880	22 3/32	5$087	3,46
1881	21 20/32	4$123	4,38
1882	21 5/32	3$303	4,20

Fonte: *Documentos parlamentares*, 1915, v. 1.

Antes desse período, a nossa receita de divisas com o café era da ordem de 7 milhões de libras esterlinas; nesse período, ela foi da ordem de 12 milhões. A partir de 1873, os aumentos da quantidade exportada simplesmente compensavam a diminuição dos preços do produto, de maneira que não conseguíamos elevar a receita total, fenômeno que já notamos no ciclo anterior.

Para poder-se comparar o comportamento entre os preços internos e externos do produto, fazemos ambos iguais a 100 em 1874 e temos:

QUADRO 4

Anos	Preço externo	Preço interno
1874	100	100
1875	86	77
1876	82	73
1877	83	87
1878	69	72
1879	65	74
1880	68	70
1881	55	57
1882	39	46

Fonte: Retrospecto comercial, 1874.

Verificamos que, com exceção de 1875 e 1876, os movimentos da taxa cambial tenderam a amortecer a queda dos preços do produto em moeda nacional. Naqueles dois anos (ou melhor, nas safras 1874-75 e 1875-76), obtivemos as maiores receitas de divisas provenientes do café até então conseguidas (13,5 milhões de libras em cada uma), o que contribuiu para a firmeza da taxa cambial e, portanto, trabalhou no sentido de que os preços internos caíssem mais do que os preços externos. À medida que o rendimento nacional, em termos monetários, se ajustava à nova situação (duplicação da receita de divisas provenientes do café, que se processou a partir da safra de 1872-73), a pressão da procura fazia a taxa cair.

Em 1882, os preços baixaram ainda mais devido à crise europeia, logo seguida pela crise norte-americana de 1884. Novamente assistimos a um movimento de compensação, que assegurou a conservação da receita de divisas, como se vê no quadro 5.

O período anterior seria o final da crise de preços do mercado cafeeiro do ciclo 1868-85, que foi seguido por uma expansão sem precedentes no mercado do produto. Num período de 18 anos, que revela, nos primeiros 7, uma violenta elevação de preços e, nos 11 seguintes, uma baixa das

QUADRO 5

Safras	Exportação em 1.000.000 de sacas	Receita em £1.000.000
1881-82	4,08	9,55
1882-83	6,69	10,82
1883-84	5,32	11,68
1884-85	6,24	13,14

Fonte: Taunay. 1946. p. 548.

mesmas proporções, a produção e o consumo mundiais não cessaram de crescer, passando de 6,6 milhões de sacas em 1868-69 para 11,5 milhões de sacas em 1884-85, o que representa uma taxa de crescimento superior a 3,5% ao ano.

Um exame das estatísticas da produção nacional mostra a maneira impressionante da resposta da cultura de café às elevações dos preços. Durante a fase de expansão desse ciclo, que se prolongou até 1874, as plantações se multiplicaram. Nos quatro anos posteriores ao ponto máximo da alta (1874), nossa produção média foi de menos do que 4 milhões de sacas. Nos quatro anos seguintes (quando os cafezais plantados se tornaram adultos), nossa produção foi de 5,5 milhões de sacas. O gráfico 2 mostra o fenômeno com maior clareza.

Terceiro ciclo: 1886-1906

Com a oferta em níveis altos, os preços se mantiveram muito baixos durante quase quatro anos, para reiniciarem, em 1886, uma nova e violenta fase de expansão, que seria o último ciclo completado pelo mercado cafeeiro sem a intervenção governamental.

A safra de 1887-88 apresentou uma quebra de quase 50% sobre a média de produção que havia vigorado nos sete anos anteriores. A de 1885-86 havia sido de 5,6 milhões de sacas, a de 1886-87 foi de 6,2 milhões e a de 1887-88 alcançou apenas 3,3 milhões. A safra seguinte atingiu 6,5 milhões para, em 1889-90, voltar a 4,6 milhões. Essas enormes flutuações da oferta, produzidas pelo ciclo próprio do cafeeiro, são um dos elementos importantes para a explicação das elevações que se processaram entre 1885 e 1890 e que duplicaram o preço internacional do produto.

GRÁFICO 2
Produção e Preços

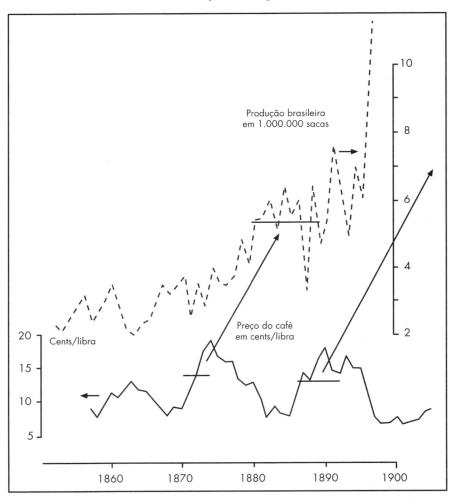

A crise europeia, iniciada em 1882, e a norte-americana, iniciada em 1884, já se encontravam inteiramente superadas e, a partir de 1886, os mercados mundiais revelavam um crescimento extraordinário, particularmente o norte-americano. Entre 1885 e 1890, o rendimento dos consumidores se elevava com rapidez e, portanto, a sua procura, o que, por seu turno, auxiliou a alta dos preços. O movimento recebeu novo impulso em 1888, com a libertação da mão de obra escrava.

A libertação constituiu a mola mais importante para a transferência da lavoura cafeeira do Rio de Janeiro para São Paulo, pois aquela se apoiava em muito maior magnitude sobre o braço escravo. Em São Paulo, desde o início da década de 1880, a imigração havia se intensificado, principalmente a partir de 1887. Só em 1888 entraram 92.086 imigrantes (em 1891 esse número chegou a 108.736), quando se estimava que o número de escravos existentes em São Paulo fosse pouco superior a 100 mil. É de se considerar, por outro lado, que o movimento de libertação espontânea já havia conquistado muito terreno em São Paulo, quando veio a lei de 13 de maio de 1888. É esse o principal motivo que explica o fato de, pouco antes da libertação, São Paulo produzir mais ou menos 2/3 do total de café produzido pelo Rio de Janeiro e, seis ou sete anos depois, quase duas vezes mais do que o total produzido por aquele Estado (Veiga Filho, 1896, p. 53).

A libertação trouxe consigo novos problemas de financiamento, que alteraram as relações entre os comissários e os exportadores. Antes de 1888, os recursos financeiros necessários para o custeio da fazenda eram relativamente pequenos, pois a parte mais importante desse custeio — que era o pagamento da mão de obra — praticamente não existia. Isso não significa, evidentemente, que o custo fosse nulo, como até hoje pensam algumas pessoas a respeito do custo africano, mas simplesmente que ele não se representava em dinheiro e não exigia recursos monetários para a sua satisfação.

A libertação, entretanto, significou não somente a perda de braço escravo, mas também a necessidade da realização de enormes investimentos na construção de casas para os novos colonos, habituados a um padrão de vida mais elevado que o do negro, como também uma grande necessidade de capital de movimento para pagamento dos salários. É certo que, na medida em que o fazendeiro conseguia estabelecer uma "conta-corrente" com seus colonos, o dinheiro funcionava simplesmente como unidade de conta e só era necessário para a liquidação dos saldos. Isso não invalida, entretanto, a afirmação de que o capital de movimento agora exigido era muito maior.

O principal banqueiro do cafeicultor era o comissário. Os recursos dessa classe de comerciantes, apesar de serem muito ponderáveis, foram insuficientes para sustentar, sem aperturas, as novas necessidades monetárias da economia. Essa circunstância transformou também o comissário numa classe dependente de financiamentos e quebrou-lhe o poder de resistência diante dos exportadores. O comissário que, dispondo de capital, podia estocar o produto e realizar uma certa regularização da oferta, viu-se diante da necessidade de colocar imediatamente o produto que lhe chegava às mãos a fim de poder cumprir os seus próprios compromissos. Essa inversão de papéis deu ao exportador — geralmente agente de grandes empresas estrangeiras — a capacidade de comprimir ainda mais os preços do produto. É inútil insistir-se sobre o fato de que o aumento do poder de barganha do exportador só poderia adquirir importância quando a oferta de café crescesse mais rapidamente do que o consumo, o que se verificaria anos depois.

No momento, a elevação dos preços do café compensava as pequenas colheitas e a receita de divisas, recebida pela venda do produto, cresceu de maneira considerável. Graças a isso e a operações financeiras levadas a efeito pelo governo imperial, o câmbio começou a melhorar a partir de 1887 para atingir, no ano da proclamação da República, uma média que não se registrava desde 1873: 26 7/16 dinheiros por mil réis.

Esse mecanismo corrigia, em parte, os estímulos para novas plantações e provenientes das elevações dos preços internacionais, como se vê no quadro seguinte, onde tomamos por base o ano de 1885, que representa o fundo da crise anterior:

QUADRO 6

Anos	Preço externo	Preço interno
1885	100	100
1886	141	111
1887	184	176
1888	171	120
1889	210	124
1890	237	149

Fonte: Retrospecto comercial, 1874.

A média de nossa produção entre 1886 e 1890 foi da ordem de 5,2 milhões de sacas. O estímulo proveniente dessa alta deveria manifestar-se nas produções de 1894 em diante. A média de nossa produção em 1894-97 foi da ordem de 7,4 milhões de sacas (tomamos um período pequeno, para evitar os efeitos da violenta elevação da remuneração do café em moeda nacional a partir de 1891).

Desde 1880, época em que se tornaram adultos praticamente todos os cafezais plantados sob o estímulo da alta de preços de 1868 a 1874, até 1890, nossa produção permaneceu mais ou menos no mesmo nível, como se vê no gráfico 2, registrando-se violentas flutuações anuais, em consequência do ciclo próprio do cafeeiro. Durante quase todo aquele período, o preço do café em moeda nacional permaneceu em torno de 4$000 ou 5$000 por 10 quilos.

É muito difícil medir-se a reação da oferta aos estímulos de preços. Se atentarmos, entretanto, para a tabela anterior, verificamos que o aumento substancial da remuneração em moeda nacional se verificou em 1887, onde uma pequena exportação (devido a uma grande redução da colheita) não foi suficientemente compensada pela elevação dos preços externos e a receita total de divisas proveniente do produto caiu. O câmbio reagiu desfavoravelmente e os preços em moeda nacional subiram mais (quase 60%) do que os preços internacionais (cerca de 30%). Os cafés plantados nesse ano (e, evidentemente, os plantados em 1886, quando o aumento de preço foi de apenas 11%) tornaram-se adultos em 1891. Nas safras de 1891-92 e 1892-93, a média de nossa produção foi de 7 milhões de sacas, contra menos de 5 milhões nas quatro safras precedentes. Os cafeeiros plantados sob o estímulo dos preços de 1887 tiveram a sua produção aumentada à medida que se tornaram completamente adultos, mas esse aumento de produção é impossível de ser medido por estar confundido com as produções dos cafeeiros plantados posteriormente.

Podemos, entretanto, ter uma ideia aproximada da elasticidade da oferta de café a longo prazo (mais de quatro anos), pois os aumentos de produção devidos à completa maturação do cafeeiro não são muito substanciais. Um aumento de 76% nos preços em moeda nacional produziu um aumento de 40% na produção, o que dá uma elasticidade média, de longa duração, para o período, da ordem de 1/2.

Quando os aumentos de produção chegaram ao mercado (1890), já não encontraram o mesmo ambiente de euforia da procura, pois a economia europeia sofria novo movimento depressivo. Como, entretanto, a economia norte-americana, protegida pelas barreiras da tarifa MacKinley, manteve-se ainda em prosperidade até 1893, os preços sustentaram-se em nível relativamente elevado, apesar do aumento maciço da oferta em 1891-92.

O câmbio, que depois da proclamação da República mantivera-se, ainda em 1889, a uma taxa média de 26 7/16 dinheiros por mil réis (o café rendera nesse ano um acréscimo de divisas de 80% sobre o ano anterior, graças a um aumento concomitante da exportação e dos preços), baixou, em 1890, a 22 9/16 (apesar de a receita proveniente do café permanecer estável) para, em 1891, cair espetacularmente para 14 29/32, nível não registrado desde 1868, durante a Guerra do Paraguai.

As causas dessa precipitação cambial foram múltiplas, mas convém destacar algumas.

Em primeiro lugar, a desorganização do sistema bancário, que se seguiu à instalação da República, e os déficits orçamentários provocaram uma inflação sem precedentes, em tão curto prazo, que ficou conhecida como o "encilhamento".

Em segundo lugar, com a libertação dos escravos e a posterior elevação dos preços do café, a agricultura de subsistência foi literalmente abandonada, pois os fazendeiros dedicavam os recursos disponíveis à produção de café, que era a cultura que lhes proporcionava maior lucro. Dessa maneira, o volume das importações de aumentos cresceu de maneira sensível. Se isso não bastasse, a chamada "revolta da esquadra", em 1893, desorganizou o comércio de cabotagem e São Paulo teve que recorrer ao exterior para a importação de cereais.

Nem mesmo os altos preços do café, que haviam melhorado consideravelmente a receita de divisas proveniente desse produto (situada agora em torno de 20 milhões de libras esterlinas, quando antes da República era de mais ou menos 14 milhões), poderiam sustentar a taxa cambial, pois a pressão da procura cresceu enormemente.

Esse período registra o que constitui as origens de todo o problema cafeeiro vivido no último meio século XIX.

Entre 1890 e 1894, os preços do café haviam se mantido, a despeito do aumento da oferta; mas, com a instalação da crise na economia norte-americana e aumentos ainda mais substanciais da produção pelo amadurecimento dos cafeeiros plantados sob o estímulo da alta, eles começaram a cair.

Os aumentos de produção e a retração do nível de rendimentos dos consumidores exigiram uma redução substancial de preços. Pela primeira vez, de maneira persistente, assiste o Brasil a um espetáculo ainda desconhecido: as exportações não conseguem se ampliar suficientemente (a curto prazo), para compensar a baixa dos preços. A partir de 1897, nossas exportações passam de uma média de 6 milhões de sacas para 9,5 milhões, mas a receita de divisas proveniente do café baixa de 20 para 15 milhões de libras esterlinas. A explicação desse fato provavelmente se encontra na circunstância de que a própria desvalorização cambial acentuada criava condições que possibilitavam a queda do preço do produto no mercado internacional.

Vimos, nos dois ciclos que analisamos (1858-68 e 1869-85), que, durante a fase ascendente, os preços do café elevavam a receita de divisas do país, mas que, na fase descendente, as ampliações das exportações eram suficientes para sustentar a mesma receita de divisas, fenômeno que, de um lado, não gerava grandes flutuações na taxa cambial e, de outro, garantia um paralelismo mais ou menos estreito entre as tendências das cotações no mercado externo e no mercado interno. A inexistência desse movimento pôde levar a uma depreciação da taxa cambial, capaz de compensar, por algum tempo, a redução dos preços externos e prolongar, consequentemente, o período de desajustamento.

Na fase com que nos preocupamos, o movimento antagônico entre preço externo do café e taxa cambial assumiu um aspecto dramático e criou uma situação extremamente difícil para o país. Enquanto os estoques mundiais se mantiveram abaixo do normal, devido às pequenas safras brasileiras, como se vê no quadro abaixo, os preços internacionais se sustentaram.

QUADRO 7

Safras	Produção do Brasil em 1.000.000 de sacas exportáveis	Estoque mundial em 1.000.000 de sacas	Preço médio de importação nos Estados Unidos em cents por libra-peso
1886-87	6,03	3,99	10,7
1887-88	3,14	4,13	14,0
1888-89	7,02	2,33	13,0
1889-90	4,44	3,58	16,0
1890-91	5,58	2,38	19,0*
1891-92	7,60	1,91	20,0*
1892-93	6,34	2,96	14,0
1893-94	4,84	3,10	16,4
1894-95	7,04	2,15	14,7
1895-96	5,79	3,12	14,6

Fonte: Hopp, H., 1954.
* Estimados pelo autor.

Quando se apresentou a primeira grande colheita brasileira, que já refletia a produção dos novos pés de café plantados sob o estímulo dos preços altos (safra de 1896-97), os preços caíram à metade. Uma queda tão violenta se explica, não tanto pelo aumento da oferta (o estoque visível em 1º.7.1895 era de 3,12 milhões de sacas, em 1896 era de 2,59 e em 1897 era de 3,98 milhões de sacas), como pela folga que havia sido deixada pela depreciação do câmbio em condições de grande equilíbrio estatístico.

Notamos que, enquanto a oferta de cada ano deixava estoques mundiais relativamente pequenos e que cobriam as necessidades de comercialização, os preços internacionais do café não desceram, apesar da depreciação da taxa cambial.

Em 1887-88, com a queda da produção exportável pelo porto do Rio de Janeiro, elevaram-se os preços internacionais do café e a nossa taxa cambial, o que impediu a elevação dos preços em moeda nacional. As boas exportações de 1889 e 1890, realizadas a preços altos, aumentaram de maneira considerável nossa receita de divisas, o que elevou ainda mais a taxa cambial, que chegou, em 1889, à média de 26 7/16 dinheiros por mil réis.

Como o câmbio, devido principalmente à inflação, caía mais depressa do que os preços externos do café, o sistema de preços não poderia regular a produção e era claro, portanto, que mais cedo ou mais tarde deveria se desenvolver algum mecanismo compensador.

Para se compreender o fenômeno, lembramos que, desde 1890, os preços do café já manifestavam tendência para a baixa, tendência que não se concretizou a não ser a partir de 1894, com a crise norte-americana. A tabela a seguir dá o comportamento da taxa cambial, do preço interno e do preço externo do produto:

QUADRO 8

Anos	Taxa cambial	Preço externo	Preço interno
1889	26 7/16	100	100
1890	22 9/16	113	120
1891	14 29/32	90	171
1892	12 1/32	87	201
1893	11 19/32	103	276
1894	10 3/32	92	290
1895	9 15/16	91	262
1896	9 1/16	69	252
1897	7 23/32	47	180
1898	7 3/16	41	163
1899	7 7/16	42	156
1900	9 16/32	46	171

O quadro anterior revela a gênese do problema cafeeiro nacional. A coincidência de uma queda mais rápida do câmbio do que dos preços do café criou condições para a expansão da cultura cafeeira quando o mercado já não podia absorver a quantidade produzida a não ser a níveis ínfimos de preços.

Vimos que a resposta da oferta aos estímulos dos preços foi enorme na década anterior. No começo do século ela foi ainda maior. A construção das estradas de ferro Paulista, Sorocabana, Ituana, Mogiana e Rio Clarense havia transformado em recursos efetivamente utilizáveis uma quantidade enorme de terras férteis, apropriadas para a plantação do cafeeiro, e a corrente imigratória havia se acentuado enormemente, melhorando as disponibilidades de mão de obra.

A conjugação dos preços altos com essas disponibilidades de fatores de produção exerceu um impulso poderoso sobre a nossa produção, que passou de pouco mais de 6 milhões de sacas entre 1892 e 1996 para nada menos de 9,3 milhões na safra de 1896-97, ou seja, quatro anos depois, e para 11,2 milhões em 1897-98. Se tomarmos a média da produção entre as safras de 1900-01 e 1903-04, quando todo o cafezal se tornou adulto, encontraremos 12,7 milhões de sacas. A elevação dos preços havia, portanto, dobrado a produção brasileira em menos de 10 anos.

A situação causada pelo desenvolvimento descompassado da taxa cambial e dos preços externos do café se apresentava séria, não só do ponto de vista de cada agricultor, mas também de todo o país. Isso porque os grandes lucros proporcionados pela cafeicultura haviam desviado todos os recursos da classe agrícola para a produção de café, o que conduzira ao abandono da agricultura de subsistência. As importações de cereais e de outros gêneros de consumo haviam aumentado enormemente e pressionavam ainda mais a taxa cambial. Essa concentração de fatores de produção na cafeicultura tornara o setor agrícola da economia brasileira extremamente sensível às flutuações dos preços do café, e a baixa desses preços não podia ser compensada, a curto prazo, por maiores vendas de arroz, feijão, milho, porcos etc.

O formidável aumento da produção paulista de café havia sido possível, em parte, à custa de uma redução da agricultura de subsistência. É certo que nos primeiros anos das plantações de café se cultivavam alguns produtos dentro do próprio cafezal, mas esse cultivo era subsidiário, usado para alimentar os próprios produtores e, eventualmente, para fazer face a pequenas despesas. É preciso considerar-se que, com a abolição, também viera o auxílio financeiro governamental através do Banco do Brasil, que realizou empréstimos diretos à lavoura, empréstimos estes que os bancos particulares não estavam dispostos a realizar. "Havia dinheiro e fácil", diz-nos Victor Vianna (1926, p. 526). Esse dinheiro foi alimentar a cultura cafeeira.

A queda dos preços do café colocava agora os agricultores em situação quase desesperadora e também o próprio governo, pois a redução dos preços tornava insolváveis os fazendeiros e a pressão do setor importador sobre o mercado de câmbio tendia a depreciar ainda mais a taxa cambial.

No começo do século, aquele movimento compensador da receita de divisas, ao qual nos temos referido mais de uma vez, manifestou-se novamente. Os excessos de produção haviam levado os preços do café ao nível mais baixo de todo o período até aqui estudado. Em 1900, a situação econômica na Europa era de recessão, mas a economia norte-americana prosperou rapidamente até 1903, quando registrou um pequeno movimento de contração. A economia europeia já estava em plena recuperação nessa época e a procura de café estava, portanto, se expandindo. A baixa de preços, que havia feito o volume médio de nossas exportações crescer de 6 para 9,5 milhões de sacas depois de 1897, criou estímulos suficientes para elevar essa exportação a 14,8 milhões de sacas em 1901 e para conservá-la na média de 11,7 milhões de sacas entre 1902 e 1905, antes, portanto, do Convênio de Taubaté.

Dessa maneira, recuperávamos, seis anos depois, pelo acréscimo da quantidade exportada, o mesmo nível de divisas obtido em 1892-95: cerca de 20 milhões de libras esterlinas.

Para obter esse resultado foi preciso, entretanto, permitir que os preços caíssem e permanecessem durante muito tempo em níveis bastante baixos. Com a política de saneamento monetário iniciada por Joaquim Murtinho, o meio circulante havia sido reduzido de 734 mil contos de réis em 1899 para 675 mil contos em 1902, e as exportações de café haviam conduzido a receita de divisas proveniente desse produto ao nível de 20 milhões de libras esterlinas. Esses movimentos convergentes (além do *funding* obtido) elevaram a taxa cambial e reduziram a remuneração do café em moeda nacional. Veja o quadro 9.

Logo no ano seguinte ao da declaração da República, a taxa cambial declinou violentamente, passando de 26 7/16 dinheiros por mil réis em 1889 para 22 9/16 em 1890, para 14 29/32 em 1891, para 12 1/32 em 1892, até atingir 9 1/16 em 1896. Apesar dessa violenta depreciação, o preço do café elevou-se de 16,0 cents por libra-peso em 1889 para 19,0 cents em 1890 e para 20,0 cents em 1891, daí por diante mantendo-se estabilizado em torno de 14 cents por libra-peso até 1895 e caindo para 11,1 cents por libra-peso

QUADRO 9

Anos	Câmbio médio	Preço do café por 10 kg
1895	9 15/16	13$475
1896	9 1/16	12$959
1897	7 23/32	9$259
1898	7 3/16	8$375
1899	7 7/16	8$034
1900	9 16/32	8$817
1901	11 3/8	5$617
1902	11 31/32	4$902
1903	12	5$004
1904	12 7/32	6$365
1905	15 57/64	4$865

Fonte: *Documentos parlamentares*, 1915, p. 288.

em 1896. Esses fatos, além da magnífica exportação de 1892, melhoraram de muito a nossa receita de divisas (mas, evidentemente, menos do que a procura estimulada pela violenta inflação).

A explicação da resistência dos preços do café à baixa se encontra nos reduzidos estoques visíveis no início de cada safra e nas pequenas safras do Brasil. Basta dizer-se que a safra 1891/92 teve início com um suprimento visível de apenas 1,91 milhão de sacas, quando o estoque normal era da ordem de 3 a 4 milhões.

Nessas circunstâncias, apesar da grande desvalorização cambial, que dava lucros importantes aos cafeicultores e comerciantes nacionais, os importadores não conseguiram forçar uma redução proporcional dos preços (como os preços no varejo são mais ou menos estáveis, é esse o comportamento que lhes aumenta os lucros).

Essa coincidência da desvalorização cambial com um momento de grande equilíbrio estatístico criou a impressão de que era o câmbio baixo que produzia um aumento da receita de divisas, o que, no fundo, tinha a sua razão de ser, pois se ampliavam as possibilidades de exportação do Brasil. Como se vê no quadro 10, vários produtos apresentaram aumentos consideráveis. Resultados ainda mais satisfatórios foram registrados em outros setores, como o da borracha, onde as exportações duplicaram entre os dois últimos decênios da tabela, e o do mate, onde elas quintuplicaram. Esses resultados foram, em parte, contrabalançados pela diminuição das exportações de algodão e de açúcar.

QUADRO 10
QUANTIDADE EXPORTADA NO PERÍODO (EM 1.000 T)

Decênios	Algodão em rama	Cacau	Pele e couros	Açúcar	Fumo
1871-80	382	50	222	1.685	177
1881-90	228	74	180	2.021	199
1891-900	159	104	247	1.336	212

Fonte: Tosta Filho, 1958, v. 1.

Com relação ao café, entretanto, que representava mais de 60% do valor das exportações no decênio 1881-90 e quase 65% no decênio 1891-1900, não era a desvalorização que estimulava as suas vendas, pois os preços internacionais do produto, que eram determinados pelo encontro entre a procura mundial e a oferta brasileira, estavam em níveis bastante elevados pela diminuição dessa última componente. Quando se apresentou a grande safra de 1896-97 (seguida por outras ainda maiores), o preço do café caiu para cerca de 50% do que vigorava no ano imediatamente anterior. No momento em que a posição estatística do café se inverteu, os seus preços caíram muito mais depressa do que a taxa cambial, e em 1901 a remuneração do produto, em moeda nacional, retornava ao nível de antes da República.

A análise desses movimentos constitui um subsídio precioso para o entendimento das relações entre os preços internacionais do café e a taxa cambial. Quando existe um relativo equilíbrio estatístico, os movimentos da taxa cambial não são praticamente sentidos no mercado cafeeiro e a desvalorização da taxa cambial tende a elevar os preços do produto em moeda nacional e a causar, com um atraso de quatro ou cinco anos, uma elevação da oferta. Quando, entretanto, a situação é de mercado comprador, com a oferta superando, de maneira importante, a procura, os preços internacionais do café tendem a responder aos movimentos da taxa cambial, conservando mais ou menos estável a remuneração do café em moeda nacional. Foi assim durante os três ciclos que analisamos. Esse fato parece já ter sido apontado pelo prof. Eugênio Gudin, no seu trabalho *Café e câmbio*, publicado em 1934 e que, infelizmente, não conseguimos consultar.

Por outro lado, a observação dos movimentos de oferta e procura do café e da taxa cambial mostram claramente que é muito difícil sustentar-se os preços do produto por meio da taxa cambial, quando existe um excedente de oferta.

O gráfico 3 esclarece o processo de ajustamento do mercado cafeeiro no período anterior à intervenção estatal. Verificamos que, até praticamente a República, as cotações em moeda nacional e os preços internacionais do café estavam estreitamente ligados. É importante notar-se que as taxas de crescimento dos preços internos e externos eram iguais. Dessa maneira, apesar do necessário atraso da oferta (porque as árvores levam quatro anos para se tornarem adultas), a comunicação entre o mercado interno e o externo era imediata. A taxa cambial flutuava em consequência dos movimentos do mercado cafeeiro, mas esse movimento era, em parte, compensado pela exportação de outros produtos e pela realização de operações financeiras. Por outro lado, e este é o aspecto mais importante do problema, vemos que, dentro de cada ciclo, a receita de divisas mantém-se relativamente estável, apesar das flutuações dos preços. Esse fato se deve à ampliação das exportações. Se tomarmos, por exemplo, o primeiro ciclo, verificamos que a eleva-

GRÁFICO 3
PREÇO E RECEITA DE DIVISAS

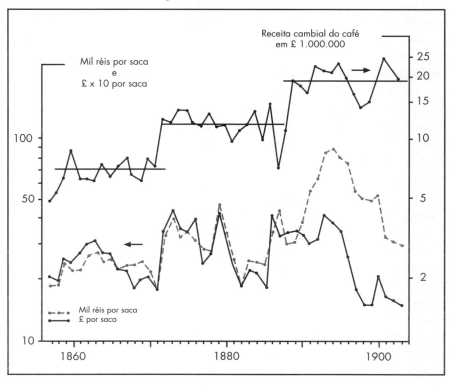

ção dos preços ocorrida a partir de 1857 praticamente dobrou a receita de divisas proveniente do café. Quando os preços começaram a cair, a partir de 1863, o volume das exportações cresceu suficientemente para compensar esse movimento e a receita de divisas permaneceu no mesmo nível. Desse fato decorre que, a longo prazo, a taxa cambial foi relativamente pouco influenciada pelo ciclo de preços. Se atentarmos mais minuciosamente para o fenômeno, constataremos que se verifica uma sensibilidade da taxa cambial dentro do ciclo. Assim, por exemplo, a elevação da receita do café (e a melhoria da exportação de algodão), durante a Guerra Civil americana, firmaram a taxa cambial entre o mínimo de 24 1/4 e o máximo de 27 3/4, entre 1860 e 1864. Durante a Guerra do Paraguai, devido à política inflacionária do governo, a taxa cambial se depreciou e assistimos a um movimento antagônico, ainda que de pequena amplitude, entre os preços do café em moeda nacional e seus preços em moeda estrangeira. Durante esse movimento armado, é certo que a taxa cambial não se depreciou mais (devido às vultosas emissões) apenas porque a exportação de café cresceu suficientemente.

Se passarmos para o ciclo seguinte, verificamos que a prosperidade norte-americana e europeia e a geada de 1870 produziram uma rápida elevação dos preços entre 1868 e 1874, o que quase duplicou a nossa receita de divisas oriunda do café. Consequentemente, essa elevação de preços produziu uma melhoria da taxa cambial, que variou entre o mínimo de 25 1/8 e 27 1/8, em 1873, e, portanto, elevou os preços em moeda nacional na mesma proporção da elevação dos preços em moeda estrangeira. Quando os preços começaram a cair, mais uma vez nossas exportações se elevaram o suficiente para manter a mesma receita de divisas. Apesar das flutuações anuais, ela se manteve, a partir de 1874, mais ou menos em torno de 11,5 milhões de libras esterlinas, o que foi possível devido à ampliação de nossas exportações, alimentadas pelos formidáveis aumentos de produção causados pela fase ascendente do ciclo, como se vê no gráfico 2.

Fenômeno análogo verificou-se no terceiro ciclo analisado e que se iniciou em 1885, depois de uma fase de prolongada depressão, causada não somente pelos excessos de produção, como também pela conservação dos estoques nas mãos dos operadores estrangeiros. A elevação dos preços, verificada a partir de 1886, fez crescer a nossa receita de divisas de uma média de 11,5 milhões de libras esterlinas para mais ou menos 19 milhões. Mesmo com a crise europeia de 1890 e a norte-americana de 1893, nossas exportações cresceram suficientemente, a longo prazo, para sustentar aquela receita, como se vê no quadro 11.

Infelizmente, entretanto, como se verifica no gráfico 3, as fases ascendente e descendente desse ciclo foram acompanhadas por um movimento desequilibrado entre os preços do café em moeda nacional e em moeda estrangeira. Devido à violenta inflação verificada nos primeiros anos da República, os preços do café em mil réis subiram muito mais depressa do que em moeda estrangeira e desceram muito menos rapidamente, o que provocou um violento aumento de produção justamente quando os preços já se encontravam em níveis muito baixos.

QUADRO 11

Anos	Exportação em 1.000.000 de sacas	Receita de divisas em £1.000.000
1895	6,7	22,4
1896	6,7	19,7
1897	9,5	16,5
1898	9,3	13,8
1899	9,8	14,5
1900	9,2	18,9
1901	14,8	24,0
1902	13,2	20,3

Fonte: Taunay, 1946, p. 548.

Considerações sobre os ciclos

Os três ciclos a que nos temos referido e que cobrem toda a segunda metade do século XIX representam uma abstração que procura revelar o sentido do movimento geral do mercado, apesar dos movimentos episódicos. Durante vários anos, por exemplo, o mercado sofreu a influência de grandes potências financeiras como B. G. Arnold, cuja tentativa de *corner*, a partir de 1869, pressionou para cima os preços do produto. No mesmo período, John Arbuckle introduz no comércio o café torrado e moído, em pacotes individuais, o que constituiu a revolução tecnológica mais séria para a generalização do uso do produto. No auge da expansão dos preços, em 1873, formou-se, na Alemanha, uma empresa para controlar o comércio cafeeiro, a qual funcionou com bom êxito durante quase uma década. Na década dos 80, um "sindicato" formado no Rio de Janeiro para fazer frente aos grandes interesses norte-americanos investidos no setor arruina-se completamente, junto com seu opositor norte-americano, devido à ampliação da cultura cafeeira; os preços são derrubados e permanecem em níveis ínfimos durante quase cinco anos.

A respeito desse movimento é interessante recordar-se que se trata da primeira especulação de grande envergadura levada a efeito em moldes que seriam mais ou menos comuns posteriormente e que ainda há pouco foi posta em execução pelo governo federal. O mercado cafeeiro era então, como é hoje, dominado pelo comportamento de algumas grandes empresas torradoras, que funcionam como condutoras de um oligopólio. Dada a magnitude de seus estoques e o volume de seus recursos financeiros, essas empresas praticamente determinam o andamento do mercado e seus movimentos são imitados por grande número de pequenos importadores e importadores-torradores.

No início da década de 80, aproveitando-se das condições criadas pela inexistência de ponderáveis estoques visíveis em Nova Iorque e no Havre e procurando tirar proveito de uma safra apenas regular que se deveria apresentar, formou-se no Rio de Janeiro um "sindicato" que reuniu grandes capitais, inclusive com o auxílio de crédito bancário. O seu objetivo era realizar um *corner* no mercado cafeeiro. A essa ação opuseram-se operadores baixistas, tanto em Nova Iorque como no Havre, o que levou o "sindicato" a realizar grandes compras a termo, certo de que, quando da maturação dos contratos, eles teriam que recorrer a maciças importações do Brasil ou então liquidar por diferença. Isso daria ao "sindicato" um duplo lucro: em primeiro lugar, ganharia em moeda nacional pela elevação dos preços do produto e, em segundo lugar, ganharia em dólares e francos.

Como costuma acontecer em casos dessa natureza, os estoques tinham sido subestimados e a tentativa de *corner* produziu resultados desastrosos, liquidando o "sindicato" nacional e colocando em dificuldades inclusive os bancos que os haviam apoiado.

O insucesso dessa gigantesca especulação foi uma das causas mais importantes para a organização de Bolsas de Café em Nova Iorque e no Havre.

Dinamismo da procura
Todos esses movimentos de maior ou menor importância e as instituições que eventualmente deles derivaram não foram suficientes para modificar a marcha do mercado, que, apesar de revelar grandes flutuações, tinha energia para restabelecer o equilíbrio. O fator mais importante para a absorção

das flutuações do mercado residia no dinamismo da procura a longo prazo, que não há razão para se pensar inexistente hoje.

Esse dinamismo se explica por três fatores: uma elevação muito rápida da população, um crescimento acentuado do nível de rendimento e a crença no sistema de preços.

O crescimento da população mundial foi muito importante na segunda metade do século passado, particularmente nos Estados Unidos, que era o país onde mais se consumia café. O quadro abaixo revela o fenômeno:

QUADRO 12

Anos	População em 1.000.000 de habitantes	
	Europa (sem URSS)	Estados Unidos
1850	266	23
1900	401	76
1950	550	150

Adaptado do *Relatório da Divisão de População* da ONU, 1951.

A população dos Estados Unidos praticamente triplicou entre 1850 e 1900, o que aumentou de maneira muito ponderável o consumo de café. Pode-se argumentar em contrário, afirmando-se que uma parcela importante desse aumento é, de fato, transferência de população. O ponto importante a se notar, entretanto, é que mesmo essa transferência tende a aumentar o consumo, pois o imigrante entra em contato com uma população já habituada ao produto e, o que é mais importante, encontra melhores oportunidades para aumentar o seu rendimento. Na Europa, ele era um consumidor potencial, mas nos Estados Unidos ele se transforma num consumidor atual. Outro aspecto importante do problema não diz respeito à evolução quantitativa da população americana, mas sim qualitativa. Desde 1850 é que se nota uma tendência muito clara ao envelhecimento da população norte-americana. Naquele ano, cerca de 52% da população era menor de 20 anos, contra menos de 45%, em 1900. Esse fato produz uma elevação do consumo de café.

Na Europa, apesar de o fenômeno ser menos ponderável, ele não deixa de ser muito sensível quando comparado com o desenvolvimento posterior, pois revela um aumento de população da ordem de 50% em meio século.

É preciso considerar-se, por outro lado, que não se assiste, no período, a uma simples elevação do número de consumidores, mas a uma elevação muito rápida do nível de rendimento desses consumidores. Damos abaixo a taxa de crescimento real de algumas das importantes economias do mercado cafeeiro no período:

QUADRO 13

Países	Período entre	Rendimento total	População	Rendimento per capita
Inglaterra	1860-79 1880-99	29,5%	11,5%	16,1%
França	1840-49 1880-99	18,4%	2,5%	15,5%
Alemanha	1860-79 1880-99	44,5%	9,9%	31,5%
Itália	1861-80 1881-1900	37,9%	6,6%	29,3%
Suécia	1861-80 1881-1900	27,5%	6,4%	19,9%
EUA	1869-88 1889-1908	52,4%	23,2%	23,7%

Fonte: Kuznets, S., 1955.

Este quadro mostra claramente o enorme progresso material da economia do mundo na segunda metade do século passado, a despeito dos movimentos cíclicos verificados. São essas taxas de aumento do rendimento *per capita* que explicam o alto dinamismo da procura de café, que passou de 5 milhões de sacas nos anos 50 do século passado para pouco mais de 10 milhões nos anos 80 e andava por volta de 14 milhões no fim do século passado.

Outro fator importante para explicar esse dinamismo da procura deve ser encontrado na crença irrestrita no sistema de preços para regular a economia que vigorava naquele período. Se existissem dúvidas sobre a eficiência desse mecanismo, não teriam sido permitidas as flutuações de preços verificadas dentro de cada ciclo (em média, os preços mínimos do ciclo representam menos do que a metade dos preços máximos) e desde cedo teríamos encontrado tentativas de estabilizar em algum ponto a receita de divisas do país.

OS ANTECEDENTES DA INTERVENÇÃO

A partir de 1902, os preços do café no mercado interno voltaram aos níveis vigorantes antes da libertação dos escravos, o que vale dizer, aos preços vigorantes no período anterior à grande inflação. Murtinho havia posto em prática sua política de saneamento, reduzindo o volume do meio circulante e realizando um *funding*. A contração causada por essa política deve ter sido muito importante para o cafeicultor, cujos custos são, na maioria, salários, que poderiam ser comprimidos, permitindo o plantio intercalar de cereais. Na fase de ascenção dos preços, o salário deve ter crescido, não somente devido ao próprio processo de desvalorização do dinheiro, como também pela disputa de mão de obra, disputa esta entre os fazendeiros desejosos de ampliar a produção de café. Nessas circunstâncias, compreende-se que a situação dos fazendeiros não deveria ser muito boa, pois o seu rendimento voltara ao nível vigente antes da libertação dos escravos e é difícil imaginar-se que os seus custos pudessem ser comprimidos da mesma forma.

Murtinho acreditava que a solução do problema deveria ser encontrada pelo próprio mercado, que se encarregaria de eliminar os produtores marginais. É ele próprio que nos diz, no relatório do Ministério da Fazenda de 1899: "Convicto de que a intervenção oficial só poderia aumentar os nossos males, o governo deixou que a produção do café se reduzisse por seleção natural, determinando-se assim a liquidação e a eliminação dos que não tinham condições de vida, ficando ela nas mãos dos mais fortes e dos mais bem organizados para a luta". Um ajustamento dessa natureza não se faz sem grande coragem e determinação do governo e sem grandes protestos.

Já em 1895, quando o preço interno começou a declinar, foi proposto o monopólio da comercialização do café pelo Estado. Em 1898 surgem as primeiras sugestões para a queima do produto e em 1901 nova sugestão de monopólio, mas Murtinho era um spenceriano convicto de que a concorrência puniria somente os incapazes e nem mesmo uma crise bancária pôde demovê-lo de sua posição. A verdade é que ele encontrara um ambiente inteiramente conturbado, em que já se efetivara uma tremenda inversão de valores. O "encilhamento" havia incutido no espírito dos cafeicultores "o absurdo aforismo de que câmbio baixo correspondia, automaticamente, a café alto", diz-nos Taunay (1946, p. 253), que arremata: "Viviam (os cafeicultores) muito convictos da inflexibilidade desta lei esdrúxula, ansiosamente consultando as oscilações das taxas cambiais, alarmados até com a possibilidade da valorização do mil-réis".

O ponto alto da posição de Murtinho residia em sua completa coerência. Convencido de que existia um desajustamento entre a oferta e procura do produto e de que qualquer intervenção do governo seria incapaz de eliminar esse fato real, esperava que o desajustamento fosse resolvido pela seleção natural, em que os produtores marginais, com custos mais elevados, sucumbiriam. Compreendendo, por outro lado, que o ajustamento poderia ser acelerado por uma ampliação da procura, forçou também este caminho, tendo o governo federal promovido intensa propaganda do produto no exterior e conseguido várias reduções tarifárias (Taunay, 1946, p. 272).

Os acréscimos de produção estavam, entretanto, criando um desajustamento de dimensões até então desconhecidas entre oferta e procura. Os estoques mundiais, em 19 de julho de cada ano, haviam passado da média de pouco mais de 5 milhões de sacas entre 1895 e 1900 para mais de 11 milhões a partir de 1902.

Naquele ano começara, de fato, a tomar corpo a ideia de que o governo deveria intervir no mercado, tendo sido decretada a proibição do plantio, em São Paulo, pelo prazo de cinco anos, posteriormente renovada. Em julho, Quintino Bocayuva, então Presidente do Estado do Rio de Janeiro, apresentou aos governos de São Paulo, Minas Gerais e Espírito Santo um projeto para valorizar o café. Infelizmente, não era comum a compreensão de que a origem das dificuldades residia num aumento enorme da oferta, devido, em parte, é verdade, à inflação que se seguiu à proclamação da República e facilitada pelo crédito oficial, mas que havia sido realizada por empresários privados, que, ao mesmo tempo em que auferiam os lucros dos negócios (ou em função mesmo dessa qualidade), deveriam assumir os seus riscos. Argumentava-se com as dificuldades da classe agrícola, como se isso representasse a desaparição da cafeicultura. Não se compreendia que as fazendas instaladas, o capital ali investido em benfeitorias, os cafezais já plantados e os imigrantes eram fatores de produção que existiam independentemente dos títulos de crédito ou de débito dos fazendeiros. O máximo que poderia ocorrer era a substituição de uma classe empresária, que se revelara imprevidente, por outra, mas o capital nacional continuaria intacto. Ninguém desejava entender o fato de que a ruína dos fazendeiros simplesmente transferiria as suas propriedades para outros empresários, como Calógeras acentuaria mais tarde, mas que o rendimento nacional, passados os momentos iniciais de surpresa causados por esse trauma, continuaria exatamente o mesmo.

O projeto Bocayuva esperava exercer o poder de monopólio que nos era conferido pela posição do Brasil no mercado, fixando um preço mínimo para o produto, sustentado pelo governo dos quatro Estados.

Regime de exploração
Por vários motivos, a situação da lavoura paulista era mais difícil, do ponto de vista financeiro, do que a dos demais Estados produtores, sendo que

dentre esses motivos não tinha menor importância a forma de relação estabelecida entre o capital e o trabalho. Em São Paulo, a forma de exploração mais comum era o colonato (o qual se mantém até hoje), enquanto nos demais Estados era a parceria (Augusto Ramos, 1934, p. 506).

No regime de colonato, o trabalhador rural recebe, em geral, uma remuneração de três tipos: a) uma remuneração fixa por 1.000 pés para manter limpo e preparar o terreno para a colheita; b) uma remuneração por dia de trabalho para os serviços de poda, adubação, pequenos reparos no equipamento de produção etc.; e c) uma remuneração diretamente proporcional ao número de sacas de café por ele colhido.

O salário real do colono é, de fato, muito maior do que a remuneração monetária referida acima, pois o colonato implica a permissão para se plantar arroz, feijão, milho etc., dentro da própria fazenda (em terreno separado ou dentro das ruas do cafezal novo) e cujos resultados pertencem ao próprio colono, além da permissão para manter os animais a ele pertencentes e da concessão de outras vantagens (lenha, café para o seu consumo etc.).

No regime de parceria, o chamado "parceiro" executa todos os serviços do cafezal (desde a limpeza até os trabalhos de terreiro), entregando ao proprietário a percentagem de café seco relativa ao contrato. Também nesse regime a remuneração real do trabalho é mais elevada, porque o trato geralmente inclui outras vantagens, como no sistema de colonato.

Verificamos, por essa explanação sumária, que existe uma profunda diferença, do ponto de vista econômico, entre os dois sistemas. No "colonato", o empresário executa, de fato, o seu papel, assumindo os riscos do negócio. Trata-se de exploração tipicamente industrial, onde o empresário recebe a remuneração residual e o trabalhador recebe a paga do seu trabalho, quer a colheita corra bem, quer não; quer o preço do café esteja alto, quer ele esteja baixo. Na "parceria", o empresário transforma-se no simples rendeiro (de um tipo especial), e procura repartir o trabalho de direção e planejamento e os riscos com o trabalhador rural, que assume, de fato, a categoria de empresário. Nessa qualidade, ele recebe mais se a colheita corre bem ou se os preços são bons, ou recebe menos, em caso contrário, mas não há obrigação contratual de garantia da remuneração para nenhuma das partes.

As repercussões da queda dos preços do café em moeda nacional, dentro dos dois regimes de remuneração do trabalho, são completamente diferentes. No "colonato", ou o empresário liquida as suas dívidas, ou se vê envolvido numa série de complicações que vão desde a desorganização do serviço até a entrega da propriedade aos colonos credores. A situação em São Paulo era ainda mais complicada pelo fato de que o colono, geralmente, era o imigrante italiano, diligente e exigente e pronto a ir até a aventura na defesa dos seus interesses. A queda dos preços do café recaía, portanto, a curto prazo, inteiramente sobre o fazendeiro-empresário. No regime de "parceria", a compressão da remuneração do trabalhador agrícola é imediata: o proprietário, por menos que recebesse, recebia sempre uma importância positiva, ao passo que no "colonato" ele podia ficar com as dívidas.

Não era, portanto, de se estranhar que a pressão para a intervenção estatal partisse de São Paulo.

Para se compreender como os lavradores paulistas esperavam resolver a situação e como os processos de solução não se modificaram muito até hoje, basta considerar-se um projeto de lei que resultou de uma reunião de cafeicultores em Campinas, para estudar a proposta Bocayuva. No artigo 1º de tal projeto se diz:"Fica o governo autorizado a emitir até a quantia de 200.000:000$, papel-moeda, fazendo a emissão segundo as necessidades, para o fim de auxiliar a lavoura de café" e, no artigo 4º, "Será entregue ao lavrador, nas repartições criadas para o recebimento do café, a quantia de vinte e quatro mil réis (24$000), pela saca de café bom, não sendo recebidos escolha e cafés sujos, ficando a diferença para mais, quando haja, a favor do lavrador, para lhe ser dada depois da venda".

Em 1902, o preço médio do café foi da ordem de 4$902 por 10 quilos, de maneira que o preço mínimo fixado pelo projeto seria mais ou menos equivalente ao preço de mercado. Para se entender o absurdo da proposta, que pretendia garantir a propriedade para os então fazendeiros de café à custa da estabilidade monetária, que estava sendo restabelecida com muito custo para toda a coletividade, basta lembrar que, em 1902, a circulação total do país era da ordem de 676 mil contos de réis. A emissão autorizada era, portanto, da ordem de 1/3 do total da moeda em circulação no país.

Por outro lado, o mecanismo de comercialização funcionava como um *buffer-stock* e já em 1902 estava acumulado, dentro dos canais de comercialização, um número bastante elevado de sacas. As dificuldades de crédito dos fazendeiros e comissários colocara-os nas mãos dos grandes grupos exportadores, que tinham, assim, uma parcela ponderável da safra comprada por antecipação. Nessas circunstâncias, a resistência dos compradores estrangeiros de café era enorme. Eles poderiam reduzir à impotência qualquer plano de defesa, retraindo-se durante tempo suficientemente longo, pois isso causaria uma tremenda inflação interna.

É, de fato, impressionante constatar-se que a maioria dos interessados no problema não entendia que, se o governo adotasse uma saída como a proposta, simplesmente repetir-se-ia o processo. Como já mostramos, a causa principal da expansão cafeeira residiu na rápida depreciação da taxa cambial, causada principalmente pelo grande crescimento das emissões que se seguiram à proclamação da República. Inicialmente, os custos contratuais, como os salários, que constituem a parcela mais importante do custo de produção do café, não cresceram na mesma proporção que a desvalorização cambial; por sua vez, o rendimento residual, que é o lucro, expandiu-se. À medida, entretanto, que a situação se ajustava e dada a importância maior do comércio exterior no custo da vida naquele tempo (em que se importavam quase todos os gêneros de consumo), também os salários tendiam a crescer, crescimento esse que era pressionado ainda pela falta de mão de obra, escassa diante das possibilidades de expansão da lavoura cafeeira. É importante notar-se que essa escassez persistiria mesmo depois que os preços do produto tivessem caído, pois as novas áreas plantadas exigiam um volume proporcionalmente maior de braços e a taxa de entrada de imigrantes havia diminuído.

Problema talvez maior residia no fato de que a inexistência de uma regulamentação do trabalho agrícola tornava muito simples a mobilidade dos agricultores assalariados, o que permitia o estabelecimento de um leilão entre os fazendeiros na disputa da mão de obra de que necessitavam para a ampliação e conservação de suas fazendas. O problema era particularmente grave pelo abandono da agricultura complementar ao café (a não ser a executada nos primeiros anos depois de plantado, entre as ruas do cafezal), o que, de um lado, mantinha o trabalhador agrícola parcialmente ocupado durante uma boa parte do ano e, de outro, devia criar tremendos problemas na época da colheita, em que todos os fazendeiros se precipitavam para o mercado de trabalho. Nessas circunstâncias, o fazendeiro devia manter, normalmente, um excesso de mão de obra, mesmo nos períodos mais folgados do ano, para fazer face ao aumento do volume de trabalho na colheita, o que encarecia o custo de produção do produto.

Antes mesmo que o cafezal pudesse produzir, já se encontravam os empresários em situação difícil, pois os custos se elevavam pelo aumento da taxa de juro (diante da escassez de capitais para financiar os acréscimos de cultura) e pelo aumento da taxa de salário (diante da escassez da mão de obra), de maneira a eliminar quase todo o lucro criado passageiramente pela depreciação cambial, que agia com velocidade diferente sobre os vários tipos de rendimento. Quando a superprodução se efetivou, os preços internacionais caíram mais depressa do que o câmbio (que, aliás, estava em recuperação) e os preços em moeda nacional se reduziram rapidamente de 15 mil réis por 10 quilos, em 1894, para 13 mil réis em 1896, para 9 mil réis em 1900 e para apenas 5 mil réis por 10 quilos em 1902.

Ora, se o governo adotasse as medidas propostas, restabeleceria a marcha inflacionária e a resposta do câmbio não se faria esperar (porque dificilmente se elevaria a receita de divisas). É possível que, a curto prazo, novamente o rendimento residual fosse beneficiado, mas é certo que a prazo pouco mais longo os salários novamente se ajustariam e a situação seria a mesma. Talvez fosse pior, porque o aumento do lucro provavelmente estimularia ainda maiores acréscimos de produção.

Esse mecanismo operaria uma transferência de rendimento daqueles que percebem uma remuneração contratual e, portanto, relativamente estável, para aqueles que percebem uma remuneração residual, que se ajusta automaticamente. A inflação transferia, pela depreciação cambial, rendimentos das classes assalariadas para os cafeicultores. O resultado era mais grave porque as poupanças eram encaminhadas diretamente para novas culturas de café, único setor em que os empresários aplicavam os seus capitais. Era, portanto, inútil permitir que o círculo vicioso voltasse a se completar. É certo, por outro lado, que a política de saneamento iniciada por Murtinho restabelecia o equilíbrio monetário à custa de grandes sacrifícios para alguns, principalmente para alguns bancos nacionais que tinham ligações com a lavoura e para grandes casas comissárias, que desapareceram. Esse movimento acelerou o processo de integração da comercialização do produto, o qual já vinha se realizando, há algum tempo, pela absorção dos ensacadores pelos exportadores.

Essa modificação da estrutura da comercialização tinha também as suas implicações nessa época de crise. O comissário fazia o papel de financiador e conselheiro do cafeicultor e normalmente era ligado a ele por laços de amizade, ligação essa que foi se diluindo à medida que a produção nacional se expandia. O ensacador comprava café por conta própria, classificava-o e preparava-o de acordo com os hábitos dos grandes mercados mundiais e conservava um estoque razoável do produto, o que o tornava frequentemente altista. Dessa maneira, ele e o comissário em geral tinham interesses comuns a se contraporem aos desejos do exportador, normalmente baixista. O exportador tratava unicamente de colocar nos mercados estrangeiros o café que já recebia pronto das mãos dos ensacadores.

Com a diminuição em número e importância dos comissários — iniciada com a libertação dos escravos e acelerada depois de 1903 pela lei que regulamentou o estabelecimento dos armazéns gerais — e dos ensacadores, aumentaram, de um lado, as dificuldades de financiamento dos agricultores e, de outro, diminuiu o estoque necessário para manter a comercialização em determinado nível. À medida que essa integração se acentuava, maiores eram as possibilidades de pressão dos grandes exportadores sobre os preços, pois enfrentavam agora não algumas grandes casas ensacadoras com grandes capitais, mas uma infinidade de pequenos agricultores cujas finanças estavam arruinadas.

A ideia de intervenção governamental no mercado foi, entretanto, arrefecida pela diminuição das safras 1903-04 a 1905-06. O preço interno do café aumentou (apesar da melhoria da taxa cambial) pela elevação dos preços internacionais do produto, atingindo 6$365 por 10 quilos em 1904.

A safra de 1900-01 encontrara um estoque de 5,84 milhões de sacas, que atingira 11,26 milhões em 1902-03. A situação somente não se agravou mais porque fenômenos climáticos adversos (seca e geada) reduziram de maneira apreciável as colheitas brasileiras de 1903-04, 1904-05 e 1905-06. Mesmo assim, essa última safra fechou com um estoque visível de mais ou menos 9,5 milhões de sacas (o estoque normal de comercialização era da ordem de 30 a 40% do consumo, ou seja, mais ou menos 5,5 milhões de sacas). A diferença líquida de estoques entre 1900-01 e 1905-06 encontrava-se distribuída da seguinte maneira: 2,07 milhões de sacas como variação de estoques no Brasil e 1,13 milhão como variação de estoque no estrangeiro.

Em 1905, o café atingia, em moeda nacional, os preços que haviam vigorado nos anos imediatamente anteriores ao "encilhamento", ou seja, as cotações atingidas na grande depressão de 1881-85, quando fracassou uma tentativa de *corner* levada a efeito por especuladores nacionais. Naquela época, tais preços já haviam colocado em razoável dificuldade a lavoura cafeeira. Agora, depois da violenta inflação, eles provavelmente não cobriam ao menos o custeio. Isso significava que, em dois ou três anos, o equilíbrio estatístico estaria restabelecido, pois os cafeicultores não poderiam dispensar nem mesmo os cuidados normais ao cafeeiro e, em dois ou três anos, a produção sofreria um colapso.

À medida que os cafezais plantados sob o estímulo do "encilhamento" iam se tornando adultos, a situação piorava cada vez mais, como se vê no quadro da página seguinte.

O consumo mundial era da ordem de 16 milhões de sacas, o que mostra que o estoque disponível no início da safra já representava cerca de 3/4 desse consumo. Mas já em 1906-07 a situação iria piorar muito mais, pois a safra se antecipou com uma florada de proporções até então desconhecidas e o Brasil tomou consciência de que se colheria, num só ano, mais café do que o mundo todo poderia beber. Quando ficou claro que essa safra não seria inferior a 20 milhões de sacas, começou-se a pensar seriamente numa forma de intervenção que preservasse a lavoura cafeeira do desastre.

QUADRO 14

Safras	Produção exportável do Brasil	Produção exportável dos outros	Estoque mundial
	(em 1.000.000 de sacas)		
1899-1900	9,25	4,35	6,20
1900-01	11,31	3,79	5,84
1901-02	16,09	3,65	6,87
1902-03	13,07	4,50	11,26
1903-04	11,13	4,63	11,90
1904-05	10,52	3,92	12,36
1905-06	11,49	3,95	11,26

Fonte: Hopp, 1954.

Dificuldades tarifárias

Para se ter uma ideia mais completa da situação do mercado do café no começo do século, na época imediatamente anterior à que marcou a intervenção governamental, temos que fazer ainda algumas considerações a respeito. Quando, em 1902, o preço médio do café no porto de Nova Iorque era da ordem de 6,6 cents/libra-peso e mais ou menos o mesmo nos portos europeus, incidiam sobre o produto as tarifas mostradas no quadro 15.

A Europa e os Estados Unidos repartiam, mais ou menos, o consumo do produto e os principais consumidores europeus eram, então, como agora, a França, a Alemanha e a Itália. Como a parte mais importante da tarifa mencionada era específica, isso significa que ela não variava com as flutuações de preço, onerando proporcionalmente mais o produto justamente quando o seu preço era menor. Para se ter uma ideia da eficiência de uma redução de preços para aumentar o consumo nos três países mais impor-

tantes, basta considerar as seguintes reduções possíveis no preço do produto, com uma redução de 10% nos preços de importação:
a) França – o preço passaria de 6,6 + 6,0 = 12,6 para 6,0 + 6,0 = 12,0, com uma redução de 5%;
b) Alemanha – o preço passaria de 6,6 + 4,3 = 10,9 para 6,0 + 4,3 = 10,3 com uma redução de 6%;
c) Itália – o preço passaria de 6,6 + 9,0 = 15,6 para 6,0 + 9,0 = 15,0, com uma redução de 4%.

QUADRO 15

Suécia	1,4 cents/libra-peso
Inglaterra	3,0 cents/libra-peso
Dinamarca	3,0 cents/libra-peso
Alemanha	4,3 cents/libra-peso
Noruega	de 3,6 a 6,2 cents/libra-peso
Áustria-Hungria	8,0 cents/libra-peso
Rússia	8,2 cents/libra-peso
Portugal	8,8 cents/libra-peso
Espanha	12,2 cents/libra-peso
Itália	9,0 cents/libra-peso
França	6,0 cents/libra-peso

Fonte: Relatório da Conferência Internacional do Café, realizada em Nova Iorque, em 1902.

Por outro lado, é preciso lembrar que os fornecimentos de café, tanto para os países escandinavos como bálticos, eram, em boa parte, realizados por aqueles três países, que reexportavam uma parcela importante do café comprado no Brasil. O quadro abaixo dá uma ideia da magnitude desse fenômeno no ano de 1901:

QUADRO 16

Países	Exportação do Brasil	Importado para consumo
	(em 1.000 de sacas)	
Alemanha	2.809	1.705
França	2.184	629
Áustria-Hungria	690	601
Itália	205	186

Fonte: Retrospecto Comercial, 1903, p. 61.

Mesmo para os Estados Unidos havia um comércio regular de reexportação. Esse fato tinha uma dupla implicação. Em primeiro lugar, impedia o estabelecimento de correntes normais de comércio entre o Brasil e uma série de outros países, o que enfraquecia a nossa posição; em segundo lugar, dava margem a toda sorte de fraudes com o café brasileiro, o qual, depois de remanipulado, era vendido como Java ou outro, a preços superiores. Esse fato explica uma parcela da ampla campanha depreciativa a que sempre esteve sujeito o produto nacional. Os grandes entrepostos comerciais europeus tinham todo o interesse em criar a ideia de que o café brasileiro era de péssima qualidade, pois isso estabelecia um diferencial maior entre ele e os seus concorrentes e dava-lhes amplas possibilidades de lucros fáceis.

Rigidez dos preços

Por outro lado, no mercado norte-americano, onde não existia um sistema tarifário que impedisse a generalização do uso da bebida, o mecanismo de comercialização funcionava no sentido de manter constantes os preços do produto, a despeito da baixa dos preços de importação. A tabela seguinte mostra o fato:

QUADRO 17

Anos	Preço médio de importação	Preço médio no varejo
	(em cents por libra-peso)	
1892	14,0	28,0
1893	16,4	28,3
1894	14,7	27,8
1895	14,6	27,4
1896	11,1	26,8
1897	7,5	25,5
1898	6,5	24,5
1899	6,7	24,4
1900	7,4	24,5
1901	6,4	24,4
1902	6,6	24,2
1903	7,0	24,1
1904	8,1	24,7

Fonte: Hopp, 1954.

A tabela anterior mostra que o mecanismo de comercialização tornava os preços do varejo muito mais rígidos. É evidente que não é possível — como queriam muitas pessoas da época — que os preços do varejo variassem na mesma proporção que os preços de importação, pois existem os custos de preparo e comercialização do produto. Como veremos minuciosamente em capítulo posterior, se chamarmos de p o preço de importação, o preço no varejo será $P = a + bp$. Isso significa que, quando o preço de importação passa de p para p_1, o preço do varejo passa de P para $P_1 = a + bp_1$. Como o parâmetro a é necessariamente positivo, $(p - p_1)/p$ é sempre maior do que $(P - P_1)/P$.

É certo, por outro lado, que o aumento da margem de comercialização, que passou de 13,0 cents por libra-peso em 1892-95 para 17,4 cents por libra-peso em 1901-04, deve ter melhorado, de maneira considerável, o lucro dos torradores. Esse resultado somente se tornou possível porque a integração das grandes firmas importadoras-torradoras estava se completando e elas agora, inclusive, compravam café no interior do Brasil por meio de seus agentes locais. Esse aspecto da comercialização tem, entretanto, as suas vantagens, pois, quando os preços de importação sobem, os seus movimentos não são acompanhados, na mesma proporção, pelo preço do varejo. Infelizmente, não dispomos de informações seguras sobre os preços do café no varejo antes de 1892. Há, entretanto, indicações de que a baixa dos preços de importação simplesmente restabeleceu a margem de comercialização (existente antes da alta de 1886), e que havia diminuído no período de preços elevados (1886 a 1896).

A extraordinária rigidez introduzida nos preços do café no varejo, tanto na Europa como nos Estados Unidos, foi talvez o principal fator que levou os brasileiros a pensarem na substituição do sistema de preços formados livremente no mercado por um monopólio do produto. Esperava-se, dessa maneira, auferir uma parcela maior de lucro. Infelizmente, em lugar de pensarem nas formas de reduzir aquela rigidez e tornar o mercado varejista mais sensível às modificações dos preços do café verde, pensavam eles nas maneiras possíveis de repartir melhor o lucro deixado por ela.

Não resta dúvida de que essa política de preços estáveis em um nível que havia assegurado grandes aumentos de consumo deve ter exercido um papel importante na fixação do hábito nos consumidores. Por outro lado, não é possível deixar-se de reconhecer que essa rigidez diminui muito a eficácia da baixa dos preços de importação para acelerar o aumento do consumo.

O comportamento dos operadores do mercado

Desde que os preços do varejo permaneceram praticamente no mesmo nível durante os últimos 20 anos do século XIX, isso significa que o consumo deveria ter flutuado de acordo com a flutuação do nível de rendimento e com o volume da população, o que deveria resultar em flutuações relativamente lentas. Como se explica, então, as violentas oscilações no volume de nossas exportações? A maior parte desses movimentos se explica pelo comportamento dos operadores do mercado, que procuravam realizar os seus estoques quando os preços eram mais baixos e reduzir as suas compras quando os preços se elevavam. Dessa maneira, eles funcionavam como uma espécie de *buffer-stock*, impedindo que pudéssemos tirar vantagem dos anos de safras medíocres.

É importante notar-se que esse tipo de comportamento não impedia o funcionamento do sistema de preços, mas simplesmente diminuía a amplitude das oscilações. O sistema funcionou relativamente bem enquanto não existiu um excesso considerável de produção, o qual os intermediários não poderiam absorver, não somente pelo grande risco que implicaria, como também pela inexistência de recursos financeiros suficientes. A existência desse estoque nas mãos dos operadores tornava a sua procura de café muito mais elástica a curto prazo, de um lado porque lhes aumentava o poder de resistência na alta e, de outro, porque lhes facilitava a colocação dos excedentes a preços mais baixos. Essa elasticidade maior da procura de café, por sua vez, assegurava uma receita mais ou menos estável de divisas dentro de amplos períodos e, enquanto as condições monetárias não se deterioravam rapidamente, isso significava uma relativa estabilidade cambial e uma concomitância entre as flutuações dos preços do café nos mercados interno e externo, o que simplificava o processo de ajustamento entre oferta e procura.

É ainda aquele comportamento que provavelmente explica as rápidas reações dos preços do café às modificações dos níveis de atividade nos países consumidores. Quando as perspectivas eram desfavoráveis, não só o crédito era mais escasso (e a manutenção do estoque mais difícil), como aumentava o risco, o que exigia uma baixa dos preços do produto (baixa cuja magnitude estava ligada não só à magnitude da crise, como às condições do próprio mercado cafeeiro).

Um sistema de comercialização dessa natureza contém, por outro lado, elementos de grande instabilidade, pois se apoia de maneira quase total na confiança e nas expectativas dos operadores e pode deixar de funcionar justamente no momento em que se torna mais necessário. Foi esse o caso, quando as floradas da safra de 1906-07 mostraram que ela atingiria níveis até então desconhecidos, e que provavelmente passaria de 20 milhões de sacas. Uma safra dessa magnitude, quando os preços do café já eram muito baixos, quando existia um estoque de quase 10 milhões de sacas e quando o consumo mundial era da ordem de 16 milhões de sacas, exigiria uma violenta e duradoura queda de preços para ser absorvida. Havia, entretanto, sérios problemas para serem resolvidos.

Dificilmente o setor de comercialização do produto (que já tinha em mãos estoques volumosos e, portanto, iria sofrer sérios prejuízos) poderia absorver o excedente sem uma indescritível baixa de preços, pois, em caso contrário, seria preciso imobilizar, durante um período mais ou menos longo, um extraordinário montante de recursos. Antes mesmo da grande safra que se aproximava, o preço de importação do café nos Estados Unidos era de mais ou menos 8 cents por libra-peso, o que mostra que os preços talvez caíssem a 3 ou 4 cents. Além do mais, com os resultados do saneamento monetário e a ampliação do volume das exportações de café, a taxa cambial vinha melhorando sensivelmente desde 1900, como vimos há pouco, e os preços do café, em moeda nacional, já se encontravam num nível que provavelmente só cobria o custeio das fazendas.

Percebe-se, portanto, claramente, que o problema não se resolveria dentro de uma economia de mercado, a não ser à custa da eliminação de uma parcela muito importante das plantações de café. Em princípio, isso significava a eliminação das lavouras menos produtivas e mal localizadas, o que, quando a receita proveniente do café caísse abaixo do custeio, se daria com relativa rapidez, pois o abandono do cafezal por dois ou três anos praticamente o inutiliza. É possível, por outro lado, que o peso da oferta reduzisse de tal maneira o preço interno do café, que o rendimento obtido com o produto fosse insuficiente para cobrir as despesas de custeio, mesmo das culturas mais produtivas, o que poderia representar a eliminação completa da cafeicultura nacional. Essa hipótese, ainda que plausível, era improvável, como se vê pelo quadro 18.

A recuperação lenta dos preços, em resposta à diminuição da produção do Brasil, constituiu, no período, um dos estimulantes mais poderosos para a comercialização do produto. A magnitude dos grandes estoques tinha uma importância relativamente menor do que em outras circunstâncias, pois a diminuição da safra introduzia uma expectativa claramente otimista com relação aos preços.

QUADRO 18

Safras	Estoque inicial	Produção exportável		Consumo	Preços em cents/libra
		Brasil	Outros		
		(em 1.000.000 de sacas de café)			
1900-01	5,84	11,31	3,79	14,33	7,4
1901-02	6,87	16,09	3,65	15,52	6,4
1902-03	11,26	13,07	4,50	15,97	6,6
1903-04	11,90	11,13	4,63	16,13	7,0
1904-05	12,36	10,52	3,92	16,16	8,1
1905-06	11,26	11,49	3,95	16,74	8,6

Fonte: Hopp, 1954. Os preços se referem ao valor de importação de todos os cafés nos Estados Unidos. As pequenas diferenças no quadro se explicam por erros e omissões, inevitáveis em estatísticas dessa natureza.

Essa expectativa de alta era ainda mais fortalecida pela proibição de se fazer plantações de cafeeiros em São Paulo pelo prazo de cinco anos, proibição esta iniciada em 1902 e posteriormente prolongada por igual período.

Com um consumo se expandindo, devido aos baixos preços do café no varejo, a uma taxa superior a 3% ao ano, era evidente que, em breve, os preços entrariam em recuperação. A experiência de meio século de operações no mercado de café mostrava, por outro lado, que, quando se atingia um relativo equilíbrio entre oferta e procura, os preços tendiam a subir rapidamente. Nessas circunstâncias, a comercialização acabaria se realizando, apesar das dificuldades inevitáveis. Infelizmente, entretanto, as exportações nacionais, que da média de pouco mais de 9 milhões de sacas entre 1895 e 1900 passaram para 11,03 em 1900-01, para 15,27 em 1901-02 e voltaram ao nível de 10,5 milhões de sacas nas safras seguintes.

Como nos demais países produtores não se acumulava praticamente estoque algum, o aumento da quantidade de café nas mãos dos operadores, no estrangeiro, teve o desenvolvimento apresentado pelo quadro 19.

Esse quadro, combinado com o anterior, mostra claramente como os importadores puderam se beneficiar dos baixos preços das safras de 1901-02, e 1902-03, ampliando os seus estoques em quase 5 milhões de sacas. Quando as safras brasileiras diminuíram e os preços se elevaram (da média de 6,5 cents/libra-peso em 1901-02/1902-03 para 8,3 cents/libra-peso em 1904-05/1905-06), eles puderam reduzir as suas compras e colocar os seus estoques com lucros.

A observação desses elementos revela que o sistema de preços, auxiliado por condições climáticas, estava resolvendo o problema. Praticamente a

QUADRO 19

Safras	Exportação		Consumo	Variação dos estoques
	Brasil	Outros		
	(em 1.000.000 de sacas de café)			
1900-01	11,03	3,79	14,33	0,49
1901-02	15,27	3,65	15,52	3,40
1902-03	13,01	4,50	15,97	1,54
1903-04	11,05	4,63	16,13	-0,45
1904-05	10,22	3,92	16,16	-2,02
1905-06	10,96	3,95	16,74	-1,83

partir de 1903 a produção exportável tinha sido em média inferior ao consumo e os estoques mundiais do produto estavam declinando. A grande safra de 1901-02 esgotara os cafezais, que não tinham se reconstituído devido às secas e geadas posteriores. Deve ter exercido um papel importante nessa diminuição da produção a falta de recursos com que lutavam os cafeicultores, o que os impedia de tratarem convenientemente a lavoura e os obrigava a utilizar as ruas de entre os pés de café para a plantação de cereais.

Essa diminuição da produção brasileira, associada à proibição do plantio a partir de 1902, deve ter auxiliado a melhorarem as expectativas dos operadores do mercado e os preços internacionais começaram a se elevar, passando de 6,4 cents por libra-peso em 1901, para 7,0 em 1903, para 8,1 em 1904 e para 8,6 em 1905. Internamente, a situação melhorara, passando o café de 4$902 por 10 quilos, em 1902, para 6$365, em 1904, mas, já em 1905, a elevação da taxa cambial fizera o preço retomar a 4$865, a despeito da elevação dos preços em dólares.

A situação caminhava, portanto, para a regularização quando as floradas da safra 1906-07 mostraram claramente que o Brasil estava diante de uma produção de volume até então desconhecido. O estoque mundial, que na abertura daquela safra seria de pouco mais de 9 milhões de sacas, tinha perspectiva de ser duplicado e os preços deveriam cair abaixo do que havia vigorado em 1901. Esse fato, ligado ao câmbio de 15 57/64, vigorante em 1905, reduziria os preços do café, em moeda nacional, a níveis até então desconhecidos, o que levou o Congresso a incluir na lei orçamentária de 1906 autorização para o governo da República entrar em entendimentos com os governos dos Estados cafeeiros, no sentido de serem tomadas as medidas convenientes "para regularizar o comércio de café, promover a sua valorização, organizar e manter um serviço regular e permanente de propaganda com o fim de aumentar o seu consumo, podendo endossar as operações de crédito necessárias para esse fim, observadas certas condições" (Mensagem do Presidente Rodrigues Alves ao Congresso Nacional, 1906). Ao mesmo tempo, mostrava o Presidente sua disposição de auxiliar a lavoura sem prejudicar a estabilidade monetária e afastava, de início, a pretensão daquela de resolver os seus problemas por uma depreciação cambial.

Colocado o problema entre essas duas limitações: a) a obrigação de o governo atender aos reclamos da lavoura, e b) esse auxílio não deveria perturbar a estabilidade monetária, ficava claro que existia somente uma solução: o empréstimo interno ou externo. Para se ter uma ideia do montante em jogo, basta lembrar que, para a intervenção produzir algum resultado, seria preciso que a safra 1906-07 pudesse terminar com pelo menos o mesmo estoque visível inicial. Pelas boas floradas, estimava-se que aquela safra atingiria a mais ou menos 16 milhões de sacas. A situação seria, então, a seguinte:

1. Estoque visível no início da safra	9,6 milhões
2. Procução estimada do Brasil	16,0 milhões
3. Produção estimada do concorrentes	4,0 milhões
Suprimentos total	29,6 milhões
4. Exportação estimada	16,0 milhões
5. Estoque estimado para o fim da safra	13,6 milhões

Esses cálculos mostram que pelo menos 4 milhões de sacas deveriam ser compradas. Para dar segurança à operação, seria preciso dispor de recursos para a aquisição de mais ou menos 5 milhões de sacas. Como o Convênio de Taubaté fixara o preço mínimo de 32$000 para o tipo 7 americano, isso representaria um montante de mais ou menos 160 mil contos de réis (ou, ao câmbio de 15 dinheiros por mil réis, cerca de 10 milhões de libras esterlinas). Para efeito de comparação, é preciso lembrar que, em 1905, nossas exportações atingiam a mais ou menos 45 milhões de libras esterlinas e o total da moeda em circulação era da ordem de 670 mil contos de réis.

De fato, os recursos exigidos seriam muito maiores, pois a safra prevista para 16 milhões de sacas apresentou-se com mais de 20 milhões e, em 31 de dezembro de 1907, o governo do Estado de São Paulo já havia feito comprar mais de 8 milhões de sacas, como veremos a seguir.

CAPÍTULO 2

O MERCADO CAFEEIRO COM A INTERVENÇÃO ESTATAL. DEFESA EPISÓDICA

Neste segundo capítulo de nosso trabalho, vamos procurar analisar, com alguma minúcia, o desenvolvimento do mercado cafeeiro durante o primeiro gênero de intervenção governamental. Conforme dissemos, a primeira medida limitadora da oferta foi tomada, realmente, em 1902 quando o Estado de São Paulo proibiu a plantação de novos cafezais e a replantação, pelo prazo de cinco anos, depois estendido por mais cinco. Seria difícil analisar-se toda a sorte de expedientes propostos para resolver as crises cafeeiras que foram aparecendo no decorrer da história do produto. O que se pode afirmar, com relativa segurança, é que a maioria das soluções que são hoje propostas já o foram antes. É o caso, por exemplo, do monopólio da exportação, do estabelecimento de um imposto em espécie, da eliminação dos tipos mais baixos, da realização de acordo internacional etc. Nosso objetivo é esclarecer a mecânica dos processos de intervenção e destacar-lhes as virtudes e os defeitos e, finalmente, julgá-los à luz dos acontecimentos posteriores, como solução do problema a longo prazo.

Primeira operação valorizadora: 1906-18

Se é certo que o problema cafeeiro esteve sempre em discussão, não é menos certo que foi somente a partir da realização do chamado Convênio de Taubaté que a possibilidade de intervenção foi seriamente considerada.

Dá-se aquele nome a um documento firmado pelos presidentes dos Estados de São Paulo (Jorge Tibiriçá), Rio de Janeiro (Nilo Peçanha) e Minas Gerais (Francisco Antônio Salles), em Taubaté, a 25 de fevereiro de 1906, no qual se articulava "um convênio entre os Estados do Rio de Janeiro, Minas Gerais e São Paulo para o fim de valorizar o café, regular o seu comércio, promover o aumento de seu consumo e a criação da 'Caixa de Conversão', fixando o valor da moeda" (*Documentos Parlamentares*, p. 225).

Em sua primeira versão (resultado da reunião de Taubaté), o convênio fixava os preços mínimos de 55 a 65 francos, em ouro ou moeda corrente do país, ao câmbio do dia, por saca de 60 quilos de café tipo 7 americano. Essa cotação vigoraria para o primeiro ano do acordo e poderia, posteriormente, ser elevada até o máximo de 70 francos, segundo as conveniências do mercado. Simultaneamente, seria dificultada a exportação dos tipos inferiores ao 7, melhorada a propaganda no exterior e estimulado o consumo no país. Nesse projeto, o financiamento do esquema seria realizado à custa de emissões lastreadas com um empréstimo externo projetado de 15 milhões de libras esterlinas, o qual serviria de base para a criação da Caixa de Conversão. Esse empréstimo seria garantido por uma sobretaxa de três francos, a ser cobrada sobre cada saca exportada. Como medida complementar, os Estados signatários do Convênio (São Paulo, Rio de Janeiro e Minas Gerais) se comprometiam a dificultar a expansão da área plantada com café.

Como é claro, por sua definição, o convênio tratava de duas questões interdependentes mas distintas: a valorização do café e a estabilização da taxa cambial. O segundo objetivo, por ser de exclusiva responsabilidade do governo federal, aparentemente não tinha razão para figurar no projeto. Acreditamos ter ele sido incluído por duas ordens de considerações.

Em primeiro lugar, é evidente que, se a valorização tivesse bom êxito, ela pressionaria a taxa cambial para cima, de duas maneiras: a) a venda das cambiais, obtidas com o empréstimo externo para a compra dos cafés que seriam retidos, aumentaria a oferta de divisas; e b) a elevação dos preços do café (sem a diminuição das exportações, o que, como veremos, era uma das premissas sobre as quais se apoiava o convênio) melhoraria também a receita de divisas. Era possível, portanto, que o bom êxito do plano, no que se refere ao seu aspecto externo, destruísse as vantagens internas, pois a melhoria da taxa cambial poderia chegar a anular a repercussão dos aumentos dos preços externos do produto sobre os seus preços internos. Para assegurar esses benefícios, seria necessário, consequentemente, estabilizar a taxa cambial.

Em segundo lugar, a estabilização era uma velha aspiração nacional e diminuía o cunho claramente regional do convênio, cujo bom êxito estava condicionado ao apoio da União às necessárias operações financeiras internacionais. Além do mais, essa cláusula abria, pelo menos, a possibilidade de convocação especial do Congresso para tratar do assunto.

É difícil imaginar-se como a estabilização cambial poderia funcionar, vinculada que estava à operação de defesa. A moeda nacional, emitida sobre o lastro de divisas para retirar o café do mercado, em breve pressionaria para baixo a taxa cambial e acabaria liquidando o próprio lastro. O princípio do funcionamento da Caixa era simples e esperava-se que ela pudesse estabilizar o câmbio a 15, ampliando ou encurtando a quantidade de meios de pagamento à disposição da coletividade. É claro que ela podia conter quase indefinidamente o movimento de alta cambial (não sem custo para o país), mas que não poderia conter o movimento de baixa a não ser até o limite de seu encaixe de divisas (Teixeira Vieira, 1947).

O Convênio de Taubaté representa a origem do tratamento confuso de dois problemas que, apesar de interdependentes, devem ser tratados cada um de um ponto de vista. Temos a impressão de que ficou claro, pela exposição que temos feito, que o problema do café era um problema de mercado. Existia uma superprodução, causada por várias razões, e é certo que uma boa parte da culpa cabia ao comportamento governamental que se seguiu à proclamação da República; mas isso não lhe conferia virtudes maiores do que a de todas as outras mercadorias produzidas: se o café dava a maior parcela da receita de divisas do Brasil, é porque ele recebia também a maior parcela dos seus fatores de produção.

Apesar de toda a sua importância, o café era então, como é hoje, um produto, e tinha que ser tratado como tal. Confundir o problema cafeeiro com o problema cambial e procurar baixar a taxa cambial e fixá-la nesse nível (era essa, pelo menos, a intenção dos participantes do convênio, que esperavam a estabilização em 12 dinheiros por mil réis, quando o câmbio estava a 16), simplesmente para favorecer os cafeicultores, era estimular uma transferência de rendimentos dos consumidores de produtos importados para os produtores de café. Além do mais, o país já havia, durante oito anos, pago a sua parcela de sacrifício para o saneamento monetário, iniciado com Campos Salles e continuado por Rodrigues Alves. O primeiro havia encontrado o câmbio a pouco mais de 7 e o último o deixara a mais ou menos 16. É certo que uma parcela dessa melhoria era devida ao *funding* conseguido, mas não é menos certo que talvez a maior parte dela foi conseguida à custa de uma enérgica política de combate à inflação.

Quando se analisa o problema à distância, sente-se claramente como a solução proporcionada pelo sistema de preços foi abandonada, não tanto pelo reconhecimento das suas dificuldades, como para atender aos interesses de uma classe que sofria os azares da atividade empresária.

A Comissão de Finanças da Câmara dos Deputados agiu muito bem, portanto, separando os dois projetos. O projeto-café, que veremos a seguir, foi tratado independentemente do projeto-Caixa de Conversão, aprovado mais tarde pelo Congresso, tendo ela começado a operar em 22 de dezembro de 1906.

Antes mesmo de ser aprovado no Congresso Nacional, o convênio foi emendado, em Belo Horizonte, a 4 de julho de 1906, com o fim de permitir o seu funcionamento, mesmo sem a criação da Caixa de Conversão. De acordo com o texto emendado, seria garantido um preço em moeda nacional (de 32$000 por saca de 60 quilos, que poderia ser elevado até o máximo de 40$000). A sobretaxa de 3 francos, que seria recolhida pela União, poderia ser cobrada pelos próprios Estados.

Essencialmente, portanto, o projeto de valorização consistia no seguinte: seria fixado um preço mínimo de 32$000 por saca para o café tipo 7 (com um aumento proporcional para os tipos superiores), financiado por uma dívida externa de 15 milhões de libras esterlinas, que deveria ser paga por um imposto de 3 francos por saca de café exportado.

Com a aprovação do plano por parte do Congresso, generalizou-se a crença de que ele seria, de fato, executado, e os lavradores, certos de que poderiam obter por seu produto o preço mínimo nele estipulado, diminuíram as vendas de seus cafés, o que já constituía uma restrição voluntária da oferta. Como o convênio foi aprovado em 31 de julho de 1906, no Senado Federal, boa parte da safra de 1906-07, que teria sido vendida em condições normais, ficou à espera das compras governamentais.

Na hora de executar o plano, verificou-se que seria impossível levantar-se os 15 milhões de libras esterlinas. A situação começou a agravar-se diante da indiferença tanto dos governos de Minas Gerais e Rio de Janeiro como do federal, que deveria abandonar o poder a 15 de novembro de 1906.

Diante desses fatos, o Estado de São Paulo decidiu empreender, por sua própria conta, a valorização, obtendo financiamentos por caminhos inteiramente diferentes dos que até então haviam sido pensados.

Em agosto de 1906, o governo paulista conseguiu do Brasilianische Bank für Deutschland (em virtude da recusa da Casa Rothschild, nossos banqueiros tradicionais, que se opunham ao plano de valorização e à Caixa de Conversão) um empréstimo de um milhão de libras esterlinas (reembolsável em 1.8.1907) e iniciou as compras de café por sua conta. No mesmo mês, o governo do Estado de São Paulo entrou em entendimentos com Hermann Sielcken, o mais importante comerciante de café na ocasião, que arquitetou um plano de financiamento do qual participariam os grandes capitais investidos na indústria. Como resultado dessas conversações, um grupo de comerciantes de Nova Iorque decidiu-se a fornecer 80% dos fundos necessários para adquirir 2 milhões de sacas de café, ao preço de 7 cents por libra-peso (o preço no disponível, em Nova Iorque, era ligeiramente superior: estava a 7,98 cents/libra-peso, como média no segundo semestre de 1906).

À medida que a safra se apresentava, ficou claro que todas as estimativas a haviam subestimado de maneira muito importante, pois, em vez de 16 milhões de sacas, ela produziu 20,2 milhões. Em dezembro de 1906 é negociado mais um empréstimo de dois milhões de libras esterlinas com J.H. Schroeder & Co., de Londres, e outro de um milhão de libras esterlinas com o National City Bank, de Nova Iorque, garantidos ambos pela sobretaxa de 3 francos e reembolsáveis em quatro anos, a partir de 1908. O empréstimo inicial do Brasilianische Bank für Deutschland foi coberto por outro, também obtido com a Casa Schroeder.

Dentro do plano Sielcken, sobre o adiantamento de 80% que seria fornecido pelos grandes torradores norte-americanos, o Estado de São Paulo pagaria 6% de juro e 3% de comissão por ano e o café seria armazenado nos Estados Unidos. Dessa maneira, o Estado de São Paulo entrava com 20% do valor do café comprado. No fim de um ano, para ser possível saldar os compromissos assumidos, o preço do café deveria ser, pelo menos:

a) adiantamento	5,6 cents/libra-peso
b) custo do adiantamento	0,5 cents/libra-peso
c) parte integrada pelo Estado de São Paulo	1,4 cents/libra-peso
	7,5 cents/libra-peso

Sobre esse custo incidiria, ainda, o juro do capital levantado diretamente pelo Estado de São Paulo. Vemos, assim, que o café deveria ser recolocado no mercado com a maior brevidade, para impedir a realização de prejuízos.

Essa primeira fase da valorização apresenta aspectos interessantes, que mostram a grande dificuldade de realização e a grande instabilidade dos acordos de preços em escala internacional. Quando São Paulo assumiu sozinho o peso da defesa, passou a cobrar a taxa de 3 francos, instituída pelo Convênio de Taubaté, no que não foi seguido pelos governos de Minas Gerais e Rio de Janeiro. Nessas circunstâncias, a procura podia facilmente suprir-se naqueles mercados. A praça do Rio de Janeiro funcionava, então, como funcionam nossos concorrentes, protegidos pela defesa brasileira. Foi somente quando São Paulo atuou diretamente sobre aqueles Estados e deu-lhes mais algumas concessões é que eles então passaram a cobrar a taxa de 3 francos.

Ela mostra, também, como, à medida que o plano avança em sua execução, o Estado procura cobrir-se do pessimismo que o vai dominando, pelo crescimento dos estoques, comprando somente os tipos melhores e que no futuro poderão ser colocados com maior facilidade.

Em janeiro de 1907, a Casa Theodor Wille & Cia. iniciou as compras de café tipo 7 no Rio de Janeiro (agora já por conta dos três Estados), mas recusava-se a comprar os cafés inferiores. Essa medida desmoralizava os cafés inferiores (que estavam sendo vendidos de maneira mais ou menos normal), e forçava a sua depreciação, prejudicando de maneira particular as lavouras de Minas Gerais e Rio de Janeiro. Acresce a circunstância de que a classificação por tipo era rigorosa, de maneira que os compradores governamentais na verdade compravam em média tipo 6 e pagavam tipo 7. Os protestos violentos que se seguiram a essa decisão retratam não somente prejuízos eventuais decorrentes dos fatos que apontamos acima, mas principalmente os interesses prejudicados pela cessação das vantagens que lhes eram conferidas quando a defesa era realizada apenas por São Paulo. Os cafés estavam tendo boa saída pelo Rio de Janeiro à custa da defesa realizada pela praça de Santos.

O certo é que a pressão sobre os tipos inferiores, que se realizava sob as vistas do governo federal, acabou forçando a sua participação na defesa. Resolveu-se então que o Banco do Brasil emprestaria recursos ao Estado de São Paulo para a aquisição de cafés de tipos inferiores e que o governo federal daria a sua garantia ao empréstimo externo destinado ao cumprimento do Convênio de Taubaté. Ao mesmo tempo, o próprio governo federal tentou obter um empréstimo de 5 milhões de libras esterlinas para a continuação do plano, por intermédio de seus banqueiros, à Casa Rothschild; esta, em resposta, disse estar disposta a tratar de um empréstimo destinado ao próprio governo federal, que gozava do melhor crédito, mas que ela, a casa Rothschild, não poderia, de forma alguma, ligar o seu nome a uma verdadeira aventura, reprovada pelo bom senso comercial e financeiro do mundo.

As compras se prolongaram até meados de junho de 1907, quando o Estado de São Paulo, após ter retirado do mercado cerca de 8 milhões de sacas, declarou que não mais compraria café e que conservaria os estoques em seu poder até conseguir preços compensadores. De fato, em dezembro de 1907, o governo do Estado havia comprado 8,1 milhões de sacas de café, que se encontravam armazenadas não só no Brasil como também nos Estados Unidos e na Europa. Conforme vimos no capítulo anterior, se a safra 1906-07 fosse de 16 milhões de sacas, o excedente do estoque visível seria da ordem de 4 milhões. Tendo a safra alcançado 20,2 milhões de sacas, o excedente passou a ser de 8,2 milhões de sacas, mais ou menos a quantidade que o governo adquiriu, com os financiamentos obtidos do "sindicato" do Sielcken, dos banqueiros da Casa Schroeder Ltd. e de comerciantes europeus.

No fim da safra 1906-07, o estoque mundial visível era da ordem de 16,4 milhões de sacas, metade do qual pertencia ao governo do Estado de São Paulo e se encontrava fora do mercado. O estoque de comercialização visível não excedia, portanto, a 8,5 milhões de sacas, inferior àquele com que a safra se iniciara. Apesar disso, os preços internacionais não reagiram, como pode ser apreciado no quadro seguinte:

QUADRO 20
PREÇO DO RIO 7 NO DISPONÍVEL EM NOVA IORQUE
(EM CENTS POR LIBRA-PESO)

Anos	1º semestre	2º semestre
1905	8,04	8,45
1906	8,10	7,98
1907	7,01	6,26
1908	6,22	6,28

Fonte: Wallace, B. B. & Edminster, L. M., 1930.

Com a suspensão das compras, em junho de 1907, os preços caíram continuamente no segundo semestre do ano, atingindo 6 cents por libra-peso em novembro.

Com 8 milhões de sacas estocadas e com recursos que, além dos do próprio Estado de São Paulo (que eram muito pequenos), montavam a um empréstimo total de 4 milhões de libras esterlinas e ao financiamento de 80% do valor das compras, era preciso encontrar novas fontes de financiamento para sustentar a operação, porque os vencimentos eram relativamente curtos. Concedeu, então, o Estado de São Paulo, em arrendamento, a um grupo franco-norte-americano, a Sorocabana Railway Co. Ltd. e, tendo como garantia o produto dessa operação, levantou mais 2 milhões de libras esterlinas.

Quase ao mesmo tempo, em outubro de 1907, o governo federal autorizou os seus banqueiros — a Casa Rothschild — a emitir um empréstimo, em seu nome, de 3 milhões de libras esterlinas, que seria entregue a São Paulo para a regularização dos compromissos assumidos com a valorização.

A nota marcante dessa operação residia no fato de que quase todo o café comprado (com exceção de pouco menos de um milhão de sacas) fora expedido para os grandes portos importadores dos Estados Unidos e da Europa, consignado a grandes operadores do mercado. A maior parte dos recursos necessários para a execução da operação foi fornecida pelos próprios empresários do setor importador de café, dentro das condições do plano Sielcken.

No começo de 1908, o Estado de São Paulo ainda comprou algum café (pouco mais de 300 mil sacas), e o total atingiu 8.474.623 sacas. Pouco depois, sob a insistência do comércio, o Estado autorizou a primeira venda de uma pequena partida de cafés, o que foi apontado pelos opositores do plano como o primeiro indício de que ele iria ruir. De fato, em abril, quando surgiram as notícias, o preço médio do café em Nova Iorque caiu de 6,25 cents/libra-peso em média, no primeiro trimestre do ano, para 6,06.

Acontece, porém, que, sendo os cafés da valorização todos de boa qualidade, eles conseguiram preços superiores aos vigorantes no mercado e, num curto espaço de tempo, o Estado já tinha vendido quase 1.200 mil sacas, sem que o nível médio dos preços sofresse alteração sensível. Quando o seu estoque atingiu 7 milhões de sacas (ou, mais exatamente, 6.992.920 sacas), o Estado de São Paulo declarou estarem encerradas as vendas e anunciou que só pensaria em iniciá-las quando houvesse necessidade de suprir o consumo e desde que fosse possível alcançar preços remuneradores. Com isso, encerrava-se o que se pode chamar de primeira fase da valorização: tinha sido retirado do mercado o excedente e os preços, que haviam atingido o seu nível mais baixo no primeiro semestre de 1908, começavam a dar sinais de recuperação.

Para se ter uma ideia dos recursos que haviam sido adiantados pelos empresários do setor importador de café, que estavam recebendo, em consignação, o café adquirido, basta considerar-se o quadro seguinte, relativo a cerca de 7 milhões de sacas de café, que pertenciam ao governo paulista, em fins de 1908:

QUADRO 21

| a) Saldo do empréstimo Schroeder-City | £ 2.230.000-0-0 |
| b) Adiantamento dos consignatários | £ 10.457.074-9-5 |

Fonte: *Documentos parlamentares*, 1915, v. 2, p. 4.

O fato de praticamente 2/3 dos recursos necessários à operação terem sido fornecidos por empresários do próprio setor importador de café teve consequências importantíssimas. Em primeiro lugar, se é certo que eles seriam, de qualquer maneira, ressarcidos de prejuízos eventuais derivados de uma baixa ainda maior nos preços do produto (existia uma cláusula no plano Sielcken pela qual lhes era creditada automaticamente a diferença das quedas de preços abaixo de 7 cents por libra-peso), não é menos certo que, à medida que a operação se realizava, ela passou a ser considerada pelos operadores como sendo um de seus próprios negócios. Em segundo lugar, o volume de capitais envolvidos na indústria do café era então, como é hoje, de proporções consideráveis, e a sua participação no negócio dava-lhe muito maior segurança. Isso tornou muito mais fácil a realização do *funding* de 1908.

A falta de estabilidade do programa de valorização derivava da própria forma de seu financiamento. Ele havia sido realizado, em parte, por capitais do próprio setor cafeeiro norte-americano, dentro do plano Sielcken e, em parte, por capitais conseguidos pelo Estado de São Paulo com a série de empréstimos que descrevemos. Esses empréstimos financiavam a compra de café que, armazenado no estrangeiro, dava origem a *warrants*, os quais, descontados, possibilitavam a ampliação das compras. Tratando-se de operações de curto prazo e que eram olhadas com muita desconfiança por quase todo o sistema bancário estrangeiro, não poderiam ser sustentadas por muito tempo, pelas dificuldades de se conseguir capital de movimento.

O bom êxito final da operação dependia, portanto, da possibilidade de ser consolidada toda a dívida assumida e não se encontrar um esquema de pagamento que pudesse ser cumprido sem pressionar de maneira violenta o tesouro paulista. A operação de valorização implicava grandes custos, além do capital imobilizado no próprio café: pagamento de juro e comissão aos consignatários da mercadoria e que haviam realizado a parte principal do financiamento; pagamento de juro dos empréstimos contraídos; pagamento da armazenagem na Europa e nos Estados Unidos; pagamento de um corpo importante de funcionários para executar e fiscalizar as operações etc.

No mesmo ano de 1908, colocou em execução o Estado de São Paulo uma nova lei, em que se instituía um imposto *ad valorem* de 20% sobre as exportações que excedessem 9 milhões de sacas na safra 1908-09, 9,5 milhões na 1909-10 e 10 milhões na 1910-11 e seguintes, ao mesmo tempo que elevava a taxa de 3 francos para 5. Um dos artigos da nova lei autorizava o governo do Estado de São Paulo a contrair um empréstimo externo de 15 milhões de libras esterlinas, para realizar a consolidação.

O estoque visível nos mercados mundiais (excluídos, naturalmente, os cafés da valorização, que não estavam à venda) tinha sido o seguinte:

QUADRO 22
ESTOQUE MUNDIAL VISÍVEL EM 31 DE DEZEMBRO
(EM 1.000.000 DE SACAS)

Regiões	1905	1906	1907	1908
Europa	5,4	6,0	9,4	8,5
Estados Unidos	4,4	3,8	3,7	3,5
Total	9,8	9,8	13,1	12,0

Fonte: Retrospecto comercial, 1909, p. 110.

A situação caminharia com rapidez para a regularização, pois as safras brasileiras dos próximos anos não deveriam superar, em média, 12 milhões de sacas, as quais somadas a mais ou menos 3,6 milhões produzidas por nossos concorrentes, dava um suprimento de 15 a 16 milhões de sacas por ano, enquanto o consumo era da ordem de 19 milhões de sacas. Registrar-se-ia, assim, um déficit anual de 3 a 4 milhões de sacas, o que em breve forçaria uma elevação dos preços do produto, a não ser que o estoque da valorização fosse vendido.

Diante dessas perspectivas, o governo federal foi autorizado pelo Congresso a conceder garantia a um empréstimo de valor máximo de 15 milhões de libras esterlinas. De fato, o empréstimo foi conseguido por intermédio de um grupo de banqueiros coordenados pela Casa J. H. Schroeder & Co. e pela Société Générale de Paris, ainda em 1908. Dentro do plano de empréstimo, o Estado de São Paulo ofereceu como garantia adicional o seu estoque de 7 milhões de sacas (1,75 em Nova Iorque, 1,88 no Havre, 1,62 em Hamburgo, 1,1 em Antuérpia e outras cidades) e comprometeu-se a pôr em prática três medidas de restrição: diminuição das plantações, taxa de 5 francos e o imposto *ad valorem* sobre os excessos de exportação. Para regular a venda dos cafés em estoque, foi nomeada uma comissão composta de representantes do Brasil, de comerciantes que haviam participado do plano original e dos banqueiros.

Com os recursos fornecidos pelo empréstimo de 15 milhões de libras esterlinas, a situação financeira melhorou e ficou evidente que o Estado de São Paulo poderia, de fato, manter por muito tempo fora do mercado o estoque de café adquirido. A situação, como vimos, melhorava, pois o suprimento anual era inferior à procura. Esses fatos provocaram uma inversão das expectativas dos operadores do mercado e o preço do café passou, em Nova Iorque, de 6,28 cents/libra-peso em média, no segundo semestre de 1908 (quando foram realizados os entendimentos para a consolidação), para 7,97 cents por libra-peso no primeiro semestre de 1909, apesar de a safra 1908-09 ser da ordem de 13 milhões de sacas. Com a diminuição da safra 1910-11, que atingiu apenas 11 milhões de sacas, os preços do café subiram a 8,58 cents/libra-peso no primeiro semestre, a 9,70 cents/libra-peso no segundo semestre de 1910 a 12,53 e 13,41 cents/libra-peso, respectivamente, no primeiro e segundo semestre de 1911.

A situação estava sob controle do comitê de valorização. Os preços melhoraram continuamente e o estoque foi sendo vendido. O empréstimo contraído em 1908 e que se venceria completamente em 1918 foi liquidado em 1914, quando o Estado de São Paulo passou a controlar, novamente, cerca de 3 milhões de sacas, que ainda restavam nos armazéns europeus.

No início de 1914, o Estado de São Paulo vendeu 700 mil sacas em Hamburgo, do café pertencente aos estoques da valorização, restando 2,4 milhões de sacas, assim distribuídas: Bremen, Trieste e Antuérpia, com 1,23 milhão, e o Havre com 1,22. Já em 1915, o governo alemão adquiriu (sob força), por cerca de 120 milhões de marcos, depositados numa casa bancária de Berlim, mas intransferíveis, os estoques de Bremen, Trieste e Antuérpia, restando, portanto, apenas o café do Havre, vendido em 1918.

APRECIAÇÃO CRÍTICA DA VALORIZAÇÃO

A ideia da valorização apoiava-se em algumas premissas:
a) que mesmo a sobretaxa de 3 francos, mais o aumento de preço produzido pela retirada do excedente, seria imperceptível ao consumidor. Augusto Ramos, um dos arquitetos do plano, assim se expressa a esse respeito: "O aumento de 15 a 20 francos que pretendemos conseguir, digamos 200 réis

por quilo de café, irá pesar sobre o consumidor alemão (3 quilos por ano) à razão de 50 réis por mês! Sobre o belga, o dinamarquês, o americano e o sueco, na proporção de 90 réis por mês e sobre os ombros do holandês, com a quota de 120 réis em 30 dias! E esses todos são os mais fortes consumidores do mundo" (*Documentos parlamentares*, 1915, v. 1, p. 378);

b) que as elevações de preço seriam incapazes de dar nascimento a uma concorrência mais ativa. Acreditava-se cegamente na predestinação brasileira para o café. Antes de iniciar o projeto de valorização, o Estado de São Paulo procurara saber quais as condições de competição de nossos concorrentes e concluiria que eram praticamente inexistentes. Em primeiro lugar, os baixos preços em que ainda permaneceria o produto e os grandes estoques desestimulariam grandes investimentos na lavoura cafeeira e, em segundo lugar, mesmo que esses investimentos se realizassem, eles só amadureceriam em cinco ou seis anos;

c) como desde 1902 existiam no Brasil limitações ao plantio, a produção nacional não poderia crescer de maneira importante no futuro. A safra de 1906-07 era consequência de circunstâncias particularmente felizes e que tinham pequena probabilidade de se repetirem.

Aceitas essas premissas, era difícil deixar de concluir que os preços do café se elevariam tão logo fosse absorvido o excesso da safra 1906-07. Aliás, como vimos, a situação melhorava constantemente e, na ausência daquela safra gigantesca, o mercado se equilibraria sem o aumento da pressão dos valorizadores. Dentro dessa ordem de ideias, o projeto de valorização simplesmente anteciparia de três ou quatro anos uma alta que, por necessidade, se verificaria, com a vantagem de estabilizar os preços pelo regulamento da oferta. Por outro lado, como o custo fixo de produção do café é bem mais importante do que o custo variável, a grande safra de 1906-07 deveria assistir a uma grande diminuição dos custos unitários. Dessa maneira, os cafeicultores receberiam por seus cafés um preço mínimo que era, certamente, superior ao custo de produção das lavouras marginais e que deixava bons lucros para os lavradores mais eficientes. Do ponto de vista físico, a operação era inteiramente viável, pois o café pode ser armazenado por tempo relativamente longo, ganhando alguns deles melhoria de bebida. O preço da valorização seria, portanto, unicamente o juro que se deveria pagar pelo empréstimo.

Esse tipo de comportamento foi minando completamente a crença no sistema de preços. Quando o convênio foi apresentado, não se tratava mais de resolver o problema dentro dos quadros comerciais da época: procurava-se dar ao cafeicultor um preço mínimo pelo qual se compraria toda a safra, se isso se tornasse necessário.

O convênio dava realmente a impressão de um passe de mágica, pois permitia resolver o problema sem custo aparente para o país: realizava-se um empréstimo externo, comprava-se café, os preços subiriam e, com uma taxa de exportação e com a venda posterior dos cafés retirados do mercado, o empréstimo seria resgatado.

Em toda a discussão que se travou sobre o assunto, na imprensa e no Congresso, o argumento mais poderoso dos defensores da valorização e que nunca encontrou uma resposta satisfatória, residia em dois pontos: a) que existia (o que já vimos anteriormente) uma grande rigidez dos preços do café no varejo, produzida pelo mecanismo de comercialização. Augusto Ramos, a que nos referimos, diz, no mesmo documento, que "... os preços de consumo não se modificarão, em geral, para qualquer cotação não superior a 75 francos (Havre)", e essa cotação corresponderia a mais ou menos 10 cents/libra-peso, em Nova Iorque, e b) que mesmo onde não existia a rigidez produzida pelos impostos de importação, como nos Estados Unidos, o consumo respondia com muita lentidão às diminuições de preço.

Essa inelasticidade da procura era utilizada somente como argumento de prova da possibilidade do aumento de preços (e, portanto, da melhoria da situação dos cafeicultores), sem causar repercussão no consumo. Augusto Ramos (1934) era perfeitamente coerente, pois, acreditando naquela inelasticidade, concluía que a valorização do café sem a simultânea estabilização da taxa cambial não resolveria o problema do cafeicultor. A valorização teria como subproduto a elevação da receita de divisas e a melhoria da taxa cambial, compensando, em moeda nacional, pelo menos uma parte das elevações de preço em moeda estrangeira.

É curioso observar-se, em toda essa discussão, que as possíveis influências da queda dos preços do café sobre a taxa cambial não eram levadas em consideração. O próprio Murtinho, quando defendia uma solução natural para o problema, esperava que graças às medidas financeiras internas (resgate de uma parcela das emissões e saneamento do sistema monetário) e externa (o *funding*), a diminuição dos preços do café seria insuficiente para depreciar a taxa cambial. Meio século de história do produto mostrava que, a curto prazo, os aumentos das exportações eram insuficientes para compensar a queda dos preços, de maneira que deveriam mesmo ser esperadas reações no mercado cambial. É muito possível que, acostumado como estava a tratar separadamente o problema do café e o problema do câmbio, o ministro pensasse em contornar o problema, caso ele chegasse a se efetivar, recorrendo a novos créditos externos.

Não pode haver dúvidas sobre o fato de que essa era a solução mais inteligente a longo prazo, pois os aumentos das exportações garantiriam os novos níveis da receita de divisas sem manter em níveis elevados os preços do produto. É essa, provavelmente, a causa mais importante da estagnação da concorrência (quando medida em termos globais) até quase a I Guerra Mundial.

Por outro lado, não deixa de ser importante notar-se que os partidários da valorização não compreendiam que, se a safra 1906-07 chegasse de fato ao mercado, a receita de divisas do país iria reduzir-se de maneira considerável, a curto prazo, e a taxa cambial deveria subir (pois seria impossível compensar-se a redução recorrendo-se permanentemente a empréstimos externos). Dessa maneira, o problema dos preços do café em moeda nacional — que era, de fato, a questão que se procurava resolver com a valorização — seria em parte resolvido pelo próprio mercado. É claro que, pela importância maior representada pelo setor exportador, a redução dos preços do café significaria uma perda nas relações de troca e uma diminuição do nível de rendimento, o que deslocaria para a esquerda a curva de procura de divisas. Mesmo assim, pensamos que aquele resultado seria alcançado, porque o Brasil dependia estreitamente das importações até de alimentos e, a partir de certo nível, a curva de procura de divisas deveria ser muito inelástica. Ao mesmo resultado conduziam, aliás, as grandes necessidades de pagamentos nos países estrangeiros, por compromissos financeiros do governo.

A desvalorização cambial transferiria rendimentos das classes importadoras para as exportadoras e teria, a longo prazo, o seu próprio corretivo no aumento do volume das exportações. Além do mais, é certo que, se os preços baixassem suficientemente, o cálculo realizado pelos valorizadores (apoiados na premissa de que o consumo estava crescendo e que a uma safra grande seguem-se, em geral, duas ou três safras pequenas) seria realizado pelos especuladores e pelos próprios operadores normais do mercado, que se disporiam a tomar uma parcela maior do excedente. Tanto isso é verdade que Sielcken encontrou uma forma de financiar uma parcela muito importante do excedente, na base de 80% do preço de 7 cents por libra-peso.

Durante o período de discussão do plano de valorização, não encontramos qualquer referência mais importante à manutenção da receita de divisas do país ou à sua possível ampliação, que seria o argumento utilizado nas valorizações mais recentes. A valorização foi imaginada como um instrumento para melhorar a situação do cafeicultor (porque o caminho da depreciação cambial, via financiamento interno, estava trancado ainda como reflexo da obstinação de Murtinho) e as suas possíveis repercussões sobre a receita de divisas do país não eram argumentos importantes, nem contra nem a favor do plano.

A primeira formulação clara da doutrina, que seria depois amplamente utilizada para a defesa dos preços do café e que consiste na ligação do montante de divisas produzido por aquele bem ao processo de desenvolvimento econômico do país, parece ter surgido nas discussões travadas na Câmara Federal sobre a questão da garantia da União ao empréstimo de 15 milhões de libras, a ser contraído pelo Estado de São Paulo para a consolidação da valorização. Para provar o interesse da União, dizia Alcindo Guanabara a 20 de novembro de 1908, que "é incontestável a influência dos preços do café sobre a nossa situação financeira. Se temos de pagar as nossas contas no estrangeiro com o valor da nossa produção exportada, se o café representa mais de metade desse valor, se o preço do café cair, é evidente que o total daquele valor se reduzirá na proporção dessa queda e, evidentemente, que a nossa capacidade de comprar sofrerá equivalente redução" e, logo adiante, dizia ainda que "... é evidente que o ágio desse ouro (que deveria ser procurado para cobrir o déficit) subirá, ou, em termos comuns, que o câmbio baixará, não tendo nós recurso algum para mantê-lo à taxa fixada. Assim, temos interesse, a União tem interesse em que sejam mantidos em termos regulares os preços do café..." (*Documentos parlamentares*, 1915, v. 2, p. 100).

Mas foi talvez no parecer de Serzedello Corrêa, apresentado ao Congresso a 23 do mesmo mês, que a doutrina encontrou a sua forma completa: "Pode a União recusar ao Estado de São Paulo o seu auxílio, já não diz moral, mas real, de coparticipação nos sacrifícios que a questão do café está a exigir? Quem, senhores, com o conhecimento do assunto, será capaz de afirmá-lo? O café entra em mais de metade, em muitos anos, por cerca de três quartos do valor exportável com que todo o nosso vasto país adquire essa série de utilidades que carecemos para viver e paga essa série de despesas que fazemos no exterior. Quer isso dizer que mais de metade da renda total de nossas alfândegas, quase três quartas partes dos recursos que temos para a vida interna e externa da União, o temos por causa da exportação do café. Desvalorizar essa produção e dificultar a importação, é diminuir nos mercados de consumo as condições da oferta do que consumimos, encarecendo a vida; é reduzir as rendas ou recursos com que custeamos todos os serviços, isto é, *paralisar o nosso progresso* (o grifo é nosso), abrir o déficit em nossos orçamentos, agravar a situação da nossa moeda; deprimindo-lhe o poder aquisitivo: é, enfim, trazer de norte a sul, do Rio Grande ao Acre uma atmosfera de amarguras, de opressões, de sofrimentos que afetam o capital e o trabalho, o estado e o município, o comércio e a indústria, o lar, a Pátria inteira".

Há uma experiência administrativa que merece ser destacada, por mostrar que dificilmente é possível afastar-se desses tipos de operação todas as formas de corrupção. O governo do Estado de São Paulo realizou as suas compras por intermédio de agentes comerciais e há razão suficiente para se acreditar que eles tenham tirado vantagens consideráveis de sua posição. Além da comissão a que tinham direito pela compra, parece que se estabeleceu uma certa forma de pressão sobre os agricultores, oferecendo-se, por lotes corridos, preços muito inferiores ao que se justificaria diante dos preços garantidos pelo governo. Essa pressão era, na realidade, facilitada pelo fato de as compras diárias serem limitadas a uma certa quantia e de não se conhecer, precisamente, quando o Estado de São Paulo suspenderia as suas operações. Os agricultores, com uma safra excessivamente volumosa em suas mãos (o que representa um grande aumento das despesas diretamente variáveis com o volume da produção) e com os seus compromissos vencidos, precipitavam-se sobre os compradores oficiais, o que lhes dava uma posição muito cômoda para exercerem pressão no sentido de depreciar os lotes apresentados para compra. Dessa maneira, além da comissão, podiam eles ganhar por intermédio de toda uma gama de operações, como a compra a preço mais baixo do que o garantido, a reclassificação etc.

Do ponto de vista puramente histórico, a apreciação crítica de determinada ação somente pode ser realizada comparando-se os seus resultados com o objetivo que deveria ter sido alcançado. É por essa razão que não há sentido no julgamento dessa operação, quando realizado por meio de uma análise puramente contábil de entrada e saída de recursos, como frequentemente se tem feito. Desse ponto de vista, a valorização foi certamente bem-sucedida, pois em 1914 todas as dívidas estavam pagas e o Estado de São Paulo possuía ainda 3,1 milhões de sacas de café. Do ponto de vista dos comerciantes que participaram da operação, essa também foi bem-sucedida, pois eles, além de receberem juros e comissões, puderam aproveitar-se das elevações dos preços. Não foi menor o lucro dos banqueiros, que receberam mais ou menos 9% sobre o capital emprestado.

Mas esses pontos são simples subprodutos da operação; ela tem que ser julgada em função do objetivo para o qual havia sido planejada: a melhoria da remuneração dos cafeicultores, em moeda nacional.

Damos, a seguir, o gráfico 4, que permite uma apreciação global da operação levada a efeito pelo Estado de São Paulo. Como se observa, o preço em moeda nacional, que havia caído, em resposta aos grandes aumentos de produção, ao nível de mais ou menos 30$000 a saca, estava se recuperando quando ocorreu a grande safra de 1906-07, voltou àquele nível e aí permaneceu até praticamente 1909. Os preços somente melhoraram a partir de 1910, mas em 1912 já haviam praticamente dobrado. O gráfico mostra que a elevação dos preços foi tão violenta quanto efêmera. Em 1914, o preço da saca, em mil-réis, voltava ao nível de 1904.

Se julgarmos o resultado da valorização pela sua capacidade de impedir que os preços em moeda nacional caíssem abaixo do limite fixado pelo Convênio de Taubaté, podemos afirmar que ela teve relativo bom êxito. Os gráficos nos mostram que, com uma procura anual da ordem de 15 a 16 milhões de sacas e um estoque visível da ordem de 11 a 12 milhões em 1903, os preços caíram para 5,6 cents por libra-peso. É evidente, portanto, que com um consumo da ordem de 17,5 milhões de sacas e um estoque visível da ordem de 16 milhões de sacas, os preços cairiam a níveis ainda mais baixos em 1907. Como, por outro lado, a taxa cambial havia melhorado entre aqueles dois anos, os preços em moeda nacional deveriam ser consideravelmente menores do que os que vigoraram em 1903 (29$728). A operação de valorização garantiu quase o mesmo preço (28$939) em circunstâncias muitíssimo mais delicadas.

Sem a intervenção, é muito provável que antes de 1911 os preços em moeda nacional não retornassem àqueles níveis, porque, quando os preços do café, em moeda estrangeira, caíssem suficientemente, os importadores formariam seus estoques e durante as pequenas safras que se seguiriam eles teriam melhores condições de resistência.

As altas verificadas devem ter sido, entretanto, muito superiores às que tinham sido imaginadas pelos valorizadores; de fato, a operação produziu vários problemas, tanto nos Estados Unidos como na Europa, onde o Legislativo procurava defender os interesses dos consumidores. Isso se deve explicar por vários motivos, dentre os quais pensamos serem os seguintes os mais importantes:

a) quando o Estado de São Paulo iniciou a operação, ela foi cercada de inteira desconfiança por parte dos operadores do mercado. Tanto isso é verdade que nem mesmo a retração dos cafeicultores, que esperavam os preços garantidos pelo Convênio de Taubaté, foi suficiente para elevar os preços. Os importadores praticamente deixaram de comprar quando tiveram conhecimento da safra que se apresentaria em 1906-07 e procuraram reduzir os seus estoques. Dessa maneira, eles devem ter entrado no período de valorização trabalhando no regime "da mão para a boca". Durante 1906, 1907 e 1908, em que o Estado de São Paulo comprou 8,4 milhões de sacas, os preços não se elevaram, antes continuaram descendo. Isso se explica pelo fato de todo o sistema de comercialização estar esperando, a todo momento, o esgotamento dos recursos de seus concorrentes (que estavam financiando a operação) e os do próprio Estado de São Paulo, o que estabeleceria o pânico no mercado e jogaria o preço do café a níveis até então desconhecidos. Quando o Estado de São Paulo suspendeu suas compras, isso pareceu o sinal do fim e o preço desceu, em novembro de 1907, a 6 cents por libra-peso. Durante 1908, a situação permaneceu a mesma; o Rio 7 foi cotado, em Nova Iorque, a 6,22 cents/libra-peso no primeiro semestre e a 6,28 no segundo.

Quando, entretanto, Sielcken e o Estado de São Paulo (amparado na garantia da União) puderam convencer um grupo de banqueiros a respeito da viabilidade de completar a operação com bom êxito e foi possível consolidar toda a dívida a curto prazo que havia sido contraída, os empresários compreenderam que o esquema não terminaria violentamente, como esperavam, e que, em virtude das pequenas safras em perspectiva, os preços do café iriam mesmo se elevar. Essa inversão da expectativa levou os empresários a procurarem fazer estoques, o que pressionou os preços. As exportações que haviam caído para 12,6 milhões de sacas em 1908, se elevaram a 16,9 milhões em 1909, enquanto o preço passava de 6,28 cents/libra-peso no segundo semestre de 1908, a 7,97 no primeiro de 1909;

b) a retirada de 8,4 milhões de sacas, ainda quando a safra 1906-07 tivesse deixado um estoque disponível ligeiramente superior ao que se poderia considerar normal, teve o seu peso muito aumentado pelas pequenas safras dos anos seguintes. De fato, pode-se afirmar que, a partir da safra 1909-10, a retenção criou uma situação de escassez artificial, que contribuiu para a elevação dos preços.

A verdade é que, se em lugar da grande safra de 1906-07 tivéssemos tido uma safra normal, o mercado cafeeiro teria completado a fase de baixa do seu ciclo e os aumentos dos preços em dólares, que já se estavam verificando desde 1903 (e que não se refletiam nos preços internos pela

GRÁFICO 4
PRIMEIRA VALORIZAÇÃO
1906/18

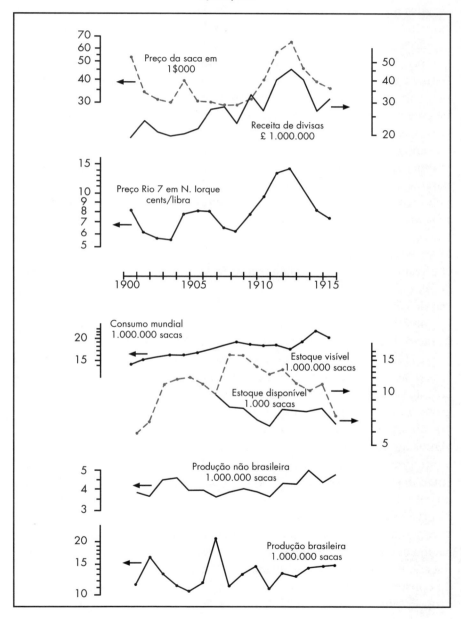

melhoria da taxa cambial), teriam continuado até uma nova fase de superprodução. Pensamos, portanto, que a violência do acréscimo dos preços entre 1908 e 1912 se deve muito menos à própria operação do que as circunstâncias que a caracterizaram. Se não tivesse havido a inversão de expectativas a que nos referimos, é possível que a valorização tivesse conduzido a uma diminuição da amplitude da oscilação do ciclo. É evidente que não se pode saber se os preços teriam subido menos ou mais do que subiram, se o mercado tivesse continuado livre, mas pensamos que há razão para se acreditar que, sem a grande safra, eles continuariam a marcha ascendente iniciada em 1903, pois a safra 1906-07 abriu com um estoque visível de 9,6 milhões de sacas.

Como todo o café que havia sido retirado do mercado voltou a esse mesmo mercado num prazo relativamente curto (menos a parcela confiscada durante a guerra), o máximo que se pode dizer é que a operação antecipou a elevação dos preços e que, talvez por motivos não essencialmente ligados a ela mas decorrentes do próprio comportamento dos operadores, aquelas elevações tinham sido mais violentas do que teriam sido se o mercado fosse livre. Por outro lado, temos que considerar que já em 1913 os preços entravam em declínio por uma melhoria da produção, tanto do Brasil como de seus concorrentes, sendo esse declínio de preços auxiliado pela colocação dos estoques da valorização.

A observação do gráfico mostra ainda dois fenômenos importantes. Em primeiro lugar, principalmente a partir de 1908, notamos claramente o efeito da inelasticidade da procura do café brasileiro. Chamamos a atenção para o fato de que, apesar de os preços no disponível dobrarem, os preços do café no varejo sofreram um acréscimo muito menor. Numa apreciação grosseira, podemos afirmar que eles passaram de mais ou menos 26 cents por libra/peso em 1905-07 para cerca de 30 cents/libra-peso em 1911-15. Vemos que, à medida que os preços se elevaram, o consumo total retraiu-se muito pouco e a receita de divisas recebidas pelo Brasil atingiu limites até então desconhecidos. Entre 1908 e 1912, a receita de divisas proveniente do café dobrou — passou de 23 para 47 milhões de libras esterlinas — e é certo que, se não existisse a Caixa de Conversão, esse movimento teria se refletido na taxa cambial e diminuído a elevação dos preços em moeda nacional, como corretamente o havia previsto Augusto Ramos. O gráfico traçado em escala monologarítmica mostra com clareza a pequena reação do consumo à violenta elevação do preço e o aumento quase exatamente proporcional da nossa receita de divisas. Em consequência da estabilização da taxa cambial, a remuneração em mil-réis cresceu na mesma proporção que os preços externos.

A produção não brasileira não chega a revelar, no gráfico, os efeitos dessa elevação de preços. No passado, mais de uma vez haviam se apresentado períodos de amplas elevações de preço sem que a produção de nossos concorrentes tivesse apresentado crescimento sensível. A situação mudara, entretanto, pois desde o começo do século a expansão da cultura cafeeira havia sido severamente restringida em São Paulo e era claro que, a longo prazo, nossos concorrentes poderiam beneficiar-se de condições favoráveis que nunca haviam existido.

Um julgamento rápido da primeira valorização pode ser expresso nos seguintes termos:

a) julgada em função do seu próprio objetivo, a operação obteve bom êxito ponderável, pois impediu que os preços em mil-réis caíssem abaixo dos que vigoraram em 1903, em circunstâncias muito mais graves do que as que existiram naquele ano;

b) como subprodutos da operação, podem ser apontados:
– uma elevação violenta dos preços, que certamente não se encontrava entre os objetivos dos valorizadores, mas que não pôde ser controlada, pela inversão das expectativas dos empresários, e
– uma elevação violenta da receita de divisas do país;

c) as grandes restrições instituídas à ampliação das plantações em São Paulo, juntamente com o controle das exportações e com os altos preços do produto (que em função dessas mesmas restrições deveriam permanecer elevados durante muitos anos), criaram condições excepcionais para a expansão da concorrência, que na safra 1919-20 apresentar-se-ia com mais de 7,5 milhões de sacas, quando até então vivera em torno de 4 milhões;

d) ela revelou que seria possível, em circunstâncias especiais, contar com importantes capitais particulares, o que facilitava a operação de duas maneiras:
– fornecendo recursos, e
– não exercendo pressão sobre os governos estrangeiros para agirem contra o esquema, em defesa do consumidor.

Por outro lado, o estoque de grandes quantidades de café nas praças estrangeiras (realizado como condição da participação daquele capital) revelou um custo extraordinário, pois:

a) as despesas devem ser pagas em moeda estrangeira e todos os problemas administrativos de controle ficam muito mais caros;

b) a manutenção de estoques fora do mercado, diante dos olhos dos compradores, tende a depreciar os preços muito mais do que se os estoques fossem mantidos no interior do Brasil, onde, inclusive, teria sido difícil obter informações estatísticas seguras;

c) à medida que os preços se elevam, a cobiça dos legisladores, ávidos de votos, começa a derramar-se sobre eles (foi o que aconteceu nos Estados Unidos, na França e na Alemanha), o que tende a criar sérios atritos internacionais.

Rowe (1932, p. 9) aponta ainda outro efeito. Os operadores tendem a reduzir os seus estoques devido à incerteza sobre a data em que serão colocados os cafés pertencentes ao governo e na certeza de que eles não serão transferidos para outras praças, pelos elevados custos de tal operação.

Deixaremos de discutir aqui um dos problemas fundamentais da operação de valorização, que é a determinação de quem, de fato, a suporta, pois dedicaremos ao problema um tratamento especial mais adiante.

Para finalizar nossa apreciação sobre a primeira valorização, queremos dizer que, por maior que tenha sido o bom êxito (quando, repetimos, medido em termos do seu objetivo), ela deixou uma clara contribuição negativa, que foi o precedente de uma intervenção, que seria reclamada com frequência, posteriormente. A primeira valorização obteve bom êxito por várias razões:

a) quando ela se realizou, a oferta brasileira já não era persistentemente superior ao que o consumo podia absorver aos níveis de preços então vigorantes. Como vimos, a ação do sistema de preços punira severamente os agricultores que, iludidos com a desorganização monetária causada pelo "encilhamento", haviam expandido muito os seus cafezais. A safra de 1906-07, com todo o seu volume excepcional (duas vezes a média da produção no período), era o produto de uma série de coincidências: vários anos de geadas e secas haviam depauperado os cafezais, que se encontravam em plena recuperação quando ocorreu um ano muito bom do ponto de vista climático. Esse fato dava praticamente a certeza de que, por muitos anos, não se repetiria o fenômeno. Por outro lado, as limitações de plantio, iniciadas já em 1902, garantiam que, durante pelo menos cinco ou seis anos, a produção não poderia crescer de maneira importante. O único problema era, portanto, o de dispor de um excedente de produção facilmente calculável, tão logo fosse conhecida a magnitude exata da safra. Foi por esse motivo que o Estado de São Paulo conseguiu interessar Hermann Sielcken no negócio;

b) a integração, no esquema de valorização, de quase todos os grandes capitais interessados no negócio do café facilitou de maneira importante a operação, pois os predispunha a encará-la como um negócio seu. Sob esse aspecto, dificilmente poderemos avaliar o papel excepcional desempenhado pelo gênio financeiro e comercial de Hermann Sielcken. Numa larga medida, a primeira valorização foi um *corner* executado por capitais particulares operando por conta do governo. Tratava-se de uma operação fabulosa, que devia empolgar o espírito do capital aventureiro, afeito a grandes golpes de imaginação e audácia e que dominou o comércio do começo do século;

c) quando, por influência daqueles próprios capitais, o grupo de banqueiros resolveu auxiliar São Paulo a consolidar a operação, o seu caráter privado ainda mais se acentuou, pois o controle dos estoques passou a ser realizado por um comitê de sete membros, dos quais um apenas era representante do Estado de São Paulo (os demais representavam os interesses dos capitais do setor importador norte-americano de café e dos banqueiros que haviam financiado a operação). Isso deu ao esquema um alto poder de ajustamento às condições do mercado e diminuiu, de maneira importante, a oposição que teria sido feita às elevações dos preços. Mais do que isso: essa forma de organização permitiu uma larga separação entre os objetivos econômicos e as suas inevitáveis implicações políticas. Nas valorizações posteriores, particularmente na chamada época da "defesa permanente", o problema econômico seria subordinado aos interesses políticos do governo, o que representou uma das forças mais poderosas que levaram o sistema à derrocada.

Segunda operação valorizadora: 1917-20

Antes mesmo que o estoque da primeira operação estivesse inteiramente liquidado, registrou-se nova intervenção governamental no mercado, devido às complicações internacionais surgidas com a I Guerra Mundial. Essa intervenção foi o produto das condições de estagnação a que haviam sido levadas as exportações durante a guerra.

É difícil reconstituir-se hoje o estado de pânico gerado pelo início do movimento armado na Europa, mas é essencial destacar-se alguns dos seus pontos mais importantes, para que seja possível uma compreensão melhor das circunstâncias em que se realizou essa segunda intervenção.

Desde a política iniciada por Murtinho e continuada por Leopoldo de Bulhões, o governo federal deixara de recorrer às emissões para resolver os seus problemas. A partir de 1906, o volume total de moeda em circulação começou a crescer — a despeito do resgate de parte das emissões do Tesouro — devido às operações da Caixa de Conversão. O grande movimento de capitais verificado até antes da guerra (de empresas particulares e empréstimos públicos) fornecia recursos àquele organismo para realizar emissões, que cresceram até 1912, quando atingiram a pouco menos de 410 mil contos de réis (aproximadamente 2/3 das emissões do próprio Tesouro). Apesar dessa componente inflacionária, a taxa cambial manteve-se firme (ou melhor, mostrava séria tendência para melhorar), o que dá uma ideia da importância dos movimentos das entradas de capitais no país. Esse movimento foi positivamente auxiliado pelos efeitos da primeira valorização do café, que havia elevado a receita de divisas provenientes do produto, de 27 milhões de libras esterlinas em 1910 para 40, 47 e 41 milhões, respectivamente, em 1911, 1912 e 1913.

Internamente, entretanto, os efeitos inflacionários não podiam ser mascarados por outros fenômenos, e os preços começaram a subir. O movimento geral dos negócios melhorou, mas em breve as receitas públicas eram insuficientes para liquidar os compromissos assumidos pelo governo. Já em 1913, o governo federal teve de obter um empréstimo externo de 11 milhões de libras esterlinas para cobrir a diferença dos orçamentos, e estava negociando outro, quando começou a guerra (Victor Vianna, 1926, p. 173).

Em 1912, a inflação causada pelas emissões da Caixa de Conversão atingira o seu auge e a taxa cambial se mantinha firme, como já dissemos, porque era intenso o movimento de capitais e porque o café produzia uma enorme quantidade de divisas. Em 1913, com o crescimento das probabilidades de guerra (e com a ligeira redução do valor das exportações de café), a pressão das importações forçou a baixa da taxa cambial. Esse fato precipitou a procura de cambiais sobre a Caixa de Conversão. Para se ter uma ideia desse movimento, basta lembrar-se que as emissões da Caixa de Conversão passaram de pouco menos de 410 mil contos de réis em 1912 para pouco menos de 300 mil contos em 1913, e para mais ou menos 160 mil contos em 1914. Essa compressão do meio circulante causou sério abalo nas relações comerciais internas, agravadas ainda mais com a deflagração da guerra.

É claro que com o movimento altamente favorável do balanço de pagamentos do país (em consequência não só da valorização do café como também da melhoria da posição internacional da borracha), do qual se pode apreciar, unicamente, a parte relativa às exportações e importações (quadro 23), a taxa cambial só poderia estabilizar-se à custa de uma pressão inflacionária. Isso é ainda mais verdadeiro ao se saber que o movimento de entrada de capitais foi muito intenso. Em 1911, por exemplo, os empréstimos públicos no exterior foram da ordem de quase 12 milhões de libras esterlinas e os particulares ultrapassaram a casa dos 20 milhões. O quadro mostra que as importações se aceleraram de maneira importante a partir de 1910 (quando as exportações já haviam atingido um relativo equilíbrio), o que se deve explicar pelo desenvolvimento do processo inflacionário. Em 1913, a inflação já havia caminhado demais e a taxa garantida pela Caixa de Conversão já não representava a taxa cambial de equilíbrio.

Em condições normais, à medida que o ouro da Caixa de Conversão fosse sendo retirado, as notas conversíveis iriam sendo recolhidas e a compressão do meio circulante iria limitando o desenvolvimento do processo inflacionário. Infelizmente, as condições favoráveis do comércio exterior haviam permitido que a inflação crescesse bastante sem pressionar de maneira ponderável a taxa cambial. Quando se apresentou o déficit do balanço comercial de 1913 (ampliado por uma redução do movimento de capitais em conseqüência das perspectivas de guerra) os déficits governamentais

QUADRO 23

Anos	Exportação	Importação	Saldo
	(em £ 1.000.000)		
1901	40,6	21,4	19,2
1902	36,4	23,3	13,1
1903	36,9	24,2	12,7
1904	39,4	25,9	13,5
1905	44,6	29,8	14,8
1906	53,1	33,2	19,9
1907	53,2	40,5	12,7
1908	44,2	35,5	8,7
1909	63,7	37,1	26,6
1910	63,1	47,9	15,2
1911	66,8	52,8	14,0
1912	74,6	63,4	11,2
1913	64,8	67,2	2,4
1914	46,5	35,5	11,0

Fonte: Retrospecto comercial (vários anos).

eram enormes; a situação de prosperidade criada pela própria inflação tinha colocado grandes estoques nas mãos dos canais de comercialização; os salários haviam se elevado etc., de maneira que a violenta compressão dos meios de pagamento gerou um estado de pânico.

Impossibilitado de recorrer ao crédito exterior, o governo federal socorreu-se, de novo, das emissões de papel-moeda, que não se verificavam desde 1898. Entre 1914 e 1918, realizaram-se emissões equivalentes a um milhão de contos de réis, o que compensou largamente o resgate das notas da Caixa de Conversão, pois o meio circulante, que era de 1.013 mil contos em 1912 (no auge das emissões da Caixa de Conversão), atingia 1.700 mil contos em 1918.

Uma parte importante dessas emissões foram feitas para socorrer o sistema bancário, ameaçado pelo estado de pânico. Victor Vianna (1926) assim descreve o fenômeno: "A notícia da declaração de guerra provocou tal retraimento dos negócios que foi necessário decretar a 3 de agosto de 1914 feriado até dia 15, ficando durante todo esse período suspensos todos os atos impraticáveis nos dias feriados por lei, excetuando-se desta medida somente as repartições públicas em caráter administrativo, menos a Caixa de Conversão. A 15 de agosto foi suspenso pelo prazo de 30 dias os vencimentos dos títulos. Sob o regime dessa lei, com a garantia de que seriam prestados auxílios aos bancos, foram eles reabertos no dia 17".

Em 1917, com a entrada da safra e com a impossibilidade de exportação, o estoque nos portos nacionais assumiu proporções alarmantes (Santos passou de menos de um milhão de sacas em julho de 1916 para quase 6 milhões em julho de 1917), o que certamente jogaria o preço do café, em moeda nacional, a preços ínfimos, provavelmente inferiores ao custo médio de produção (até o porto), estimado entre 4$000 e 5$000 por 10 quilos. Aquela absorção esgotara os comissários e o sistema bancário não tinha condições de prestar qualquer auxílio à lavoura, pois ainda não havia saído da crise.

O Estado de São Paulo conseguiu, então, do governo federal, 110 mil contos das novas emissões que estavam agora constantemente se realizando, e comprou cerca de 3,1 milhões de sacas em Santos e no Rio de Janeiro, na base de 4$900 por 10 quilos. Além disso, um acordo realizado com o governo francês, para o fornecimento de 2 milhões de sacas, auxiliou a desafogar a situação.

A intervenção do Estado de São Paulo foi feita em virtude das perspectivas da safra 1917-18, que se apresentava relativamente volumosa, atingindo quase 15 milhões de sacas, quando o consumo, devido à guerra, havia caído abaixo desse nível. Durante os dois primeiros anos de guerra, o volume das importações mundiais cresceu de maneira importante (22,2 milhões de sacas na safra 1914-15 e 20,7 milhões de sacas em 1915-16, quando havia sido de 17,9 milhões em 1912-13 e de 19,3 em 1913-14), mas, com o recrudescimento das operações navais (principalmente o bloqueio da Europa), essas importações caíram para 15 milhões em 1916-17 e para 14,9 milhões em 1917-18.

Não houve grandes perturbações no volume das exportações de café senão em 1917 e 1918, quando a guerra submarina recrudesceu, nos quais foram exportadas 10,6 e 7,4 milhões de sacas, respectivamente, contra uma média de 13 milhões, mais ou menos, no quinquênio anterior. Os preços haviam melhorado naqueles anos, em moeda internacional e, graças à desvalorização cambial (a Caixa de Conversão tinha suspendido as suas operações), haviam subido eles muito mais em moeda nacional, como se vê no quadro 24.

Dificilmente poder-se-ia atribuir, como Rowe (1932, p. 10) o fez, a elevação dos preços em Nova Iorque às compras do governo, pois elas começaram já tarde, no segundo semestre de 1917, quando os preços do Rio 7, que haviam sido de 10 cents por libra-peso no primeiro semestre, haviam baixado para 7,7 cents/libra-peso em novembro, devido ao volume da safra 1917-18. No primeiro semestre de 1918, os preços atingiram a média de 8,7 cents/libra-peso, quando haviam estado a 8,5 no segundo semestre de

QUADRO 24

Anos	Preço do Rio 7 em Nova Iorque em cents por libra-peso[a]	Preço da exportação 1$000 por saca[b]
1910	9,70	39,6
1911	13,41	53,9
1912	14,46	57,8
1913	10,91	46,1
1914	8,28	39,0
1915	7,53	36,3
1916	9,36	45,2
1917	9,27	41,5
1918	9,77	47,4

Fonte: [a] Wallace, B. B. e Edminster, L. M., 1930, p. 135.
[b] Taunay, 1946, p. 549.

1917. A elevação de preços começou, realmente, em setembro de 1918, e pode ser considerada muito moderada, tendo-se em vista os efeitos da violenta geada de 1918.

Quando a guerra terminou (novembro de 1918), os estoques visíveis do mundo haviam baixado de maneira importante, situando-se em torno de 8 milhões de sacas, metade das quais pertenciam ao Estado de São Paulo, que passara a ter o inteiro comando da situação do mercado. Mais importante do que isso é o fato de que os chamados estoques de segunda linha (de prateleira do comércio varejista e dos próprios consumidores) haviam praticamente desaparecido.

Por outro lado, a esse tempo, tornaram-se conhecidos os verdadeiros efeitos da geada de 1918 e o mundo cafeeiro tomou conhecimento de que, pelo menos durante dois anos, a oferta brasileira seria muito inferior à normal.

Nessas circunstâncias, era inteiramente natural que a procura, principalmente a dos especuladores, se precipitasse, o que elevou os preços do Rio 7 de 10,7 cents/libra-peso, em novembro de 1918, para 17,3 em dezembro, que, depois de uma ligeira baixa, atingiu 22,8 cents/libra-peso em julho de 1919, quando a safra brasileira de 1919-20 apresentou-se com 9 milhões de sacas.

Com essa situação, o Estado de São Paulo dispôs de todo o seu estoque de café com lucros fabulosos — 129 mil contos de réis — que foram repartidos em partes iguais com a União. O restante da valorização de 1906 também foi vendido, quando os preços começaram a subir, em 1918.

Pode-se dizer que os preços do café acompanharam o desenvolvimento da inflação mundial, a qual, acelerada em 1916, atingiu o seu ponto máximo em 1920. Os dados a seguir mostram o crescimento dos preços no período:

QUADRO 25

Anos	Índice de preços no atacado		Índice dos preços do café[c]
	Estados Unidos[a]	Inglaterra[b]	
1915	100	100	100
1916	123	126	124
1917	169	162	123
1918	189	178	130
1919	200	191	226
1920	222	232	160

Fonte: [a] e [b] Fellner, 1956, p. 394-5.
[c] Disponível em Nova Iorque, Rio 7.

Vemos que os preços do café cresceram muito menos do que o índice de preços do atacado durante o período de guerra, e que menos as compras do Estado de São Paulo, em 1917-18, foram insuficientes para mover aquele índice mais do que seis pontos acima do de 1916 (cerca de 5%). Foram as condições excepcionais da procura que produziram o aumento de 1919. O máximo que se pode dizer dessa operação é que o Estado de São Paulo, comprando o café, impediu que os preços em moeda nacional caíssem a níveis ainda mais baixos e que, agindo como agiria um especulador normal (talvez mais normal que esse próprio especulador), usufruiu dos benefícios de um movimento favorável do mercado. É preciso notar-se que, quando o café foi comprado, não se sabia bem até quando iria o conflito mundial e de que forma ele terminaria. Essa foi a razão mais forte pela qual os operadores do mercado preferiram transferir os riscos da manutenção dos estoques para o governo do Estado de São Paulo. Se tivesse havido certeza sobre o fim do conflito e seu resultado, é certo que os operadores teriam procurado estocar o café, pois as perspectivas de lucro teriam sido enormes.

Sendo as compras financiadas por emissões de papel-moeda, isso representou um imposto (sob a forma de inflação) sobre toda a coletividade, que passou, assim, a assumir o risco da operação. O lucro auferido não tem, portanto, qualquer característica anormal. A única coisa lamentável é que o produto da operação não tenha sido usado para resgatar as emissões anteriormente realizadas.

A situação melhorara de maneira importante para a agricultura, que em 1918 viu a saca de café valer 47$390, 94$612 em 1919 e 74$703 em 1920. A receita de divisas proveniente do café passou de pouco mais de 25 milhões de libras esterlinas, em média, nos quatro anos anteriores, para nada menos de 66 milhões em 1919 e 40 milhões em 1920. A taxa cambial, que estivera entre 11 e 12 dinheiros por mil réis durante a guerra, melhorou para 14 em 1920 (apesar do déficit do balanço comercial verificado nesse último ano, quando as importações cresceram aos níveis das exportações de 1919).

É evidente que essa melhoria da taxa cambial deve-se também a outro fenômeno, que foi a grande inflação mundial ocorrida durante a guerra e da qual demos um sintoma no quadro anterior. Entre 1915 e 1920, os preços praticamente duplicaram em quase todos os mercados mundiais. Não temos um indicador seguro do movimento de preços no Brasil durante o período. O índice, que desde 1912 era calculado pelo Serviço de Estatística do Ministério da Fazenda, deve dar, entretanto, uma indicação genérica desse movimento. Por ele verificamos que o custo da vida, no Rio de Janeiro, havia evoluído de 100, em 1915, para 150, em 1920. Não é possível ter certeza sobre os números. De resto, mesmo os índices americanos e ingleses, apesar de construídos com o máximo cuidado, não refletem, também, toda a realidade. O ponto importante, entretanto, é que todas as informações suplementares de que se dispõe confirmam o fato de que os preços subiram mais depressa no exterior do que no interior, o que certamente contribuiu para dar maior estabilidade à taxa cambial.

Em consequência de toda essa série de eventos favoráveis, o Estado de São Paulo havia terminado, em meados de 1920, todas as suas operações sobre o café. Intervira duas vezes com bom êxito (medido pelos resultados positivos das operações: sustentação dos preços em moeda nacional e por volta de 10 milhões de libras de lucro na primeira e pouco mais de 4 milhões na segunda) e ganhara uma enorme experiência no negócio. O próprio governo federal, a princípio hesitante, tirara boas vantagens das operações. Esses fatos, que pareciam contraditar toda a ortodoxia econômica (dizia-se frequentemente que as operações, apesar de condenáveis do ponto de vista teórico, eram recomendáveis do ponto de vista prático!), fortificaram de tal maneira a posição dos chamados "valorizadores" que dificilmente haveria qualquer titubeio por parte do governo para intervir em outras dificuldades. A oposição havia sido esmagada pelo peso dos fatos e não ousava mais falar.

Infelizmente, esses aspectos positivos estavam sendo solapados pelo completo abandono às restrições de crescimento da oferta. Já em 1917 os agricultores voltavam a cair no comportamento contraditório de reclamar melhores preços para seu produto, devido a um excesso de produção em relação àquilo que o consumo podia absorver aos níveis vigentes de preços, e a reclamar contra a falta de mão de obra. Pode-se argumentar dizendo que o desequilíbrio entre oferta e procura era devido às dificuldades de embarque. Era mesmo, mas não se poderia saber quando essas dificuldades seriam superadas, de maneira que continuar a plantar café nessas circunstâncias era inteiramente irracional.

No mesmo ano de 1917, o próprio presidente do Estado de São Paulo, sr. Altino Arantes, e o sr. Augusto Ramos advertiam que, se continuassem as plantações a noroeste do Estado e nas fronteiras com o Paraná, era inevitável uma grande superprodução. Essas plantações seriam aceleradas logo a seguir e constituiriam a mais poderosa alavanca para a destruição de todo o mecanismo de defesa pacientemente armado pelo Brasil.

Terceira operação valorizadora: 1921-24

Vimos que a chave do rápido bom êxito da operação anterior residiu no violento decréscimo da produção brasileira em consequência da geada de 1918. Na safra 1920-21, os cafezais se recuperaram e as floradas mostravam que a produção seria volumosa.

De fato, ela se apresentou com 16,2 milhões de sacas, quando a de 1919-20 havia sido de 8,9 milhões, e a de 1918-19 de 11 milhões, e a média do quinquênio anterior a essa safra não passara de 14,5 milhões. Mais do que isso, as sucessivas manobras brasileiras já começavam a produzir os seus efeitos sobre a concorrência, que se apresentaria em 1920-21 com 5,8 milhões de sacas (na safra anterior tinha produzido 7,7 milhões), quando a sua média nunca passara de 3,5 a 4 milhões. O quadro seguinte dá a situação estatística do mercado nas últimas safras:

QUADRO 26

	1918-19	1919-20	1920-21
	(em 1.000.000 de sacas)		
Brasil	10,97	8,86	16,22
Outros	4,50	7,68	5,79
Total	15,47	16,54	22,01
Consumo	15,89	18,54	18,47
Diferença	-0,42	-2,00	3,54

Vimos anteriormente que, depois da grande safra de 1906-07, a produção mundial era, geralmente, inferior ao consumo e que, à medida que se esgotavam os estoques acumulados, o mercado ia passando de comprador para vendedor. A situação prolongou-se durante o período de guerra (com exceção de 1916-17 e de 1917-18) e ampliou-se ainda mais a partir de 1918, devido à geada. É esse movimento que explica a maior parcela do bom êxito das intervenções governamentais.

O estoque mundial voltara aos níveis do começo do século, o que dava uma posição de barganha particularmente forte para os produtores. No correr da safra 1920-21, dois eventos alteraram o quadro:
a) inflação mundial liquidou-se numa crise de importantes proporções;
b) o volume de produção apresentou-se acrescido.

De acordo com Wilson (1949), a depressão que se seguiu à prosperidade do pós-guerra nos Estados Unidos, foi curta e severa. O índice de produção industrial caiu de 95, em fevereiro de 1920, para 64, em março de 1921. O índice de emprego caiu de 116, em março de 1920, para 80, em julho de 1921, mas o índice de pagamentos totais de salários caiu ainda mais, de 125, em junho de 1920, para 72, em julho de 1921. A queda dos preços do atacado foi enorme, passando de 247, em maio de 1920, para apenas 138, em janeiro de 1922, o que representa uma queda de 45%.

Esse violento movimento de contração reduziu o nível de rendimento dos consumidores e, consequentemente, causou uma retração na procura, o que significa que, para manter-se o mesmo nível de consumo, teria sido preciso conceder-se diminuições importantes nos preços.

O ano de 1919 havia apresentado o maior valor das exportações brasileiras até então conhecido (cerca de 130 milhões de libras, contra pouco mais de 60 no triênio anterior) e, apesar do aumento das importações (mais ou menos 80 milhões de libras esterlinas, contra 45 milhões no triênio anterior), deixara o saldo de 50 milhões de libras (contra mais ou menos 14 milhões no triênio anterior), o que só não produziu uma melhoria acentuada na taxa cambial devido ao acúmulo de remessas de capitais, causado pelo período de guerra. Mesmo assim, esse saldo do balanço de comércio contribuiu, de maneira importante, para ir melhorando a taxa cambial durante o ano, a qual, em novembro e dezembro, atingiu mais de 17 dinheiros por mil réis, em média, resultado a que não se chegava havia muito tempo.

Sob a pressão da reconstituição dos estoques de primeira e segunda linha e dos efeitos da geada de 1918, os preços do café haviam atingido o seu ponto máximo em julho e agosto de 1919 (em agosto, o Santos 4 esteve cotado a 29,6 cents por libra-peso, no disponível, em Nova Iorque, e o Rio 7 a 22 cents/libra-peso). O movimento de alta foi, evidentemente, acelerado pela procura de especulação, que tende a aumentar em circunstâncias semelhantes.

A medida que o mercado se normalizava, os preços voltaram ao nível de 25 cents/libra-peso para o Santos 4 e 16 cents/libra-peso para o Rio 7 e se estabilizaram, como se vê no quadro 27.

Do ponto de vista dos cafeicultores, o aspecto mais grave do problema residia no fato de que a taxa cambial havia caído com menor rapidez do que os preços do café, o que reduzira os seus preços de 95$000 a saca, em 1919, para 75$000, em 1920. Coincidindo essa redução dos preços com uma safra volumosa a ser comercializada e com uma retração de todas as linhas de crédito, a situação dos cafeicultores começou a se agravar. Em novembro de 1919, o Federal Reserve Board havia recomendado aos bancos

QUADRO 27

Anos	Meses	Preço do disponível em Nova Iorque (em cents por libra-peso)	
		Rio 7[a]	Santos 4[b]
1919	Julho	22,83	28,60
	Agosto	22,03	29,56
	Setembro	16,88	26,43
	Outubro	16,16	25,63
	Novembro	16,88	26,50
	Dezembro	15,08	25,33
1920	Janeiro	16,44	25,75
	Fevereiro	14,77	24,75
	Março	14,99	24,30
	Abril	15,25	24,13
	Maio	15,56	24,19
	Junho	15,08	23,53

Fonte: [a] Wallace, B. B. & Edminster, L. M., 1930, p. 135.
[b] Rowe, 1932, p. 86.

que procurassem restringir a expansão do crédito e, no início de 1920, os bancos americanos e ingleses chegaram a um acordo a esse respeito. "Les banques limitant leurs crédits", diz-nos Lescure (1938, p. 276), "les négociants americains et anglais durent suivre cet exemple." Os efeitos dessa limitação de crédito atingiram o mercado cafeeiro, pois os operadores americanos não poderiam continuar a manter seus estoques no mesmo nível. Quase ao mesmo tempo escrevia Augusto Ramos (1934, p. 511) que "a ação depressiva exercida pelos grandes bancos do Federal Reserve, restringindo o crédito habitual de que gozavam as grandes casas importadoras de café naquele país e obrigando-as, desse modo, e à custa de enormes prejuízos abandonar e desorganizar o mercado", somente poderia ser contornada pela intervenção governamental no mercado.

Dentro dessa situação, a única maneira de sustentar o mesmo volume de negócios era por meio da redução dos preços, redução que tinha de ser ainda mais acentuada porque os operadores americanos e europeus possuíam um estoque considerável de café e só procuravam comprar muito baixo para poderem fazer a média dos preços.

Em maio de 1920, a inflação americana registrava o seu máximo, atingindo 247 o índice de preços do atacado (1913 = 100), e o movimento de retração começou a ganhar impulso, arrastando para a baixa o preço de todos os produtos. Para agravar ainda mais a situação, a safra 1920-21 apresentava-se volumosa. Coincidiam, portanto, para a queda dos preços do café, dois movimentos: um deslocamento para baixo da curva de procura do café e um aumento da oferta. Os preços do café Santos 4, no disponível, em Nova Iorque, caíram de 24,4 cents/libra-peso no primeiro semestre de 1920, para 9,51 cents/libra-peso no primeiro semestre de 1921.

Esses movimentos, por sua vez, repercutiram de maneira violenta sobre a taxa cambial, por vários motivos.

A partir de maio, o balanço comercial, que vinha registrando saldos positivos crescentes desde 1919, registrou saldos negativos, como se vê no quadro seguinte:

QUADRO 28

Meses	Exportação e importação em 1920 (em £ 1.000.000)		
	Exportação	Importação	Saldo
Março	13,9	7,6	6,3
Abril	10,6	8,3	2,3
Maio	9,9	11,0	−1,1
Junho	9,1	9,6	−0,5
Julho	7,1	10,7	−3,6
Agosto	7,5	12,9	−5,4
Setembro	7,2	12,6	−5,4
Outubro	7,5	14,1	−6,6
Novembro	6,5	11,3	−4,8
Dezembro	5,0	11,7	−6,7

Fonte: Retrospecto comercial, 1920, p. 24.

A situação do balanço de pagamentos se agravava porque as remessas de capitais (para pagamento de juro e amortizações) eram mais ou menos fixas e tinham de ser feitas de qualquer maneira. Além do mais, à medida que a taxa cambial se depreciava, isso precipitava a procura no mercado de câmbio, para diminuir os dispêndios em moeda nacional.

Como medida de combate ao desemprego, o sistema bancário americano facilitava as exportações, descontando, com a maior facilidade, os títulos delas decorrentes. Tanto os Estados Unidos como a Inglaterra podiam fornecer produtos muito mais baratos do que anteriormente, pois, enquanto os preços ali caíam violentamente, como se pode observar pelo quadro 29, os preços nacionais cresciam com maior rapidez devido à inflação interna, o que aumentava a procura das importações.

QUADRO 29

Anos	Meses	Índice para a comparação de preços internacionais (1913 = 100)	
		Estados Unidos	Inglaterra
1920	Janeiro	248	227
	Fevereiro	248	219
	Março	253	249
	Abril	267	266
	Maio	269	265
	Junho	262	271
	Julho	254	255
	Agosto	240	236
	Setembro	232	224
	Outubro	214	209
	Novembro	196	195
	Dezembro	179	184

Fonte: *Statistical abstract of the United States*, 1923, p. 576.

Sob a pressão desses eventos, importações e exportações diminuíram com velocidades diferentes e a taxa cambial passou de mais ou menos 17 dinheiros por mil réis, no primeiro quadrimestre de 1920, para 9 5/8 em dezembro do mesmo ano e para 7 43/64 e 6 9/32, em dezembro de 1921 e 1922, respectivamente.

A crise deu início a toda uma série de políticas em todos os países, destinadas a insular as economias nacionais dos movimentos da conjuntura internacional. Essas políticas, que foram desde o fornecimento de crédito para as exportações até a promulgação de elevadas tarifas, destinavam-se a sustentar o nível de atividade interna, mas não foram bem-sucedidas em seu conjunto, pois o resultado líquido mais importante das restrições foi uma redução substancial do volume do comércio internacional.

Apesar de as medidas de restrição atingirem mais fortemente o mercado de capitais, começou a ganhar vulto a ideia de estabelecer restrições à importação de mercadorias consideradas suntuárias, como foi o caso da França e da Alemanha.

As dificuldades criadas pela crise ao movimento de capitais (o Brasil mantivera, até então, a sua taxa cambial, não somente porque os déficits governamentais podiam ser cobertos com empréstimos externos, mas também porque recebia cada ano uma parcela importante de novos investimentos estrangeiros) e as modificações estruturais por que estava passando a nossa economia (a guerra acelerara de maneira muito importante o desenvolvimento industrial do país e, em 1921, fora criada a Carteira de Redesconto, abandonando-se de vez o tabu penosamente construído por Murtinho e Bulhões contra as emissões de papel-moeda) impediram que a taxa se recuperasse. Quando se pensou novamente em sustentar o câmbio com a criação da Caixa de Estabilização, em 1927, a taxa escolhida foi a de 5 115/128, ou seja, 6 dinheiros por mil réis.

As exportações de café, que em 1919 haviam atingido 13 milhões de sacas, rendendo 73 milhões de libras esterlinas, reduziram-se a 11,5 milhões, em 1920, rendendo apenas 53 milhões. Como a crise se caracterizava principalmente por uma redução violenta dos preços, compreende-se que os operadores do mercado tivessem diminuído as suas compras ao mínimo, de maneira a transferir o risco da manutenção dos estoques, o que explica a redução do volume exportado.

O bom êxito das operações cafeeiras anteriores começava a dar ao governo federal grande confiança em sua ação e, nos princípios de 1921, sem grandes discussões, ao contrário do que ocorrera anteriormente, iniciou-se, sob a direção do Conde Siciliano, que inspirara a primeira valorização, a operação de compra de cafés nos portos de Santos e Rio de Janeiro, bem como instituiu-se uma limitação de entrada de café nos dois portos. A recém-criada Carteira de Redesconto emitiu o dinheiro necessário para a aquisição do café e em breve tinham sido compradas 4,5 milhões de sacas do produto. Os preços internacionais do café começaram a reagir, passando o Rio 7, no disponível, em Nova Iorque, de 6,7 cents/libra-peso no primeiro semestre de 1921 para 8 cents/libra-peso no segundo semestre. Internamente, o preço mínimo de aquisição nos portos passara de 9$400 por arroba em março para 19$200 em dezembro (Retrospecto comercial, 1921, p. 27).

A rápida intervenção do governo federal se deve a duas ordens de motivos. Em primeiro lugar, os bons lucros das operações anteriores constituíam um estimulante poderoso, diante das dificuldades financeiras permanentes do governo. Em segundo lugar, consagrava-se a doutrina de que a defesa dos preços do café era um problema nacional. O presidente Epitácio

Pessoa assim se expressa, em sua Mensagem de 1921:"O café representa a principal parcela no valor global de nossa exportação e é, portanto, o produto que mais ouro fornece à solução dos nossos compromissos no estrangeiro. A defesa do valor do café constitui, portanto, um problema nacional, cuja solução se impõe à boa política econômica e financeira do Brasil".

Utilizando-se como garantia o café adquirido, levantou-se um empréstimo externo de 9 milhões de libras esterlinas. Com esse empréstimo (da mesma maneira que ocorrera na primeira operação), nomeou-se uma comissão de banqueiros (Rothschild, Schroeder e um representante da Brazilian Warrant Co.) e um elemento escolhido pelo governo brasileiro para tratar da liquidação paulatina dos estoques.

É certo que essa operação, realizada pelo governo federal, poderia ter sido mais bem conduzida se disso tivesse sido incumbido o Estado de São Paulo, que já possuía uma grande experiência acumulada a respeito do assunto. Em primeiro lugar, as compras parecem que foram realizadas em velocidade e montante muito superiores ao que seria preciso para melhorar as cotações do produto. Em março (quando se iniciaram as compras) o preço do café passou de 9 para 13 mil réis a arroba e em junho atingia 18 mil réis. Os preços da saca na exportação, que haviam estado a 47 mil réis em 1918, foram elevados para 75 em 1920 (em 1919, devido aos eventos excepcionais que expusemos, ela havia estado a 95 mil réis), a 82 mil réis em 1921 a 119 mil réis no ano seguinte.

A situação em nada melhorou quando o comando das operações (para facilitar o contrato com os capitalistas estrangeiros) passou às mãos da Brazilian Warrant Co., que possuía todas as ações da Caixa Registradora e ficou com o completo domínio do mercado, o que lhe dava uma posição particularmente favorável para tirar vantagens das operações que realizava, tanto no mercado físico como no mercado a termo. À defesa que Rowe (1932, p. 23) faz da Brazilian Warrant Co., pode-se dirigir a mesma crítica que ele faz do resumo de Hellwig, publicado no Boletim Medeiros: aquele "account should be treated by the historian with considerable caution", pois ele se preocupou exclusivamente com as possibilidades de lucro nas operações do mercado físico. Aliás, o empréstimo externo estipulava, em uma de suas cláusulas, que durante os 10 anos seguintes o governo somente poderia defender o café por intermédio da própria empresa encarregada da venda do estoque, isto é, a Brazilian Warrant Co.

Durante a terceira valorização, realizou a primeira tentativa (1921) de regular as entradas de café nos portos, cuja desorganização era a causa de inúmeros problemas financeiros e de transporte. A regularização das entradas seria, depois, uma característica constante de todo o plano de defesa permanente, iniciado em 1922.

Mais uma vez as condições de produção auxiliaram uma liquidação feliz da operação, pois as safras de 1921-22 e 1922-23 foram das menores de que se tinham notícias desde o começo do século e o estoque mundial do produto, que havia atingido 10 milhões de sacas em julho de 1919, caiu para 5,3 milhões no mesmo mês de 1923. Mesmo, portanto, que não tivesse havido a operação de compra, é certo que os preços subiram devido às condições do mercado, pois a economia mundial já se encontrava plenamente recuperada da crise e o consumo mundial, que havia sido de 19 milhões de sacas em 1922-23, passou a 22 milhões em 1923-24 (uma parte destinada à reconstituição dos estoques).

Novamente as circunstâncias favoreceram aos que tinham estoques. Em julho de 1921, o estoque mundial de 84 milhões de sacas estava quase todo nas mãos do comércio (cerca de 7 milhões de sacas), mas em 1922 a situação era diferente, pois do estoque de 8,6 milhões de sacas mais da metade pertencia ao governo, que tinha, assim, novamente em suas mãos, o comando do mercado. Os preços foram subindo lentamente em 1922 e praticamente se estabilizaram em 1923. Nesse período, é muito possível que a ação do governo tenha impedido um aumento mais rápido dos preços (isso porque o empréstimo estipulava um mínimo superior a 400 mil sacas a ser lançado obrigatoriamente, por ano, no mercado, mas não fixava máximo), vendendo o seu estoque. No ano de 1924, todo o estoque já havia sido vendido e o empréstimo de 9 milhões de libras esterlinas, contraído ao prazo de 30 anos, foi liquidado com grande antecipação e com lucros bastante apreciáveis.

Aparentemente, pelo menos, uma grande parcela do aumento de consumo de café nos Estados Unidos, que auxiliou a solução do problema, deve-se à proibição. Ukers (1922, p. 288 e 689) estimava que, entre 1919 e 1922, uma parte importante do acréscimo do consumo (quase 2 libras *per capita*, ou seja, de 80 a 100 xícaras) era devida à proibição e apontava a importância desse fato para a formação dos hábitos nos consumidores. Em boletim de 20 de abril de 1928 (apud Rowe, 1932, p. 45), Nortz & Co. apontavam o mesmo fato, dizendo que "coffee as an article of daily necessity has acquired an importance, due to prohibition and the trend of the taste of the public, which would have been considered improbable twenty years ago".

Quando as floradas da safra 1923-24 mostraram que ela provavelmente atingiria 19 ou 20 milhões de sacas, o governo federal (já dentro do plano de defesa permanente, o qual veremos a seguir) construiu armazéns reguladores e represou a safra no interior, de maneira a sustentar os preços. Essa medida, combinada com um aumento da procura, elevou os preços do Rio 7, em Nova Iorque, de 10,9 cents/libra-peso no segundo semestre de 1923 para 14,2 cents no primeiro semestre de 1924, e 19,3 cents no segundo semestre. Essa elevação de preços se deve pelo menos a duas ordens de causas: a) os operadores do mercado reconheceram, imediatamente, que a retenção da safra no interior daria lugar a uma elevação permanente dos preços, e procuraram fazer seus estoques quando os preços estavam subindo, pois isso lhes daria maior resistência e maiores lucros no futuro, e b) é muito possível que a elevação tenha sido superior à que se verificaria em condições normais de mercado, pois os importadores esperavam, com essa elevação dos preços, afrouxar o controle de entrada nos portos, isto é, elevar a quota diária de Santos e do Rio de Janeiro.

Em 1924, portanto, a maior parte das elevações dos preços deve ser atribuída à oposição de interesses entre os operadores estrangeiros e a política de defesa seguida pelo governo. Pensamos que não pode haver dúvida sobre o fato de que, deliberadamente ou não, foi o mecanismo da defesa que permitiu a elevação espetacular do preço, que passou de 10,9 cents/libra-peso para o Rio 7, em Nova Iorque, em janeiro, para 22,2 cents/libra-peso, em dezembro de 1924.

O mecanismo utilizado para a defesa, precisamente por sua eficiência, gerou uma grande irritação nos importadores, que compreenderam que agora lhes seria impossível (como acontecera anteriormente, enquanto o Congresso Nacional discutia se a intervenção deveria ser feita ou não) reconstituir os seus estoques e passar novamente ao comando do mercado. As exportações do Brasil, que haviam sido de 12,4 milhões de sacas, em 1921, e de 12,7 milhões, em 1922, atingiram 14,5 e 14,2, respectivamente, em 1923 e 1924, rendendo esta última 66 milhões de libras esterlinas.

Provavelmente por inspiração dos próprios importadores e torradores, iniciou-se nos Estados Unidos uma enérgica campanha contra o café, à qual aderiria depois Hoover, futuro presidente do país. Os preços no varejo haviam sido elevados de mais ou menos 36 cents/libra-peso entre 1921 e 1923, para 43 cents/libra-peso em 1924, e atingiriam 50 cents nos anos seguintes.

Esse período marca o início da rápida penetração do café colombiano no mercado dos Estados Unidos e marca também a ascensão da concorrência, que passaria a conquistar todos os acréscimos do consumo mundial do café. Nossos concorrentes eram favorecidos por duas circunstâncias: a) a construção dos armazéns reguladores no interior mostrava claramente que nunca mais os despachos para os portos seriam completamente liberados e que, portanto, ao menos essa forma de controle seria exercida permanentemente pelo Brasil, e b) a política brasileira, precisamente por sua eficiência, mostrava aos importadores que eles não passariam mais ao controle do mercado e que por muito tempo poderíamos impor nossos preços. A única saída para tal situação seria o estímulo da produção de outros países. Sabe-se, aliás, que muitos investimentos americanos foram realizados na Colômbia nessa época.

CAPÍTULO 3

O MERCADO CAFEEIRO COM A INTERVENÇÃO ESTATAL. A DEFESA PERMANENTE

Introdução

A rapidez da intervenção governamental (principalmente o fato de o governo federal tomar a iniciativa da ação) e o término do escrúpulo de financiá-la por meio de emissões mostram claramente que o Estado participava da cupidez dos agricultores e que o terreno estava preparado para ações de maior envergadura. Vimos que, desde 1917, as plantações cresciam de maneira importante e, já em 1922, os lavradores se queixavam, novamente, da falta de dois elementos essenciais para a expansão ainda maior da produção: mão de obra e crédito. A elevação dos preços em moeda nacional fora extraordinária e, em 1924, a saca de café valia, na exportação, nada menos de 205$853.

É impossível saber-se de que maneira haviam crescido os custos, devido não somente ao processo inflacionário, como ao reinício do leilão da mão de obra. O índice do custo de vida calculado pelo Serviço de Estatística do Ministério da Fazenda dá, talvez, uma ideia da ordem de seu crescimento (porque inclui não somente os produtos importados, como também produtos cujos preços são influenciados pela taxa de salário da mão de obra agrícola). Entre 1918 e 1924, esse índice havia passado de 100 para 166, ao passo que o preço da saca de café havia passado de 47$390 para 205$853, ou seja, de 100 para 434. Mesmo levando-se em conta a pequena precisão dessa comparação, fica evidente que o café deveria deixar um enorme lucro, o que representava um poderoso estímulo para a ampliação da sua cultura.

Enquanto isso, amparados pela ação brasileira e confiados nela, um grande número de países começou a desenvolver também sua cultura cafeeira e as metrópoles, pela primeira vez, premidas pelos problemas de pagamentos internacionais, começaram a se interessar pelo produto de suas colônias, como veremos posteriormente com mais minúcias. Em 1924, nossos concorrentes já produziam 7 milhões de sacas, quando, desde o início do século, essa produção não passava de 4 milhões de sacas, em média.

O sistema, portanto, por maior que fosse o seu bom êxito a curto prazo (medido, quer do ponto de vista do agricultor, que queria mais mil réis por saca, quer do ponto de vista do governo, que desejava mais libras esterlinas por saca), continha em si mesmo a contradição que o acabaria liquidando. Mantidos os preços altos interna e externamente, a liquidação do sistema era uma questão de tempo, pois em breve haveria uma superprodução incontrolável (ou brasileira, ou de nossos concorrentes) e seria impossível repetir-se a operação com bom êxito.

O que nem os agricultores (que passaram a confiar cegamente na ação governamental) nem o governo perceberam a tempo é que os expedientes utilizados sempre deram certo porque sempre tinha havido condições extremamente favoráveis:

a) em 1906, a safra fora absolutamente excepcional, e esgotara os cafeeiros. Além do mais, o plantio era proibido. Dessa forma, a produção não podia, materialmente, crescer e a operação se resolveu porque o estoque acumulado poderia ser colocado nos anos seguintes;

b) em 1917, a situação já era pior e, sem a geada de 1918, que reduziu a 2/3 do normal a safra 1918-19 e a 1/2 a safra 1919-20, bem como o término da guerra, a operação teria fracassado;

c) em 1921, a situação foi salva, de novo, pela redução das duas safras seguintes e pela rápida superação da crise mundial. Se não tivesse havido a queda da produção, o sistema somente teria sido sustentado à custa de uma tremenda inflação. As operações terminaram com bom êxito porque não havia possibilidade material de crescimento da produção, dentro do curto prazo em que elas foram realizadas.

O bom êxito das operações residiu sempre na rápida alternância entre "o período das vacas gordas e o das vacas magras", circunstâncias em que a retenção é particularmente eficiente. É evidente, entretanto, que, se a

safra grande de 1906-07 tivesse se repetido um ano ou dois depois, seria impossível financiar-se a retirada do excesso. O esquema desenvolvido pelo Brasil funcionava com eficiência quando o desequilíbrio era aleatório. Se ele chegasse a se transformar num desequilíbrio estrutural, isto é, num desequilíbrio em que o quadro cafeeiro plantado pudesse, normalmente, produzir mais do que o consumo absorve (no nível de preço defendido), o esquema brasileiro fracassaria, a não ser que:
a) houvesse suficientes recursos para a retirada dos excedentes do mercado;
b) fosse de alguma maneira impedido o crescimento da produção, não só do Brasil, como também dos concorrentes.

Ainda assim, se não ocorresse algum fenômeno meteorológico (como geadas, secas etc.), é possível que o esquema fracassasse pela impossibilidade de fazer o consumo crescer com maior rapidez do que 3 ou 4% ao ano, o que significa que os recursos deveriam ser imobilizados por um período relativamente longo.

Ficou claro, portanto, que os bons êxitos das operações intermitentes de valorização foram devidos às circunstâncias excepcionais que se ligaram a cada caso. Apesar disso, à medida que se desenrolava a terceira operação, começou a tomar corpo a ideia de que o Brasil deveria organizar um sistema de defesa permanente.

Defesa pelo Governo Federal

Em outubro de 1921, o presidente Epitácio Pessoa enviou ao Congresso uma mensagem, em que sugeria a instituição da defesa permanente do café. A mensagem do presidente apontava, de fato, algumas das causas mais importantes das sucessivas crises do mercado cafeeiro e chegava à conclusão de que a maior parte delas residia na irregularidade da oferta:
a) irregularidade de uma safra para outra;
b) irregularidade nas remessas para os portos, as quais se precipitavam no segundo semestre de cada ano,
o que causava graves problemas financeiros para todos os operadores do mercado, em virtude da inexistência de um sistema bancário suficiente para atender às suas necessidades. E dizia, na mensagem, que "esta situação se agrava com a falta de organização do mercado produtor, constituído, como é, por uma massa difusa de vendedores, sem coesão, sem unidade de ação, sem resistência financeira, em frente de dez ou doze casas compra-

doras, apercebidas de todos os recursos para a luta e ligadas pelo interesse comum de comprar a baixo preço".

As ideias expostas na mensagem de Epitácio Pessoa são inteligentes e pertinentes. Ele esperava que a intervenção estatal se cingisse à instituição de "um órgão de simples contextura apoiado em dois elementos cardeais: unidade de ação e força de resistência, como seria, por exemplo, um conselho composto de pessoas de notória competência para dirigir as operações de defesa e provido de capital próprio e considerável para ocorrer às necessidades desta". E arrematava o seu pensamento:"O conselho teria uma organização comercial completa para ministrar informações a respeito de todo o mercado e da situação dos centros produtores, colheitas, remessas etc. e um pessoal de técnicos contratados para trazê-lo ao corrente da posição do café nas diferentes praças do mundo".

"Com esses elementos — diz-nos ainda a mensagem — teríamos um órgão simples e dotado da necessária elasticidade, a atuar — de um lado pela unidade da ação e especial competência dos dirigentes e, de outro, pela resistência poderosa do seu capital — como instrumento de defesa do nosso café, instrumento que naturalmente jamais deveria ser utilizado na criação artificial de preços abusivos."

Em resposta a essa sugestão, o Congresso aprovou um projeto de objetivos muito mais amplos (e consequentemente irrealizável), criando um Instituto da Defesa Permanente da Produção Nacional e prevendo, portanto, a defesa de todos os produtos.

Apesar de o objetivo principal do projeto ser o café, ele colocava o problema de tal maneira que o governo federal teria fatalmente de intervir em todos os mercados que se apresentassem em baixa. Instituía o sistema de empréstimos a juros módicos para os produtos de fácil armazenagem; a compra de café, para a retirada provisória do mercado (mas não fazia referência à regularização das entradas em Santos); um serviço de informações e propaganda etc. Os recursos seriam fornecidos por várias fontes (lucros da valorização em curso, contribuições orçamentárias, empréstimos internos e externos e, finalmente, por emissões). O projeto autorizava o Banco do Brasil a admitir, na Carteira de Redesconto do Banco do Brasil, letras promissórias e *warrants* emitidos sobre açúcar, cacau, algodão etc., assim como a organizar uma carteira especial de crédito agrícola, que deveria, no futuro, passar as suas atividades ao Banco de Crédito Hipotecário e Agrícola, cuja criação o projeto também autorizava.

A lei foi sancionada em junho de 1922 e, em novembro do mesmo ano, Arthur Bernardes assumia o poder dentro de um clima de agitação que não se acalmaria até o fim do seu mandato. Não estranha, portanto, que diante de tal mixórdia o seu governo tenha se limitado a fazer concluir com bom êxito a operação iniciada em 1921, sem nunca ter posto em efetivo funcionamento o chamado Instituto da Defesa Permanente da Produção Nacional.

Praticamente, a única medida posta em execução pelo governo federal, no período, foi a construção dos armazéns reguladores junto aos entroncamentos das estradas de ferro nas regiões cafeeiras. Esperava-se, dessa forma, conservar o café no interior e regular a entrada nos portos.

Mesmo essa medida foi provavelmente tomada sob pressão da florada da safra de 1923-24, que prometia ser considerável. Temos a impressão de que a escolha de sustentar o mercado por meio dos armazéns reguladores baseou-se em vários pontos:

1. O país vivia em estado de sítio e, nessas circunstâncias, dificilmente seria possível obter-se empréstimos externos para a compra do excedente.
2. Pelo contrato da valorização em curso, o governo somente poderia operar pelas mãos da Brazilian Warrant Co., o que não se faria sem grande resistência.
3. O único caminho que restava para o financiamento das compras seria o da emissão de papel-moeda. Em 1923, entretanto, o câmbio se encontrava em taxas que nunca tinham ao menos sido imaginadas (entre 4 e 5 dinheiros por mil réis), em boa parte devido às emissões maciças para a compra do café dentro da valorização em curso (o meio circulante passara de 1,8 milhão de contos, em 1920, para 2,6, em 1923) e que deveriam ser resgatadas com o empréstimo externo e com a venda do produto. Dessa maneira, não seria sem graves consequências que se financiaria, com a emissão, a compra de mais café.
4. Esperava-se, dessa maneira, superar uma parcela das dificuldades criadas pela falta de transportes.

Em quinto lugar, e talvez não menos importante, era o fato de o esquema imaginado possibilitar aos agricultores continuarem de posse do seu produto e, no futuro, beneficiarem-se (e não o governo) das elevações dos preços.

Em breve, entretanto, os lavradores compreenderam que todo o peso da defesa estava sobre as suas costas, porque os conhecimentos emitidos pelos armazéns reguladores não eram facilmente negociáveis, uma vez que a ordem de despacho para o porto poderia durar muito mais de 90 ou 120 dias, prazo máximo concedido pelos bancos para os efeitos comerciais.

Outro ponto importante residia no fato de a instituição dos reguladores criar condições inteiramente novas de comercialização, enfraquecendo as relações entre o agricultor e o seu financiador: o comissário. Antes da regulamentação das entradas, o crédito a curto prazo (e talvez, em maior proporção, o de longo prazo) de que necessitava o cafeicultor, era fornecido pelos comissários, que utilizavam o seu próprio capital e se socorriam do sistema bancário. É óbvio que o sistema era, assim, mais simples: o comissário mantinha seus negócios nas grandes praças e tinha, portanto, maior contato com os bancos; dava em garantia o nome de sua firma; eram em menor número do que os fazendeiros etc. Quando o sistema foi alterado, o cafeicultor, que geralmente no segundo semestre do ano acertava as contas com o comissário e podia reiniciar os seus trabalhos, ficava com o seu café retido muitos meses, o que significava uma necessidade maior de capital de movimento. As dificuldades ainda mais se avolumavam pela inexistência de um mecanismo que regulasse, de maneira racional, a remessa dos cafés para os portos, na proporção do volume da colheita de cada fazendeiro, o que lhes criava problemas financeiros graves e os obrigava a vender o seu produto a preços muito inferiores aos que estavam sendo pagos na exportação. Esse fato impedia que as cotações se firmassem.

Dificultava, ainda, o bom êxito da regulamentação dos embarques o aumento do volume dos cafés inferiores nos portos (porque, dos cafés liberados, escolhia-se o melhor para a formação dos lotes), o que criava embaraços para a exportação.

Os defeitos administrativos apontados acima podiam ser corrigidos aos poucos, mas para as dificuldades financeiras não se encontrava solução, restringindo-se as operações sobre os documentos dos reguladores ao crédito pessoal dos operadores. Mesmo as casas comissárias mais importantes não conseguiam apoio financeiro para as suas operações, porque sobre os conhecimentos ferroviários (ao contrário dos *warrants* emitidos pelos armazéns gerais) não se realizavam negócios. Quando essas empresas compravam café no interior e não conseguiam a sua liberação em Santos, o sistema bancário não lhes prestava qualquer auxílio, o que acabou limitando o volume dos negócios ao capital próprio disponível em mãos dos operadores. Além do mais, todo esse processo de retenção deu origem a uma tremenda corrupção administrativa, alimentada pelas gratificações para acelerar as liberações.

A oposição da classe agrícola somente não se tornou insuportável devido à elevação contínua dos preços do produto. O Rio 7, no disponível, em Nova Iorque, passara de 12,1 cents/libra-peso no primeiro semestre de 1923 para 14,2 no primeiro semestre de 1924 e 19,3 no segundo semestre desse mesmo ano. Os preços na exportação passaram de 82$395, em 1921, para 118$694, em 1922, para 146$875, em 1923, e para 205$853, em 1924, graças à concomitante elevação dos preços internacionais e deterioração da taxa cambial.

A DEFESA PERMANENTE PELO ESTADO DE SÃO PAULO

Como vimos, a primeira fase da defesa permanente se realizou ao mesmo tempo que a terceira operação valorizadora e foi dela parte integrante. Quando, em 1924, as condições favoráveis permitiram ao governo federal completar a venda de seu estoque de café e resgatar o empréstimo de 9 milhões de libras esterlinas, levantado para sustentá-lo, ele decidiu (sob pressão da classe agrícola, descontente com as dificuldades financeiras causadas pelos reguladores) passar os encargos da defesa para o Estado de São Paulo. Em novembro de 1924, o presidente da República sancionou a Lei nº 4.868, pela qual ficaria a seu cargo o abastecimento do mercado interno, de acordo com o seguinte plano:
a) proibir até 5% das quantidades destinadas à exportação, de preferência do tipo 7 ou inferiores;
b) regular a distribuição dessas quantidades a preços convenientes e segundo as necessidades legítimas do consumo;
c) estabelecer, com os Estados, a forma de pagamento e o preço a ser pago aos produtores ou exportadores por aquele café.
  Pela mesma lei, ficava autorizada a transferência, para o Estado de São Paulo, pelo preço de custo, dos armazéns reguladores. Em dezembro de 1924, criou-se em São Paulo o Instituto Paulista da Defesa Permanente do Café, ao qual se encarregou a execução de um vasto plano de defesa.
  A defesa apoiar-se-ia nos seguintes pontos:
1. Regularização das entradas de café no porto de Santos, pela limitação dos transportes.
2. Empréstimo, a juros módicos, sob o café depositado nos reguladores.
3. Compra de café, em Santos ou no interior, sempre que isso fosse julgado necessário, para a regularização da oferta.
  Previa a lei a criação do Banco Paulista de Crédito Agrícola, que nunca foi convertido em realidade. Aliás, em 1909 havia sido criado o Banco de Cré-

dito Hipotecário e Agrícola do Estado de São Paulo, que em 1925 teve o seu capital aumentado para 20 mil contos e, em 1926 (quando eram os seus maiores acionistas, além da Fazenda Estadual, o Instituto do Café), passou a chamar-se Banco do Estado de São Paulo.

Os financiamentos para a execução dessa defesa seriam obtidos da seguinte maneira:

a) uma taxa de viação de um mil réis ouro (que valia 27 dinheiros) sobre cada saca de café que transitasse pelo Estado;

b) celebração de um convênio com os demais Estados cafeeiros, para que eles voltassem à mesma taxa;

c) utilizando-se essa taxa como garantia, seria levantado um empréstimo externo, com o qual instituir-se-ia o fundo da defesa permanente do café.

A direção do instituto caberia a um conselho de cinco pessoas. O presidente seria o próprio secretário da Fazenda e do Tesouro; o vice-presidente seria o secretário da Agricultura. Os outros três seriam indicados da seguinte maneira: dois pela lavoura cafeeira e um pela Associação Comercial de Santos.

O instituto sublimava assim a experiência nacional obtida com a defesa do café nas três operações anteriores e se apoiava nas duas ideias básicas: a retenção (utilizada com bom êxito em 1906-07, 1917-18 e 1921-22) e a regularização das entradas nos portos (utilizada na terceira operação). A experiência anterior mostrava que:

a) a uma safra excepcional (isto é, não sustentada por um parque cafeeiro em desacordo com a procura), seguia-se, normalmente, uma ou duas safras menores;

b) se existissem recursos disponíveis, a retirada do excesso era perfeitamente viável, para a defesa dos preços;

c) a regularização dos despachos para os portos havia tirado dos importadores a possibilidade de refazerem os seus estoques a preços baixos (e a irritação que demonstravam era prova disso) e dificilmente eles poderiam pressionar as cotações para baixo por meio de prolongado boicote.

É preciso considerar-se com cuidado a diferença entre essa nova fase da defesa e as anteriores. Até aqui as intervenções tinham tomado o caráter de medida de salvação da lavoura (na última, a defesa da receita de divisas já foi um ponto importante); eram tomadas já quando a situação do mercado cafeeiro era suficientemente grave e mesmo assim só depois de muita discussão e oposição, que, quando não exerciam outro papel, apontavam claramente os aspectos negativos que também apresentavam tais operações. A defesa realizada dessa maneira, por ser precária, produzia os seguintes efeitos:

1. Alertava o agricultor de que existia um desequilíbrio entre a oferta e a procura do produto e que ele, portanto, não deveria expandir a sua produção.
2. Mostrava aos concorrentes que, a qualquer momento, ela poderia ser abandonada e os preços cairiam a níveis irrisórios.

É importante notar-se também que essas intervenções não se faziam a não ser depois de os preços terem caído suficientemente.

Ora, a ideia da defesa permanente era exatamente o oposto. Em primeiro lugar, é preciso considerar-se que na década de 1920, mesmo o governo do Estado de São Paulo era, em boa parte, dominado pelos interesses da classe agrícola, de maneira que, *de fato*, o instituto era controlado pelos próprios cafeicultores. Nessas circunstâncias, era difícil esperar que o instituto cortasse fundo quando isso fosse necessário. Em segundo lugar, a irritação provocada nos importadores pelo bom êxito da defesa e a elevação dos preços criava condições excepcionais para o desenvolvimento da concorrência. Aliás, durante a campanha Hoover, em 1925, tornou-se um lugar-comum afirmar-se que os Estados Unidos deveriam interessar outros países na produção do café e que deveriam encorajá-los, adquirindo os seus produtos.

A AÇÃO DO INSTITUTO

Em janeiro de 1926, o instituto contratou com os banqueiros Lazard Brothers Co. Ltd., de Londres, a colocação de um empréstimo de 10 milhões de libras esterlinas (suportado pela taxa de viação criada com o instituto e garantido colateralmente pelo governo do Estado de São Paulo).

Para se compreender a situação do mercado cafeeiro quando o instituto foi criado, é preciso analisar-se o quadro 30.

Verifica-se claramente que, quando o instituto começou a funcionar, o mercado cafeeiro se encontrava praticamente em equilíbrio. Uma apreciação da situação do mercado pode ser feita pelo gráfico 5, onde se encontram registradas as principais variáveis do problema. Conforme já mostramos anteriormente, a elevação dos preços, em 1924, se explica pela tentativa de os importadores constituírem seus estoques como arma para fazer frente à regulamentação das entradas nos portos. Para as safras 1925-26 (o instituto ainda não estava funcionando) e 1926-27, a influência do novo organismo, se existiu, foi mais de ordem psicológica e deve

QUADRO 30

Safras	Estoque visível inicial[a]	No interior do Brasil	Total do Brasil[b]	Exportável		Consumo	Preço em cents/libra-peso
				Brasil	Outros		
	(em 1.000.000 de sacas de café)						
1923-24	5,3	-	19,5	14,9	6,9	22,0	14,4
1924-25	5,0	4,6	11,0	13,9	6,8	20,5	20,9
1925-26	5,0	1,9	15,1	15,0	7,0	21,7	21,8
1926-27	4,5	2,8	14,7	17,4	7,1	21,3	20,3
1927-28	4,7	3,3	26,1	26,9	8,0	23,5	19,4
1928-29	5,7	13,1	10,9	15,3	8,7	22,2	21,5

Fonte: [a] e [b] Rowe, 1932, p. 85. Os demais dados: Hopp, 1954, tabela 4. Os preços se referem ao valor das importações de todos os cafés nos Estados Unidos.

ter sido pequena, pois as variações líquidas dos estoques foram insignificantes, como se vê a seguir:

QUADRO 31

Safras	Produção total	Consumo	Variação/ estoque
	(em 1.000.000 de sacas de café)		
1923-24	26,4	22,0	4,4
1924-25	17,8	20,5	-2,7
1925-26	22,1	21,7	0,4
1926-27	21,7	21,3	0,4
1927-28	34,1	23,5	10,6

Fonte: Rowe, 1932, p. 85.

Esses quadros esclarecem por que a valorização funcionou perfeitamente e por que os preços se sustentaram elevados até 1927. A receita de divisas proveniente do café atingiu os níveis máximos do período, chegando a 74 milhões de libras, em 1925, e a 70 milhões, em 1926. Apesar do aumento da inflação (em 1920 fora criada a Carteira de Redesconto no Banco do Brasil, que, em pouco mais de dois anos de vida, emitiu quase 750 mil contos; a circulação total era, em 1920, da ordem de 1,8 milhão de contos; em 1923, a Carteira de Redesconto fora substituída pela Carteira de Emissão, uma vez que o Banco do Brasil recebera o privilégio de emitir papel-moeda), a taxa cambial começou a melhorar, passando de 5 dinheiros por mil réis, em 1923, para 6 em 1924 e 1925 e atingindo 7 dinheiros por mil réis, em 1926.

Com a defesa, levantou-se, novamente, a ideia de estabilizar-se o câmbio e, em dezembro de 1926, criou-se a Caixa de Estabilização, que substituiu a Carteira de Emissão. A ideia do novo organismo era semelhante à da Caixa de Conversão, a que aludimos por ocasião da análise da primeira valorização, mas esperava-se agora estabilizar o câmbio a 5 115/128, ou seja, quase 6 dinheiros por mil réis, enquanto aquela o havia sustentado a 15 (e depois a 16). A razão autêntica da criação da Caixa de Estabilização está espelhada no seguinte trecho do Relatório Presidencial de 1930: "Entre nós, como o café é quase tudo, pode-se afirmar que, se a *estabilização é indispensável* ao café (o grifo é nosso), o café é, por sua vez, indispensável para a estabilização" (apud Pires do Rio, p. 221). Não é preciso repetir-se aqui que esse mecanismo, da mesma maneira que o anterior, somente pôde funcionar enquanto a taxa de mercado (ligeiramente acima da escolhida para a estabilização) representou, de fato, a taxa cambial de equilíbrio.

Em 1925, o nome do instrumento da defesa havia passado a Instituto do Café do Estado de São Paulo. Quando, em 1926, foi conseguido o empréstimo de 10 milhões de libras esterlinas, abandonou-se a ideia romântica de entregar-se o seu controle a elementos das classes diretamente interessadas e deu-se a sua direção ao Secretário da Fazenda do Estado. Os três representantes da agricultura e comércio (que, na primitiva, faziam parte do Conselho Administrativo) passaram a constituir um simples órgão de consulta e parece que nunca exerceram qualquer papel importante na determinação do comportamento do instituto.

Nesse período, a ideia da defesa para sustentar a receita de divisas ganhou plena força e mesmo as nossas autoridades se conformaram com o fato de que deveríamos ser um fornecedor residual. O presidente Washington Luiz, por exemplo, em sua mensagem de 1929, explicava a organização da defesa e o seu bom êxito, dizendo que, cada ano, computava-se o consumo mundial e a produção dos concorrentes e o Brasil liberava a diferença. Textualmente, ele nos diz: "Tomada por base a exportação da colheita anterior, acrescida de uma percentagem equivalente a seu aumento, sempre crescente, é calculado, e com grande margem, o consumo do mundo em relação à safra em curso. Para o consumo mundial previsto entram os outros países com as suas colheitas, exportando o Brasil as quantidades necessárias para completá-lo". Está aí exposta, em sua singeleza, a inteligência da defesa, por quem era presidente da República

GRÁFICO 5
Defesa permanente

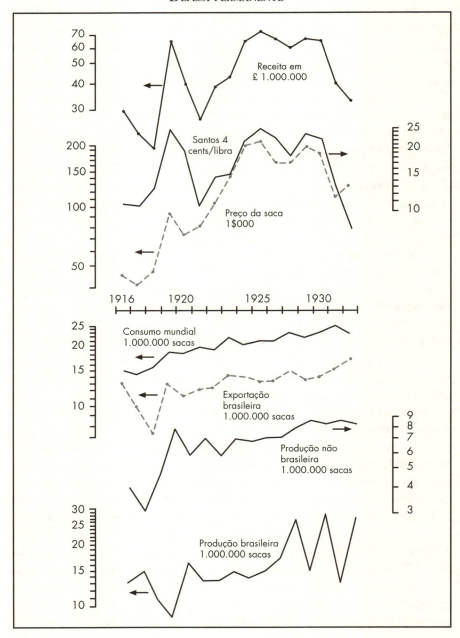

desde 15 de novembro de 1926, tendo anteriormente sido presidente do Estado de São Paulo.

Mais de uma vez, em suas mensagens, deixa entrever Washington Luiz a pequena resposta do consumo do café às variações dos preços e, portanto, a conveniência da defesa. Em sua mensagem de 1928, ele dizia: "A política de defesa do café não podia ser levada avante de um modo prático sem a estabilidade cambial. Retido o café, subindo o seu valor em ouro, teríamos, sem a estabilização, a alta imediata nas taxas cambiais, anulando para o produtor os efeitos da defesa do café". Essa frase esclarece dois pontos:
1. Washington Luiz acreditava realmente que a procura fosse inelástica, pois é essa a única maneira de a defesa produzir uma elevação da receita de divisas.
2. A defesa tinha, pelo menos, dois objetivos: um, o produtor, que, sem a estabilização, não se beneficiaria do processo; outro, o Estado, que procurava aumentar a sua receita de divisas.

Ninguém expôs melhor do que Rolim Telles (secretário da Fazenda e, portanto, presidente do Instituto do Café) o fato de que a defesa se apoiava na inelasticidade da procura, quando diz: "Fazendo a baixa do preço não vendemos mais café; se o vendêssemos, obtendo assim a mesma quantidade de ouro e ganhando pela quantidade vendida o que perdemos em valor, seria razoável a baixa, mas, ao contrário, desinteressando-nos do valor do café perdemos o nosso ouro; baixando o preço do café, baixamos o valor representativo de nossa riqueza" (Telles, 1931, p. 9).

A ideia era, aliás, defendida mesmo pelos comerciantes estrangeiros mais importantes, como é o caso de Nortz & Co., que, em sua circular de 9 de janeiro de 1931, diziam: "Concordamos com aqueles que pensam que, como as coisas estão, o volume do consumo do café permanecerá praticamente o mesmo a 20 cents como a 10 ou menos..." (Apud Telles, 1931, p. 16).

Em princípio, a defesa permanente realizada pelo Estado de São Paulo se apoiava em plano muito semelhante ao levado a efeito pelo governo federal. As limitações de entradas nos portos foram aperfeiçoadas; melhorara-se o sistema de retenção, estabelecendo-se um sistema de "reguladores" com a emissão de *warrants* sobre os quais o Banco do Estado de São Paulo realizava adiantamentos de 60 mil réis por saca (o preço no porto de Santos era da ordem de 170$000). Por outro lado, por inspiração do instituto, as exigências para entrega na Bolsa de Santos foram levadas ao extremo, o que permitia àquele órgão conseguir movimentos satisfatórios de preços com compras relativamente pequenas, pois quando os operadores normais sentiam que ele estava no mercado imediatamente se retraíam.

Em 1927, os Estados de São Paulo, Minas Gerais, Rio de Janeiro e Espírito Santo assinaram o chamado "segundo convênio cafeeiro", pelo qual se estabelecia a defesa conjunta. Nos termos desse acordo, o controle das entradas seria estendido a todos os portos. Fixou-se, também, o estoque máximo em todos os portos. A ideia era permitir a remessa para o porto, de acordo com as exportações do mês anterior. As entradas diárias em cada porto, no mês corrente, eram fixadas dividindo-se por 25 o volume exportado no mês anterior.

Desde 1921, quando começou a ser adotado o critério de limitação das entradas, a formação de lotes para a exportação foi dificultada, principalmente pela carência de cafés de melhor bebida. Notemos que a limitação das entradas deveria representar um fator depressivo das exportações. Se essas eram dificultadas pela formação de lotes (principalmente pela ausência de cafés melhores), no mês seguinte as entradas seriam menores, e a não ser que a remessa tivesse uma composição qualitativa diferente do estoque no porto a situação se agravaria.

É impossível medir-se o fenômeno, mas não pode existir dúvida sobre o fato de que esse processo dava ainda um impulso mais poderoso àquela irritação que havia feito os importadores procurarem cafés nos outros países da América Latina. É muito provável que uma parcela importante da procura de cafés colombianos se deva não somente à melhor qualidade média daqueles cafés, como, principalmente, às dificuldades permanentemente instituídas pelo Brasil à exportação. É fácil compreender-se que o importador, para diferenciar a sua procura, tem de realizar gastos muito maiores. Se ele possuía o seu agente no Brasil e toda uma organização já montada e funcionando, que podia comprar de 50 a 500 mil sacas de café por ano praticamente com o mesmo custo total, é mais do que evidente que, concentrando os seus negócios aqui, ele poderia economizar. Se, apesar desse fato, ele resolveu criar uma máquina administrativa também na Colômbia e pagar mais caro o café (ele podia perfeitamente formar ótimos *blends* com cafés finos brasileiros), isso se deve, em boa parte, à tentativa de se libertar da pressão brasileira. A situação assumiu um aspecto grave e, no fim de 1927, foi permitida a substituição, nos reguladores, dos cafés finos. O proprietário podia substituir o seu café de melhor bebida por uma quantidade igual de café ordinário, o que acabou elevando os preços dos últimos, de maneira a tornar impossível a operação.

Essas considerações são de ordem racional e não emocional e se referem ao comportamento normal dos operadores do mercado. É certo que, antes da defesa, a precipitação do café e as incertezas de cada safra criavam condições propícias a que os importadores comprassem os nossos cafés a preços baixos, os quais, estocados, pudessem resistir às elevações no preço. Não é menos certo, por outro lado, que a limitação das entradas lhes tirou a esperança de continuarem a manobrar dessa forma. Diante desse fato, eles procuraram enfraquecer nossa posição, transferindo a sua procura para outros produtores, o que foi acelerado pelas dificuldades criadas pelo próprio processo de defesa.

É preciso considerar-se, por outro lado, que a introdução do controle permanente das entradas ia, aos poucos, diminuindo os estoques de primeira e segunda linha nas mãos dos operadores. Se isso tinha uma influência positiva no que se refere ao fortalecimento da posição do instituto, tinha também um aspecto negativo importante. Os operadores, sem estoques nas mãos, são permanentemente baixistas, o que aumentava de muito a resistência encontrada para a sustentação dos preços.

Quando, no segundo semestre de 1926, as floradas dos cafezais mostraram que a safra 1927-28 deveria ser bastante volumosa, começaram a surgir dúvidas sobre a capacidade de o instituto resistir, e os importadores se retraíram. Os preços do Santos 4, no disponível, em Nova Iorque, passaram de 22,8 cents/libra-peso, em julho de 1926, para 16,9 cents/libra-peso, em junho de 1927. De fato, a safra 1927-28 apresentou-se com 26,1 milhões de sacas (quase duas vezes superior à média das últimas três), e ainda existiam no interior mais de 3 milhões de sacas. Quando, entretanto, o comércio cafeeiro compreendeu que o instituto tinha disposição e recursos (o instituto conseguira um empréstimo de 5 milhões de libras esterlinas, por um ano, de Lazard Brothers) para reter, de fato, os excessos, a procura se precipitou e, em novembro de 1927, os preços se encontravam, de novo, a 22,1 cents/libra-peso. As exportações do Brasil, que haviam sido de 13,2 e 13,5 milhões de sacas, respectivamente, em 1925 e 1926, atingiram 15,1 milhões em 1927.

Um ponto que precisa ser destacado na atuação do instituto durante esse período foi o tremendo esforço promocional despendido, tanto na Europa como nos Estados Unidos e em outros países da América. Infelizmente, os recursos dessa campanha (provenientes de uma taxa de 200 réis por saca de café exportada) eram muito limitados e a sua diluição em vários países e vários veículos publicitários (prêmios a marcas que utilizassem exclusivamente cafés brasileiros, instalação de máquinas de café expresso etc.) deve ter lhe diminuído a eficiência.

A intervenção do instituto e o financiamento dos cafés nos reguladores deixaram bons lucros e razoável disponibilidade monetária nas mãos dos cafeicultores e, mesmo com os custos elevados em 1928-29, é muito provável que também essa safra (que atingiu apenas 10,9 milhões de sacas) tenha deixado lucros. (A respeito, consultar Rowe, 1932, p. 41 e ss.)

A situação, com todas as suas dificuldades, não causou grandes apreensões. De fato, os repetidos bons êxitos das valorizações haviam convencido mesmo os seus oponentes da quase impossibilidade de repetição de uma grande safra em curto prazo. Nessas circunstâncias, a pronta ação do instituto e a disponibilidade de capital de movimento eram de molde a tranquilizar os cafeicultores, pois, seguindo-se duas ou três safras normais, o consumo absorveria os excedentes acumulados no interior.

Infelizmente, à medida que se entrava no segundo semestre de 1929, o mundo cafeeiro tomava conhecimento de um fato novo e surpreendente: os cafezais se mostravam plenamente recuperados da grande safra de 1927-28 e as floradas anunciavam uma safra de pelo menos igual proporção, acrescida, ainda, dos novos cafezais que entravam em produção. Esse fato provavelmente se explica por duas razões:

a) as condições climáticas correram muito bem;

b) como Rowe (1932, p. 13) sugeriu, a melhoria das disponibilidades financeiras dos cafeicultores, na safra 1927-28, deve ter conduzido a melhores tratos.

Para completar-se essa série de dificuldades internas, tem-se que considerar que, em outubro de 1929, realizar-se-iam as eleições presidenciais, e Júlio Prestes, presidente do Estado de São Paulo, era o candidato do governo, de maneira que dificilmente poder-se-ia esperar alguma medida de caráter drástico e que desiludisse a classe agrícola. Desse fato decorria a impossibilidade de o instituto socorrer-se do auxílio de especuladores e comerciantes, como havia sido feito em 1906-07, pois isso certamente implicaria a transigência com o nível de preço sustentado. Por outro lado, diante da enorme safra prevista e da expansão do parque cafeeiro, não seria simples conseguir-se, com a necessária rapidez, novos fundos para a aquisição dos excedentes.

Apesar de toda a pressão baixista, o instituto conseguiu sustentar os preços. O Santos 4, no disponível, em Nova Iorque, que estivera sendo cotado a 23,5 cents/libra-peso no segundo semestre de 1928, sustentou-se em 24,2 no primeiro semestre de 1929 e, a despeito da pequena baixa havida com a entrada da safra, em julho de 1929, os preços permaneceram, em julho, agosto e setembro, em torno de 22,3 cents/libra-peso.

Em outubro, a situação tornou-se dramática, pois, em consequência da crise violenta que se abateu sobre a Bolsa de Valores de Nova Iorque, houve uma mudança quase imediata das expectativas dos operadores do mercado. Os bancos restringiram a concessão de crédito e reduziram as suas operações sobre café; procuraram elevar a sua liquidez. Com a demissão do presidente do instituto, porque o governo federal e o Banco do Brasil se recusaram a financiar as compras, a situação tornou-se insustentável. O preço do café Santos 4, no disponível, em Nova Iorque, desceu de 22,4 cents/libra-peso, em setembro, para 15,2 em dezembro, para atingir 14,1 cents/libra-peso, em média, no primeiro semestre de 1930 e 12 no segundo semestre do mesmo ano.

O sistema de defesa dos preços do café, cuidadosamente armado pelo Estado de São Paulo, ruiu sob a pressão de várias forças. Externamente, a crise iniciada em 1929 manifestou-se por uma rápida generalização do desemprego e uma violenta queda do nível de rendimento, o que deslocou para baixo a curva de procura do café. Em virtude mesmo das dificuldades à expansão das linhas de crédito, que precederam a crise nos Estados Unidos, e a inversão das expectativas dos empresários, a queda dos preços não podia estimular uma ampliação das compras. Esses fatores pressionavam, portanto, para a baixa, com força até então desconhecida, os preços do café. Internamente, os desentendimentos originados em questões políticas entre o presidente do Banco do Brasil e o presidente do Instituto do Café, que culminaram com a diminuição da base de financiamento, de 60$000 para 40$000 por saca, deram margem a que a desconfiança tomasse conta do mercado.

No fim de 1929 — depois de iniciada a crise mundial — o presidente da República mostrou-se muito relutante e aparentemente reconsiderou a sua posição anterior de ardoroso defensor da ação do Instituto do Café. Por seu lado, o presidente do Estado de São Paulo, o sr. Júlio Prestes, candidato ao mais alto posto administrativo do país, não tinha força suficiente para prosseguir na defesa.

A crise mundial surpreendera a todos e a perspectiva de ver, no último ano de governo, eliminados todos os seus esforços para a estabilização da moeda e assistir a um fracasso da Caixa de Estabilização tão fragoroso como fora o da Caixa de Conversão, modificou a posição do sr. Washington Luiz, que procurou salvar a situação por outro caminho. Confiado na sugestão de que uma baixa de preços poderia provocar uma grande expansão da exportação (o que em outras circunstâncias provavelmente se daria, pois os operadores procurariam refazer os seus estoques para enfrentar depois o mecanismo de defesa, mas que naquele momento era impossível esperar) e assim aumentar a receita de cambiais, salvando o trabalho de quatro anos de governo, o presidente da República abandonou o Instituto do Café.

É preciso considerar-se que, pelo próprio mecanismo da Caixa de Estabilização, à medida que a desconfiança se apoderava do mercado, a saída do ouro e de divisas reduzia concomitantemente o meio circulante, que passou de 3,4 milhões de contos, em 1929, para 2,8, em 1930, provocando uma deflação que pressionava os bancos particulares e que já se haviam socorrido, na medida do possível, tanto do Banco do Brasil (cuja política era de sustentar o câmbio) como do Banco do Estado de São Paulo. As complicações internas aumentavam, assim, de importância, como já havia acontecido quando fracassou a Caixa de Conversão. Quando, portanto, o auxílio solicitado pelo Banco do Estado de São Paulo (que era o instrumento das finanças do instituto) ao Banco do Brasil foi recusado, a desconfiança se apoderou do mercado e os preços do café, em Santos, que haviam sido da ordem de 33$500 por 10 quilos para o Santos 4, em 1928 e até outubro de 1929, caíram para 20$750 em dezembro e já estavam em 15$500, em dezembro de 1930. Os preços do mesmo produto em Nova Iorque caíram de 22,4 cents/libra-peso, em setembro de 1929, para 15,2 em dezembro e 10,5 em dezembro de 1930.

Essa queda arrastou consigo a Caixa de Conversão, pois, em consequência da diminuição da receita de divisas, proveniente do fato de ter o café rendido 67,3 milhões de libras esterlinas, em 1929, e 41,2 milhões, em 1930, a taxa cambial sofreu sério abalo, caindo de 5 7/8, em 1928 e 1929, para 4 ½ dinheiros por mil réis.

Apesar dos esforços da defesa, os preços do café caíram com violência muito maior do que a média dos preços dos demais produtos, o que revela, no fundo, a alta influência do nível de rendimento sobre a posição da sua curva de procura. Enquanto os preços do atacado nos Estados Unidos baixaram 16% entre 1929 e 1930 e 25% entre 1929 e 1931 e os preços de atacado na Inglaterra baixaram de 16% entre 1929 e 1930 e 28% entre 1929 e 1931, os preços do café Santos 4, no disponível, em Nova Iorque, baixaram de 40% entre 1929 e 1930 e quase 60% entre 1929 e 1931.

Ao contrário do que ocorreu durante a crise mundial de 1921, os preços internos no Brasil baixaram. Apesar de ser impossível medir-se com maior precisão essa baixa, é preciso dizer que o índice do custo da vida construído para a cidade do Rio de Janeiro registrou uma baixa de 8% entre 1929 e 1930 e de 11% entre 1929 e 1931. Essa diferença de comportamento se explica pelo fato de, em 1921, o governo federal ter sustentado os preços do café em moeda nacional, realizando o financiamento das compras com emissões. Os preços do café subiram em moeda nacional durante a crise. Em 1929, deu-se exatamente o contrário: a hesitação na defesa reduziu os preços do café em moeda nacional de 38% entre 1929 e 1930 e o fracasso da Caixa de Estabilização produziu a contração do meio circulante (com os seus efeitos ampliados pelo aumento do desejo de segurança por parte dos bancos).

A situação somente não se resolveu por meio de um desemprego generalizado porque os trabalhadores rurais aceitaram reduções de 30 a 40% em seus salários monetários, com a compensação de poderem ampliar as plantações da agricultura de subsistência entre as ruas dos cafezais (Mensagem Presidencial de 1930, p. 27).

O fim do sistema de defesa ocorreu por falta de recursos financeiros. Durante alguns dias ainda, em que os operadores que agiam por conta do Instituto do Café deixaram de fazer ofertas para compra, o mercado permaneceu em expectativa, certo de que o Estado de São Paulo tinha recursos suficientes. Mas, no fim da primeira quinzena de outubro, ficou claro que o instituto se retirara do mercado por falta de fundos e então os preços caíram verticalmente. O fim da defesa dos preços nos portos não foi o fim de todo o sistema, pois, se isso tivesse acontecido naquele momento, em que o Brasil possuía cerca de 20 milhões de sacas de café e o mercado mundial sofria de uma forte crise, é quase certo que todo o sistema de comercialização e produção sofreria um colapso de que não se recuperaria tão cedo, pois ele implicaria a falência da quase totalidade das empresas nacionais envolvidas no comércio do café e dos bancos particulares que operavam com o produto.

Compreende-se facilmente por que teria de ser assim. O mercado, abandonado nessas circunstâncias, somente despertaria o interesse dos operadores estrangeiros quando os preços atingissem níveis completamente irrisórios, isso porque as perspectivas naquele momento eram as de que os preços do café continuariam baixos por muitos anos, uma vez que o sistema de defesa fracassara. Portanto, para que eles absorvessem os excedentes, seria necessário conceder-lhes condições excepcionais.

Na nossa opinião, a causa imediata do fracasso da defesa foi realmente a falta de recursos. Mas essa falta de recursos, por sua vez, teve sua origem na tentativa do presidente Washington Luiz de salvar a sua própria situação política e a de seu candidato à presidência da República, o sr. Júlio Prestes, experimentando uma baixa dos preços para ampliar as vendas do café e salvar assim a Caixa de Estabilização e o câmbio, que havia sido a preocupação máxima do seu governo. Essa posição, francamente contrária a todas as ideias que o presidente havia exposto em seus relatórios anteriores, pode ser considerada como um verdadeiro lance de desespero.

Rowe (1932, p. 56), com toda a razão, acha extraordinária essa mudança de atitude e se recusa a acreditar que ela, de fato, tenha ocorrido, dizendo que o presidente Washington Luiz provavelmente subestimara a redução que ocorreria nos preços. A respeito, ele diz textualmente: "If this is true [a esperança do presidente de que as exportações aumentariam suficientemente para compensar a queda dos preços], it is most extraordinary, for all experience would have pointed to an inelasticity of the demand for coffee too great for any such happy result". Rowe, entretanto, estava errado, pois o próprio sr. Washington Luiz dizia, na Mensagem Presidencial de 1930, que "esses 20 milhões de sacas de café armazenadas no país, *ainda que só fossem adquiridas para a formação de estoques no exterior* [o grifo é nosso], mesmo a preços irrisórios de uma e meia a duas libras por unidade [a defesa havia fixado o preço em torno de 5 libras por saca], somariam 30 a 40 milhões de libras esterlinas que viriam às nossas reservas referidas".

O presidente da República pensava, portanto, que com uma baixa de preço seria possível exportar-se esse excedente, para a formação de estoques no exterior, e mais as safras normais e assim aumentar-se a receita de divisas do país.

É certo que, se não houvesse a crise (e, portanto, as linhas de crédito dos operadores não se encontrassem encurtadas e as suas perspectivas fossem mais otimistas), eles se precipitariam sobre os estoques brasileiros a fim de aumentarem a resistência de sua posição, e, assim, o problema imediato estaria resolvido. Depois disso, entretanto, seria preciso esperar-se muitos anos até que o instituto estivesse em condições de novamente conduzir o mercado internacional do café. A posição do presidente da República, portanto, de qualquer maneira acabaria com o sistema de defesa. Infelizmente, devido à crise, nem os proveitos imediatos puderam ser tirados.

É preciso considerar-se, por outro lado, que, se o instituto tivesse contado com o apoio do governo federal, a situação seria também muito diversa, uma vez que é ilusão pensar-se — como pensaram os defensores do instituto — que teria sido possível exportar-se, em 1930, a mesma quantidade de café e aos mesmos preços que vigoraram em 1929. A crise mundial deslocou para baixo a curva de procura do café em virtude da queda do nível de rendimento dos consumidores e, se o Brasil tivesse tentado defender os preços no nível de 1929, as exportações sofreriam um colapso, pois o consumo seria violentamente comprimido. Para se ver isso, basta considerar-se que, se os preços de 1929 fossem conservados, o consumo da mesma quantidade de café *per capita* nos Estados Unidos teria exigido, em 1932, que os gastos com o produto, que representavam, em 1929, 0,7% do rendimento pessoal disponível de cada americano, passassem a representar 1,5%. A reação mais provável seria uma redução do consumo a pouco mais de metade do que anteriormente. Perderíamos, em quantidade, uma parte do que tivéssemos ganhado em preço e o problema dos estoques seria ainda mais grave.

Por outro lado, essa medida não poderia ser tomada sem um considerável aumento da taxa de crescimento da inflação, uma vez que a defesa dos preços externos deveria reduzir de maneira importante (dadas as circunstâncias) o consumo, o que aumentaria a quantidade de café a ser financiado e a defesa dos preços internos (que seria feita se o governo federal cedesse) exigiria um volume muito ponderável de novos meios de pagamento. A inflação deveria ainda ser acelerada pela depreciação da taxa cambial. Nessas circunstâncias, é muito possível que o problema se agravasse ainda mais no futuro, porque, não se realizando a baixa do salário monetário, não teriam tido os colonos autorização de plantarem entre as ruas dos cafezais e não diminuiria o volume total da produção cafeeira.

Impossibilitado de socorrer-se do governo federal, o Estado de São Paulo procurou, no mercado internacional, os recursos necessários para levar a efeito a continuação do seu programa e não deixa de ser extraordinário o fato de que, no meio da situação caótica criada pela crise, ele tenha conseguido, quase que imediatamente, em novembro, um empréstimo de 2 milhões de libras esterlinas de um grupo de banqueiros liderados por J.H. Schroeder & Co. Ltd., que haviam participado das operações de defesa desde 1906.

Quase que ao mesmo tempo, o Estado de São Paulo procurou obter, no exterior, recursos suficientes para resolver o problema imediato da cafeicultura e conseguiu levantar um empréstimo de 20 milhões de libras esterlinas, o chamado "State of São Paulo 7% coffee realization loan of 1930", integralizado por um conjunto de banqueiros americanos e europeus. O empréstimo foi conseguido com a garantia de 16,5 milhões de sacas de café armazenadas no Brasil, que deveriam ser postas à venda, durante os 10 anos seguintes, à razão de 137.500 sacas mensais. O serviço de juros desse empréstimo seria realizado por meio de uma taxa de 3 shillings, cobrada sobre a exportação de cada saca de café. Por outro lado, as limitações de entrada no porto de Santos seriam fixadas pelo maior valor de uma de duas alternativas: 833.334 sacas mensais (ou seja, uma exportação estimada de 10 milhões de sacas por ano), ou 1/24 do volume estimado da safra presente e seguinte (com o que se esperava eliminar a acumulação dos estoques) acrescido, ainda, de 137.500 sacas mensais destinadas à liquidação do empréstimo.

Com esse empréstimo, o Estado de São Paulo pode satisfazer os compromissos assumidos anteriormente com Lazard Brohters (5 milhões de libras em 1928) e Schroeder (2 milhões de libras em 1929) e aliviar a situação. No fundo, as relativas facilidades encontradas para a realização de tão volumoso empréstimo eram ditadas pelas próprias condições do mercado cafeeiro. Em primeiro lugar, quase metade do novo empréstimo se destinava a consolidar dívidas de curto prazo com os próprios banqueiros ingleses; em segundo lugar, a forma de organização do empréstimo garantia a sua liquidação em dez anos e o pagamento dos juros; em terceiro lugar, o empréstimo auxiliaria a resolver o grave problema econômico nacional e, indiretamente, contribuiria para a segurança dos grandes investimentos ingleses no país.

Na realidade, o empréstimo tirava das mãos do instituto a defesa dos preços do café e, à parte das possíveis manipulações da estimação das colheitas com um ano de antecedência, a influência do instituto entrava rapidamente em decadência.

A DEFESA VOLTA AO GOVERNO FEDERAL

Em outubro de 1930, um governo de força assumiu a direção do país e, em janeiro do ano seguinte, o seu interventor em São Paulo reorganizou o Instituto do Café. Logo após a assinatura do empréstimo de 20 milhões de libras esterlinas, verificara-se que os estoques retidos eram, de fato, muito superiores aos 16,5 milhões de sacas que haviam sido oferecidas como garantias, o que enfraqueceu ainda mais o mercado e, naturalmente, criava um problema sério para a colocação dos estoques que garantiam o empréstimo. Por outro lado, a crise mundial ganhava profundidade e amplitude, reduzindo, de maneira até então desconhecida, o nível de rendimento dos consumidores. A combinação desses fatos e as floradas de 1931-32 reduziram os preços do café para 8,7 cents/libra-peso, para o Santos 4, em Nova

Iorque, cotação que não se via desde 1907; mas os preços internos, devido à séria desvalorização do mil réis, haviam encontrado uma certa recuperação, passando de 119$540, por saca, em 1930, para 131$483, em 1931.

O mais sério problema a ser enfrentado no momento se referia a uma nova safra de 28 milhões de sacas em 1931-32. Ficava perfeitamente evidenciado, agora, que existia no Brasil um excesso de capacidade (era essa a terceira safra dessa magnitude desde 1927-28) e que a defesa seria irrealizável nos moldes tradicionais, porque seria dificílimo, senão impossível, obter-se os recursos necessários para executá-la. E, com o agravamento da crise, diminuíam cada vez mais as perspectivas de aumentar o consumo de maneira importante. Era essa a situação que José Maria Whitaker encontrou quando assumiu a Pasta da Fazenda do Governo Provisório.

Do ponto de vista do governo federal, a situação era mais séria do que podia parecer, pois a dívida externa era volumosa — exigia quase 40 milhões de libras anualmente — e a desvalorização cambial tornava o seu pagamento cada vez mais pesado, o que tendia a ampliar o déficit orçamentário.

Os objetivos do sr. Whitaker, como ele mesmo escreveu depois, não era "melhorar, nem mesmo manter os preços do café... era restituir aos lavradores a livre disposição de suas safras, e acabar com as intervenções nos mercados do café".

À vista da gravidade da situação, resolveu o governo adquirir os estoques de café que ainda não haviam sido comprados pelo Estado de São Paulo com os recursos provenientes do empréstimo de 20 milhões de libras esterlinas. Como é evidente, essa medida simplesmente desimpedia o mercado, mas não representava solução para o problema, uma vez que, essencialmente, era uma simples transferência de propriedade dos estoques. As compras foram realizadas por uma maneira engenhosa, aproveitando-se a importância do Banco do Brasil e do Banco do Estado de São Paulo, que absorviam uma parcela importante das operações do mercado cafeeiro. Abriu-se um crédito de 50.000 contos no Banco do Brasil (depois ampliado para 150.000) e uma parcela ponderável do dinheiro aplicado na compra dos estoques voltava à caixa dos dois bancos, o que reduzia de muito o montante total dos recursos necessários. Por outro lado, foi feito um contrato de consignação de 1.350.000 sacas de café à Casa Hard Rand — uma das mais importantes casas exportadoras do país —, que forneceu antecipadamente 1.350.000 libras esterlinas. Quase ao mesmo tempo, concertou-se uma troca entre 25 milhões de *bushell* de trigo, de propriedade da United States Grain Stabilizing Co., contra 1.275.000 sacas de café.

Rowe (1932, p. 67) critica amargamente toda a operação levada a efeito pelo Governo Provisório, dizendo que "on economic grounds it was as foolish as it was unnecessary", o que não faz justiça à agudeza de Whitaker. Apesar de se tratar de uma simples transferência de propriedade, a operação abria caminho para uma libertação do mercado cafeeiro (e era, portanto, desejável). E, por outro lado, não pode haver dúvida de que ela representava a colocação adicional de 1.275.000 sacas de café (as consignadas à Hard Rand não podiam ser consideradas vendas adicionais).

Pelo próprio Decreto nº 19.688, de 11 de fevereiro de 1931, que autorizava a compra de todo o café retido em 30 de junho e não adquirido pelo Estado de São Paulo, estabelecia-se um imposto anual de 1$000 sobre cada pé de café novo plantado nos próximos cinco anos (o que virtualmente proibia as plantações) e criava-se um imposto em espécie de 20%, que poderia ser modificado nas safras seguintes. Confirmava o decreto, em seu art. 3º, a condição dos banqueiros do empréstimo de 20 milhões de libras esterlinas, pois a única limitação de entrada nos portos era o limite máximo de 1/24 da safra presente e seguinte.

A pressão da cafeicultura foi, entretanto, muito grande e o imposto de 1$000 por pé foi aplicado somente aos Estados com mais de 50 milhões de cafeeiros (porque o Paraná desejava defender o crescimento de sua lavoura de café) e o imposto em espécie teve de ser transformado num imposto de 10 shillings, cobrado por cada saca exportada e destinado à compra de café para ser destruído.

Pouco depois, no mesmo ano, criou-se o Conselho Nacional do Café, que foi aos poucos assumindo a direção da política cafeeira nacional. Em julho, o Instituto do Café do Estado de São Paulo perdeu as suas funções na operação de defesa e, em dezembro de 1931, o Conselho Nacional do Café assumia essa responsabilidade. Ao mesmo tempo, elevou-se a taxa de exportação para 15 shillings (os 5 shillings adicionais seriam destinados à amortização do empréstimo de 20 milhões de libras esterlinas) e decidiu-se a eliminação de 12 milhões de sacas de café. O conselho ficou encarregado de defender o preço interno (fixado em 15$500, por 10 quilos, para o Santos 4) e contaria, para isso, com recursos fornecidos pelo Banco do Brasil.

Durante o ano de 1931, destruiu-se 2,8 milhões de sacas e, em 1932, mais 9,3 milhões. A despeito disso, as cotações, que haviam melhorado um pouco em 1932 (em consequência da ameaça de paralização dos embarques, devido à revolução paulista), quando chegaram a atingir

15 cents/libra-peso para o Santos 4, no disponível, em Nova Iorque, em setembro, atingiam, de novo, em dezembro, o nível de 9,7 cents/libra-peso. A razão principal desse fato é que as floradas já haviam anunciado, para 1933-34, uma nova safra volumosíssima, confirmando o excesso de capacidade do quadro cafeeiro nacional.

Para dar maior organicidade ao programa de defesa, criou-se, em fevereiro de 1933, o Departamento Nacional do Café (DNC). A situação se agravava, pois a revolução (1932) fizera o volume das exportações cair para 11,9 milhões de sacas e a receita total de divisas proveniente do café se reduzira a 26,2 milhões de libras esterlinas. Ao mesmo tempo, o meio circulante passara de 2,9 milhões de contos, em 1931, para 3,2 milhões, em 1932. A taxa cambial, sob a pressão dessas forças, caiu para 3 5/8, em 1931, para 3 3/8, em 1932, e atingiu 3 1/8, em 1933. Esses movimentos antagônicos haviam elevado o preço do café, na exportação, de 131$483 por saca, em 1931, para 152$820, em 1932, e a sobretaxa de 10 shillings se tornava insuficiente para a compra do café a ser destruído, o que levou o governo a cobrar o imposto em moeda nacional.

Quando se compreendeu a magnitude da safra 1933-34, que atingiria mais de 29 milhões de sacas, procurou-se facilitar as operações de crédito do DNC, modificou-se o regulamento de entrada nos portos e suspendeu-se até o replantio. Se fosse encaminhada aos portos, de acordo com o regulamento em vigor, a nova safra provocaria uma redução ainda maior dos preços, de maneira que ela foi dividida em três partes: 30%, quota de exportação; 30%, quota de retenção; e 40%, quota de sacrifício, pela qual o governo pagou 30$000 por saca. Durante 1933 destruiu-se nada menos de 13,9 milhões de sacas, ou seja, o equivalente à exportação de um ano.

Para se compreender a complexidade da situação e em que ela diferia essencialmente das anteriores, quando as valorizações haviam sido bem-sucedidas, basta considerar-se o seguinte quadro. Entre 1927-28 e 1933-34 houve quatro grandes safras (todas superiores a 26 milhões de sacas) e três safras menores (mas cuja média foi mais ou menos igual à exportação anual), de maneira que resultou um *saldo líquido* (a ser acrescido ao estoque que em 1926-27 existia no Brasil: 2,8 milhões de sacas) de 50 milhões de sacas. A queima de 26 milhões de sacas deixava, ainda, o excedente de 24 milhões de sacas, que, somadas às existentes anteriormente, dava um total de 27 milhões. Por outro lado, estava agora perfeitamente claro que a indústria sofria de um excesso de capacidade, que levaria ainda algum tempo para ser corrigido.

Compreende-se por que era, de fato, impossível deixar-se o sistema de preços funcionar livremente. Com a baixa dos preços, os operadores haviam restabelecido pelo menos uma parcela dos seus estoques. Como as expectativas eram de baixa ainda maior, não somente diante do excesso de capacidade mas também devido à crise mundial, seria preciso fazer-se os preços caírem a quase nada (eles já estavam em 8 cents/libra-peso no disponível, em Nova Iorque, para o Santos 4) para tornar interessante a absorção do excedente por especuladores. Por outro lado, mesmo que eles se decidissem a operar, é difícil imaginar-se que tivessem recursos suficientes para absorver 30 ou 40 milhões de sacas, o que significava quase duas vezes o consumo anual do produto. Soltar o mercado nessa ocasião poderia representar a eliminação da cultura cafeeira, porque o peso do excedente deveria produzir, durante três ou quatro anos, preços irrisórios e o consequente envelhecimento rápido de toda a cultura, pela falta de tratos, aceleraria a perda de um poder de competição do produto nacional no mercado exterior.

A operação de queima foi muito criticada, mas é preciso considerar-se que até hoje não se conseguiu imaginar uma política que a substituísse com probabilidades de bom êxito. De fato, a queima do café significava, em parte, a forma pela qual o desperdício generalizado de fatores, produzido pela crise mundial em todos os países, se apresentava no Brasil. À alternativa mais imediata para a queima do produto era o desemprego e a desorganização social.

Se a situação não fosse de crise mundial, é muito provável que o problema teria sido resolvido de maneira diferente, sacrificando-se, por exemplo, as lavouras mais velhas e indenizando-se os seus proprietários, o que eliminaria o excesso de capacidade elevando-se a produtividade média da cafeicultura. Resolvido esse problema, as perspectivas de obter financiamento melhorariam e teria sido possível continuar com a política de defesa.

Não pode haver dúvida sobre o fato de que, mantendo todo o estímulo possível à produção (em termos de defesa de preços e de financiamento) e permitindo que as plantações se expandissem desordenadamente (o número de cafeeiros em São Paulo era estimado em torno de 950 milhões, em 1924-25, e em torno de 1.300 milhões, em 1931-32), cabe à política de defesa a parcela mais importante das dificuldades do mercado. Atribuir-lhe toda a culpa, entretanto, é deturpar os fatos; é ter uma visão muito unilateral do problema. "A queima do café foi um fenômeno da mesma natureza que o afogamento de carneiros e a queima de trigo e, numa escala muito menor e de consequências sociais menos importantes, da mesma natureza que o desemprego nos países industrializados. Produzir café para queimá-lo é de fato absurdo; mas não há dúvida de que queimar uma saca de café é, do ponto de vista social, menos importante do que despedir um chefe de família e forçá-lo a roubar ou a prostituir sua esposa para alimentar seus filhos" (Delfim, 1957, p. 139).

A situação continuou a arrastar-se dentro dos meandros de dificuldades criadas pelo excesso de capacidade e, em meados de 1934, já haviam sido destruídas nada menos de 50 milhões de sacas de café. Com a previsão de uma safra menor, em 1934-35, e com as perspectivas de que a destruição continuaria com o ritmo violento que assumira em 1933 (13,9 milhões de sacas), os preços reagiram em 1934 e o Santos 4 atingiu, no disponível, em Nova Iorque, 11,1 cents/libra-peso, contra 9,1 em 1932. Provavelmente, entretanto, a razão mais importante dessa elevação residia na instituição do sistema de "quotas de sacrifício", que elevava o custo médio da produção comercializável.

A situação parecia caminhar para a normalização. O DNC instituiu então uma forma nova de controle. As entradas seriam reduzidas ao máximo constituído pelo dobro da exportação média mensal do ano anterior e resolveu retirar do mercado os excedentes que se verificassem. Para a safra 1934/35, instituiu-se uma divisão em duas partes: a) quota retida de 70%; e b) quota direta de 30%. Apesar dessas medidas, os preços voltaram a cair em Nova Iorque, atingindo o Santos 4, em 1935, a cotação de 8,9 cents/libra-peso, no disponível.

Em julho de 1935, depois de uma reunião cafeeira, decidiu-se comprar mais 4 milhões de sacas (o excedente da safra 1935-36), que, em princípio, seriam destruídas. Na mesma reunião, foi rejeitada a proposta de eliminação da taxa de exportação de 45$000 por saca (a antiga taxa de 15 shillings transformada em moeda nacional, quando o câmbio fraquejou), que havia tomado corpo no país, e ampliou-se a sua destinação. Uma parte dessa taxa, 30$000, era destinada a financiar as compras de café para destruição e esperava-se, agora, utilizá-la para liquidar os grandes encargos do Departamento Nacional do Café. De fato, essa parte foi subdividida em duas partes de 15$000 cada uma, com destinação específica: uma delas seria utilizada pelo DNC para a compra dos 4 milhões de sacas a serem destruídas e, a outra, seria aplicada na amortização de suas dívidas.

A safra 1935-36 foi dividida em duas partes iguais: uma de quota retida e outra de quota direta e os limites máximos nos portos foram fixados em

2,2 milhões de sacas para Santos e 700 mil sacas para o Rio de Janeiro, além dos demais.

Em 1936, em consequência das compras do DNC e do aumento das destruições (3,7 milhões de sacas, contra 1,7 milhão em 1935), os preços melhoraram ligeiramente. Em 1936-37, apresentava-se uma nova safra de 26,6 milhões de sacas e outra vez apelou-se para o estabelecimento de uma quota de sacrifício. A safra foi dividida em três partes: a) quota de sacrifício (30%), que seria paga a 5$000 por saca; b) quota retida (30%); e c) quota direta (40%). Compreende-se que, de fato, a quota de sacrifício era entregue com prejuízo para o lavrador, uma vez que 5$000 não deveriam pagar sequer o custo da sacaria e a manipulação do produto. Os preços do café melhoraram ligeiramente quando se divulgou a notícia de que os países produtores americanos haviam chegado, em princípio, a um acordo para a defesa conjunta do produto, baseado no estabelecimento de quotas de exportação. O anteprojeto do acordo dava ao Brasil as seguintes "quotas básicas" de exportação: a) para os Estados Unidos: 9,1 milhões de sacas; e b) para os demais países: 7,8 milhões de sacas, o que dava uma exportação total da ordem de 16,9 milhões de sacas, ligeiramente superior à média que vínhamos obtendo.

Esse acordo — o primeiro em que se havia chegado a algum resultado prático — nunca passou de um anteprojeto, continuando o Brasil a sustentar, sozinho, o mercado, em benefício de seus concorrentes. Em 1937, o DNC destruiu nada menos de 17,2 milhões de sacas, mais do que as exportações nacionais em qualquer ano.

Em novembro de 1937, pouco antes do golpe de Estado e provavelmente com o objetivo de obter a simpatia da cafeicultura, o governo resolveu, diante do malogro do acordo internacional, modificar a sua política cafeeira. A taxa de exportação foi reduzida de 45$000 para 12$000 por saca e as divisas provenientes do café foram totalmente liberadas. O governo não interviria mais no mercado, a não ser pela continuação da quota de sacrifício de 30% e da quota de retenção de 30%.

Os preços no disponível, em Nova Iorque, caíram, de 11 cents/libra-peso, para o Santos 4, em 1937, para 7,7 em 1938. O aumento do diferencial entre os preços do Brasil e dos concorrentes ampliou as exportações, que atingiram 17,2 milhões de sacas. Uma parte desse aumento se destinava à formação de estoques por parte dos operadores do mercado, que procuraram realizar suas compras diante da ameaça permanente de volta do Brasil à antiga política, pois, alguns meses depois, a regulamentação cambial começou a se acentuar. Tanto isso é verdade que, em 1939, quando os preços desceram a 7,4 cents/libra-peso, as exportações não passaram de 16,6 milhões de sacas, apesar da grande expectativa de generalização de guerra iniciada na Europa.

Aliás, o controle do mercado nunca foi abandonado, pois em 1939 continuou-se com a divisão da safra em várias quotas, atingindo a de "sacrifício" 30% dos cafés ordinários e 15% para os cafés finos e os estoques máximos nos portos foram mantidos. Em 1938, haviam sido destruídas 8 milhões de sacas e, em 1939, 3,5 milhões.

Nas safras seguintes, 1940-41 e 1941-42, continuou o Brasil a manter a quota de sacrifício. Com as dificuldades criadas pela quase desaparição dos mercados europeus, chegou-se ao *Inter-American Coffee Agreement*, em novembro de 1940, que era um acordo de quotas de exportação entre os Estados Unidos e 14 produtores latino-americanos.

Eventos posteriores, como as desfavoráveis condições climáticas e o abandono dos cafezais, permitiram eliminar-se a quota de sacrifício, a partir de 1943-44, e suspender-se definitivamente a destruição de cafés, a partir de agosto de 1944. Entre meados de 1941 e 1945, os preços do café estiveram controlados, nos Estados Unidos, pelo Office of Prices Administration (OPA).

A destruição, iniciada em junho de 1931 e terminada em julho de 1944, eliminou nada menos do que 78,2 milhões de sacas de café, ou seja, uma quantidade equivalente a três vezes o consumo mundial num ano.

Quando a guerra terminou, era evidente que a situação do mercado cafeeiro deveria entrar em franca recuperação, tão logo o controle de preços fosse levantado. Durante os anos de guerra, a produção brasileira diminuíra bastante e 1939-40 fora a última safra acima de 20 milhões de sacas. De fato, a média da produção brasileira não ultrapassou, durante os anos de guerra, a casa dos 13 milhões de sacas e, apesar da redução das exportações, os estoques tinham diminuído muito (porque se queimara muito café). Essa expectativa desencadeou séria pressão da procura e, ainda dentro do controle de preços, os Estados Unidos instituíram um sistema de subsídio para evitar possíveis pressões inflacionárias derivadas do aumento dos preços dos produtos de consumo. Quando o controle foi levantado, em agosto de 1946, os preços subiram verticalmente, passando o Santos 4, no disponível, em Nova Iorque, de pouco mais de 16 cents/libra-peso, para 27 cents/libra-peso, em dezembro.

Em 1946, o Departamento Nacional do Café havia sido extinto e substituído pelo Departamento Econômico do Café (DEC), organismo subordinado ao Ministério da Fazenda e que se incumbiria da política cafeeira.

A elevação violenta dos preços, em 1946, provocou uma retenção dos operadores e os preços começaram a cair. A Colômbia, comprometida na compra de sua produção, procurou sustentar os preços e o diferencial entre o Santos 4 e o Manizales melhorou, exportando o Brasil 16,1 milhões de sacas, na safra 1947-48, e 17,4 milhões, na safra 1948-49.

A procura dos cafés brasileiros era auxiliada pelas grandes dificuldades de pagamentos internacionais, o que tornava os cafés mais baratos altamente procurados e, em 1949, todo o estoque do extinto Departamento Nacional do Café havia sido colocado, o que permitiu a liquidação do empréstimo de 20 milhões de libras esterlinas, cujo vencimento havia sido prolongado.

A NOVA FORMA DA DEFESA

A situação do café era muito boa e nem mesmo a desvalorização da libra, em 1949, logo seguida pela de outras moedas, foi suficiente para forçar a modificação da taxa cambial. Era evidente, entretanto, que aquela taxa não correspondia à de equilíbrio em longa duração e que, com o desenvolvimento da pressão inflacionária interna, os déficits do balanço de pagamentos deveriam crescer ainda mais. Como consequência dessa medida, a posição dos produtores africanos melhorou consideravelmente, uma vez que Bélgica, França e Portugal reajustaram quase que imediatamente o valor de suas moedas, em resposta à desvalorização inglesa.

Nos anos da década de 1940, a produção apresentou uma tendência à estabilização, principalmente devido ao desenvolvimento desfavorável das condições climáticas. Entre 1940 e 1949, a redução líquida dos estoques (calculada subtraindo-se da produção a exportação mais o consumo interno e mais a incineração) foi da ordem de 16 milhões de sacas. Foi, principalmente, o reconhecimento do fato de que os estoques do DNC estavam liquidados que precipitou a alta dos preços. Esse movimento não foi, entretanto, entendido como uma simples reação do mercado que durante 30 anos estivera sujeito à superprodução, mas foi recebido com grande irritação por uma parcela da opinião pública norte-americana. O inquérito Gillette, instaurado para verificar as causas da elevação dos preços, é um documento mais emocional do que racional, mas aponta claramente a conveniência de os importadores americanos procurarem se abastecer em outras fontes (Teixeira Vieira, 1950).

Em junho de 1950, teve início a guerra da Coreia, e os preços cresceram ainda mais depressa.

Em 1951, os Estados Unidos congelaram os preços e os salários e o preço do Santos 4 recebeu um teto de 55,5 cents/libra-peso, ligeiramente superior aos níveis em que estava sendo cotado.

No mesmo ano foi praticamente restabelecido o sistema de defesa: limitaram-se as entradas nos portos e estabeleceu-se uma margem de registro abaixo do qual não seriam realizadas exportações. Além do mais, o governo federal anunciou que estava decidido a comprar café, se tanto fosse preciso, para a sustentação dos preços. Os preços em cruzeiros, a despeito do controle cambial, apresentavam-se remuneradores e reiniciava-se todo o processo de defesa que penosamente havia sido abandonado. Quase que simultaneamente (1952) criou-se o Instituto Brasileiro do Café, destinado a exercer efetivamente toda a política econômica do produto.

O preço-teto vigorou por 26 meses e foi suspenso nos primeiros meses de 1953. Após algumas oscilações, o preço do café, em novembro, retomou a sua marcha ascendente, acelerada, já em 1954, pelos efeitos da grande geada. Nesse mesmo ano, o Brasil pretendeu desastrosamente defender o preço mínimo de 87 cents/libra-peso, o que reduziu de maneira importante o volume dos negócios, principalmente porque criou-se um ágio do Santos 4 sobre o Manizales. Para contornar-se a crise, concedeu-se uma desvalorização para o dólar-café da ordem de 30%, mas os operadores não retomaram o seu ritmo de negócios, diante das perspectivas de novas baixas, causadas pelo maior volume da safra 1954-55.

Em junho de 1954, o governo federal garantiu a compra do Santos 4 a Cr$20,32 por libra-peso, o que, considerado o câmbio-café vigente, fixava um preço mínimo, em dólares, de 87 cents/libra-peso. Em agosto, procedeu-se à desvalorização (mas conservou-se a obrigação de compra a Cr$20,32) e o preço mínimo foi reduzido para 64,5 cents/libra-peso. Em fevereiro de 1955, uma nova desvalorização reduziu aquele preço mínimo para 54,8 cents/libra-peso.

Em virtude da dificuldade de restabelecer-se a confiança dos operadores, o governo federal começou a adquirir o café na base de preço que havia sustentado. Como consequência da errada política de defender o preço em nível tão alto, registraram-se perdas consideráveis do governo em operações que levou a efeito no mercado a termo e viu-se ele obrigado a adquirir 3,7 milhões de sacas de café, com efeitos inflacionários iludíveis. No começo de 1955, as compras foram suspensas.

Na safra 1955-56, principalmente devido ao estabelecimento de um enorme diferencial entre os preços do Santos 4 e do Manizales (causado por uma escassez da produção de cafés suaves), as exportações atingiram o apreciável montante de 17 milhões de sacas, o que resolveu temporariamente o problema. O fato, entretanto, é que os preços do café haviam subido bastante em cruzeiros, como se vê na tabela abaixo:

QUADRO 32
Preços do Santos 4 no disponível, em Santos

Anos	Cr$/10 kg	Anos	Cr$/10 kg
1949	111,10	1953	229,44
1950	184,90	1954	422,25
1951	195,67	1955	411,25
1952	197,35	1956	439,25

Não é possível saber-se como crescia a taxa de lucro na exploração cafeeira, porque não se conhece, com precisão, o desenvolvimento dos custos. É certo, entretanto, que a cafeicultura se transformara num setor lucrativo da economia, pois é essa a única forma de se explicar o crescimento das plantações a partir de 1950 e o aumento sensível da produção a partir da safra 1955-56.

É impossível medir-se como reagiu a cafeicultura aos estímulos provenientes dos aumentos de preço, porque, até hoje, não existe uma estimativa razoavelmente correta do número de cafeeiros plantados anualmente. O que se conhece são algumas estimativas subjetivas e que carecem, portanto, de precisão. É certo, entretanto, que o parque cafeeiro nacional se expandiu de maneira extraordinária a partir de 1949 e que já em 1955 — se não tivesse ocorrido a forte geada de 1953 — haveria, de novo, excesso de capacidade. Esse fato pode ser verificado pelo aumento da plantação no norte do Paraná, cuja produção foi de mais ou menos um milhão de sacas no quadriênio 1944-45 a 1947-48, atingindo 6,3 milhões em 1955-56. Essa expansão realizou-se com as mesmas características das corridas anteriores.

Ao contrário do que ocorrera anteriormente, a defesa praticada a partir de 1951 se fez somente em nome da manutenção de um nível mínimo de receita de divisas, necessário para assegurar o desenvolvimento da industrialização do país. O problema da remuneração do agricultor não existia, de fato, porque o sistema cambial estava completamente viciado, pelo estabelecimento de uma diferença entre o dólar-exportação e o dólarimportação. Essa defesa se aproveitava do fato e se apoiava na verdade há meio século conhecida de que o consumo do café reage muito pouco aos aumentos de preços, o que sempre fora confirmado na prática.

Com essa intervenção no mercado cambial e com uma apreciável taxa de crescimento do processo inflacionário interno, nunca se colocou o grave problema da estabilização cambial, que tinha de ser resolvido nas operações anteriores. Quando os custos subiam por efeito da inflação e por efeito da disputa de fatores, estabelecida entre os empresários agrícolas, a solução estava à mão, pois bastava aumentar o dólar-café.

Essa operação foi, portanto, essencialmente, mais simples e mais ingênua, pois rompeu todas as ligações funcionais entre as variáveis estratégicas que garantiam um certo equilíbrio ao sistema. Com a estabilização (tanto na Caixa de Conversão como na Caixa de Estabilização), a remuneração em moeda nacional encontrava, em breve, um limite, e a inflação, provocada pela operação dos próprios mecanismos (que eram, de fato, uma consequência da valorização), elevava os custos. Dessa maneira, mais ou menos rapidamente encontrava-se um limite acima do qual o lucro da exploração cafeeira diminuía.

Por outro lado, o estabelecimento de preços mínimos e a permanente garantia de compra introduziu um estímulo de proporções até então desconhecidas. É certo que, com a defesa permanente, a situação era análoga, mas é preciso considerar-se que os recursos do Instituto do Café eram relativamente limitados (porque ele não podia socorrer-se livremente das emissões).

Pouco valeu, portanto, a lição da história. Menos de 10 anos depois da solução do mais grave problema cafeeiro que o Brasil havia enfrentado e que foi resolvido à custa da queima de 78 milhões de sacas de café e de sacrifícios que se prolongaram por 20 anos, a situação se apresenta outra vez complicada e já para a safra 1957-58 volta o Instituto Brasileiro do Café a apelar para o sistema de quotas: a) quota livre de 60%; b) quota de consumo interno de 30%; e c) quota de expurgo de 10%. Sem abandonar a defesa dos preços, mas temeroso de suas consequências, o governo federal, que durante os últimos 10 anos de euforia se beneficiara largamente do aumento da receita de divisas e da instituição de um sistema cambial estropiado, suspendeu o preço mínimo e a garantia de compra, mas instituiu um sistema de amarras entre um dólar-café que oscila em função dos preços do próprio café e o registro mínimo de preço para embarque, que torna impossível a exportação a preços mais baixos do que os que vigoravam em junho de 1958, a não ser à custa de uma redução sensível dos preços internos.

Para dar maior resistência ao cafeicultor, garantiu o governo o financiamento do produto a 80% dos níveis de preço-mínimo que vigoraram para a safra anterior (1956-57). Sem abandonar a defesa, necessária ao programa de "metas", instituído pelo presidente da República eleito em 1955, o governo federal transferiu o seu ônus para as costas do empresário agrícola. É evidente, entretanto, que a existência de um excesso de capacidade de produção torna completamente instável esse processo de defesa e é certo que o governo federal terá de comprar café em futuro próximo.

Olhado, portanto, em perspectiva, todo o longo e penoso caminho percorrido por nossa cafeicultura no último século, não é possível deixar de chegar-se à conclusão melancólica de que os dirigentes de nossa política cafeeira pouco aprenderam com a lição da História. Medido o seu bom êxito a largo prazo, verificamos que todos os nossos esforços não chegaram sequer a garantir para o Brasil a sua posição no mercado cafeeiro.

Se é certo que, com a defesa (principalmente depois da II Guerra Mundial), conseguimos um montante maior de dólares a curto prazo do que o que teríamos obtido com uma política mais liberal, não é menos certo que:
a) criamos condições extremamente favoráveis para o desenvolvimento de uma concorrência de proporções nunca imaginadas;
b) preparamos o caminho para uma nova crise cafeeira semelhante à dos anos 1930.

Mesmo sem a retração da procura, devida a uma queda do nível de rendimento nacional dos países consumidores, todo o sistema de defesa caminha para uma liquidação violenta e fatal.

Vamos analisar, a seguir, com maiores minúcias, o crescimento da concorrência para procurar, depois, construir um modelo capaz de explicar o comportamento do mercado cafeeiro.

CAPÍTULO 4

O CRESCIMENTO DA CONCORRÊNCIA

Introdução

Das causas que determinaram o aumento da exploração cafeeira nas regiões coloniais, talvez a mais importante tenha sido a desorganização na rede de pagamentos internacionais, que se seguiu à guerra de 1914. Na segunda metade do século XIX, o intenso movimento de especialização e interdependência que se processou na economia mundial criou um mercado monetário dentro do qual a Inglaterra, devido a condições particularmente favoráveis, pôde contribuir com o instrumento necessário para o estabelecimento de um amplo sistema de pagamentos multilaterais. Com os importantes saldos obtidos em seu balanço de pagamentos, a Inglaterra pôde financiar um apreciável montante de investimentos externos, que garantiam a liquidez do sistema e reduziam, de maneira importante, os atritos causados pelos pagamentos internacionais. No último quartel do século XIX, não somente os investimentos ingleses na Europa já haviam produzido seus resultados e, portanto, podiam ser dispensados, como o crescimento do montante total de recursos abriu novas perspectivas para as áreas ainda não exploradas, como era, por exemplo, o caso da América Latina. Até então, os empréstimos ingleses a essa região tinham se limitado quase que exclusivamente aos empréstimos a governos, tão comuns no século passado e destinados exclusivamente à cobertura dos déficits orçamentários.

A partir da década de 1880, aos investimentos ingleses juntaram-se os realizados pela França (principalmente em países europeus, dos quais a Rússia em primeiro lugar) e pela Alemanha. Só mais tarde é que os investimentos líquidos norte-americanos no exterior começaram a ter importância apreciável.

O ponderável movimento de capitais e de mão de obra, processado na segunda metade do século passado e que, em suas linhas gerais, transferia os recursos para regiões onde a sua produtividade marginal era maior (é preciso, entretanto, qualificar-se essa afirmação notando-se os importantes aspectos políticos subjacentes a esses investimentos, particularmente para o caso alemão), integrava a economia mundial e permitia o estabelecimento de um sistema multilateral de pagamentos que garantia uma eficiência bastante grande para a correta aplicação dos recursos. A situação permitiu que, na década de 1870, fosse possível o estabelecimento do padrão ouro na escala mundial, que funcionou razoavelmente até a I Guerra Mundial e permitiu o restabelecimento de certo equilíbrio enquanto as crises não foram muito sérias.

Dentro de um sistema dessa natureza, não existia qualquer razão para discriminar contra qualquer fornecedor no mercado internacional e as correntes comerciais de cada país se ampliavam ou reduziam em resposta às variações entre os seus preços relativamente aos de seus concorrentes no mercado internacional. É essa uma das principais razões do bom êxito da introdução do café brasileiro. Se tomarmos, por exemplo, o período de 1870 a 1885, verificaremos a importância daquele fator sobre o aumento de exportações do país. Tomamos o período 1870-85 por várias razões:

a) para eliminar a influência da guerra sobre o principal consumidor;
b) naquele período, o segundo produtor mundial era a Ásia (Ceilão e Java) e os efeitos do ataque da "hemileia" ainda não eram particularmente visíveis no total da produção;
c) porque o período praticamente inclui um ciclo completo do mercado cafeeiro.

Entre 1865 e 1870, o consumo mundial de café era superior a 5 milhões de sacas por ano (como se vê no gráfico 6), das quais cerca da metade era fornecida pelo Brasil e a outra metade pela Ásia. O café brasileiro (que vamos representar como sendo o Santos) era inferior aos cafés asiáticos (que representaremos como sendo o Java) e tinha, portanto, preços mais baixos. Entre 1865 e 1885, o consumo mundial passou de mais ou menos 5 milhões de sacas por ano para cerca de 10 milhões, enquanto a exportação asiática se manteve praticamente constante e a brasileira cresceu de pouco mais de 3 milhões para cerca de 6 milhões. Apesar da melhor

GRÁFICO 6
Crescimento da concorrência

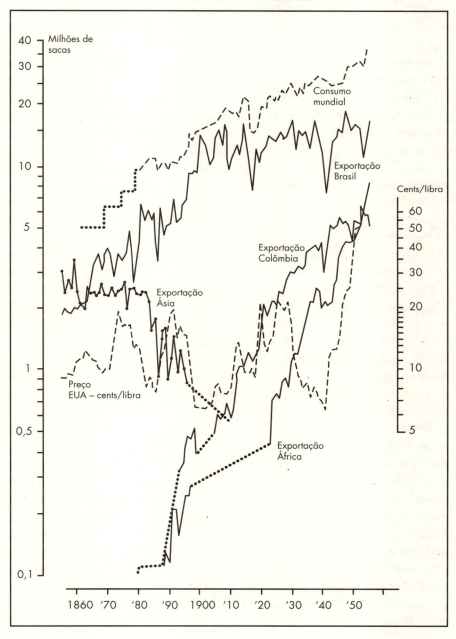

qualidade, os fornecimentos asiáticos perdiam terreno devido ao grande diferencial de preço existente entre eles e os cafés brasileiros. Entre 1865 e 1870, o preço do Santos foi da ordem de 3/4 do preço do Java, no Havre, o que estimulava a procura dos cafés brasileiros. Não devemos esquecer que era frequente, na ocasião, apresentar-se os melhores cafés brasileiros como javaneses, o que, à medida que se ampliava o diferencial, trazia maiores lucros para os importadores.

O aumento da procura forçava, por seu lado, um estreitamento do diferencial, que somente não era eliminado pelo crescimento da oferta brasileira. É preciso considerar-se que, de uma certa maneira, o café de Java exercia, na ocasião, uma espécie de controle do mercado, pois os holandeses haviam criado uma grande companhia de comércio que praticamente se encarregava da defesa dos preços do produto na Europa por meio de uma regularização das vendas mensais (em leilões) de seus estoques. Além do mais, a produção javanesa era quase exclusivamente governamental até a I Guerra Mundial. O café brasileiro, cujos preços eram inteiramente livres, podia ajustar-se com rapidez à mudança das condições de oferta e conquistar os acréscimos de consumo.

A partir de 1885, os efeitos da "hemileia" se acentuaram e os preços internacionais do produto entraram na fase ascendente de novo ciclo, e nota-se pela primeira vez um aumento ponderável tanto da produção colombiana como da africana. A produção brasileira, que em consequência da baixa de preço verificada entre 1874 e 1886 estava como que paralisada, entra em nova fase de expansão, para atingir, no fim do século, quase 9,5 milhões de sacas, enquanto a produção colombiana atingia pouco mais de 450 mil sacas e a africana, menos de 300 mil.

No fim do século, a produção asiática era menor do que um milhão de sacas, quando em 1870 era da ordem de 2,5 milhões e o consumo mundial, que nesse ano devia ser da ordem de 6,5 milhões, passara, em 1900, para mais ou menos 15 milhões de sacas. Os efeitos da fase ascendente do ciclo de preços transformaram, assim, o Brasil no primeiro fornecedor mundial do produto, suprindo, entre 1898 e 1900, nada menos do que 9,5 milhões de sacas de um consumo mundial médio de 14 milhões. Mesmo que consideremos os progressos posteriores de nossos concorrentes, verificamos que o regime de livre baixa impediu que os efeitos dos preços altos se manifestassem, entre 1905 e 1910, na Colômbia, por uma produção maior do que 700 mil sacas e a produção africana provavelmente não chegou a 400 mil sacas.

Considerado, portanto, o último quartel do século passado, verificamos que os estímulos recebidos pelos concorrentes durante a fase ascendente do ciclo foi insuficiente para manter a mesma taxa de crescimento durante a fase descendente. Pode-se afirmar, com relativa segurança, que, entre 1905 e 1910, tanto a produção colombiana como a produção africana já haviam encontrado um ponto de inflexão, sob o peso da queda dos preços.

Esses fatos lançam alguma luz sobre os efeitos da política de defesa inaugurada com o Convênio de Taubaté. Pelo gráfico percebe-se claramente que a recuperação dos preços, iniciada em 1903 (antes, portanto, do convênio), lançou novo estímulo à produção colombiana, revigorada ainda mais a partir de 1909. É importante notar-se que o efeito desses aumentos de preço é praticamente insensível no caso da produção africana, o que se explica pela inexistência de uma economia monetária e pela quase insensibilidade da resposta colonial, a não ser aos estímulos provenientes da própria metrópole.

A maneira peculiar pela qual a defesa de 1906 foi realizada não era de molde a estimular a ampliação considerável da concorrência. Em primeiro lugar, os preços somente começaram a se elevar de maneira importante a partir de 1910 devido mesmo ao restabelecimento de um certo equilíbrio entre a oferta e a procura no mercado cafeeiro. Em segundo lugar, a operação contou com uma colaboração muito estreita dos próprios comerciantes, comandados por Sielcken, os quais, tendo o controle em suas mãos, não tinham qualquer necessidade de desviar a sua procura para os cafés de outras procedências.

É preciso considerar-se, por outro lado, que para um país como a Colômbia, por exemplo, em que a cultura cafeeira se realizava (e se realiza ainda) em pequenas propriedades, na maioria das vezes cuidada exclusivamente pela própria família do fazendeiro, o estímulo para a plantação do café derivava muito menos da elevação dos seus preços do que da certeza de que eles não cairiam abaixo de um mínimo (representado, praticamente, pelo nível da defesa). Os empresários agrícolas podiam, assim, satisfazer a quase todas as suas necessidades monetárias eliminando uma boa parte dos riscos inerentes às flutuações dos preços. A defesa tinha, para o pequeno plantador colombiano, o significado de um preço mínimo para o seu produto e trazia vantagens representadas não somente pelo nível absoluto do preço do café, como também pela eliminação do risco.

O problema da concorrência somente se colocou, de fato, a partir da I Guerra Mundial, quando pela primeira vez, desde sua ascensão no mercado cafeeiro, o Brasil assistiu a uma ampliação da absorção mundial do produto sem um aumento correspondente de suas exportações. A análise do gráfico anterior revela que, a partir de mais ou menos 1920, a participação do Brasil no fornecimento do consumo mundial se estagnou e, portanto, a sua participação percentual naquele fornecimento começou a declinar. Paralelamente, assistimos a um extraordinário avanço da produção colombiana e da produção africana, que não sofreu mais interrupção, a não ser nas vésperas da II Guerra Mundial.

É legítimo indagar-se o porquê de as produções colombiana e africana somente começarem a apresentar um desenvolvimento sensível a partir de 1890. Inexistindo os dados de produção, pode-se trabalhar com os dados de exportação, porque os estoques de comercialização formados no interior não devem apresentar variação importante.

Se observarmos a Colômbia, verificaremos que, em 1866, sua exportação foi de 78 mil sacas; em 1867, de 68 mil e, em 1868, de 103 mil sacas, quando, cinco anos antes, não passava de 50 mil, em média. Esse aumento de produção derivava da resposta colombiana aos altos preços do café na fase ascendente do primeiro ciclo que estudamos. É preciso considerar-se que o dado-testemunha citado anteriormente se refere a um período anterior à Guerra de Secessão, e a resposta, a dados posteriores à guerra. É muito possível que o aumento de preços tenha causado um estímulo muito menor do que aconteceria em outras circunstâncias, pois os preços do café eram altos, mas havia uma certa dificuldade de colocação justamente no mercado mais importante para a Colômbia, que era (e é até hoje) os Estados Unidos.

A observação revela, por outro lado, que o segundo ciclo de preços (muito mais acentuado do que o anterior) e que elevou a cotação do café a nível muito superior ao primeiro, foi de muito pequena eficiência para ampliar a produção colombiana. Entre 1870 e 1874, os preços do café registraram uma das altas mais vigorosas de que se tem conhecimento e, cinco anos depois, a exportação colombiana continuava ainda em torno de 100 mil sacas anuais (na verdade, nota-se um certo retrocesso). É curioso notar-se, por outro lado, que as exportações revelam uma resposta de curto prazo à elevação dos preços, pois, de 1871 a 1874, elas cresceram depressa, atingindo, no último ano, 172 mil sacas, para cair novamente para a média de 100 mil sacas em quase toda a década de 1880.

Fenômeno idêntico ocorreu, aliás, com a África, cujas exportações haviam passado de cerca de 28 mil sacas por ano, entre 1857 e 1861, para por volta de 50 mil entre 1868 e 1871 e aumentaram, na fase ascendente do segundo ciclo, para mais de 70 mil sacas. Aqui, a resposta aos aumentos do preço foi mais sensível do que na Colômbia, pois, oito anos depois de terminada a fase ascendente do ciclo (e quando se presume tenham se tornado completamente adultos todos os cafeeiros), a exportação anual já era superior a 100 mil sacas. Na fase ascendente do terceiro ciclo (mais ou menos a partir de 1886), novas plantações foram realizadas, pois, a partir de 1891, as exportações atingiram cerca de 200 mil sacas por ano. Uma análise cuidadosa mostra que a fase descendente do segundo ciclo foi suficiente para desestimular o crescimento da produção.

À vista desses dados não pode haver dúvida sobre o fato de que um período prolongado de baixa dos preços, como ocorre nas fases descendentes dos ciclos cafeeiros, era suficiente para desestimular o crescimento da produção. O mesmo, aliás, ocorria no Brasil, onde se nota claramente um crescimento por patamares, cada um dos quais determinado pela elevação dos preços 4 ou 5 anos antes.

Dentro do regime de mercado livre, que vigorou até a primeira década do século XX, a expansão colombiana se registrou a partir da segunda metade dos anos 1880, isso quando as exportações asiáticas entraram em colapso devido ao ataque da "hemileia". Quando as exportações colombianas passaram de 100 mil sacas, nos anos 1880, para quase 500 mil, nos anos 1890, elas vinham suprir uma parcela do mercado que tinha sido abandonada pela produção asiática e justamente a parte do mercado não suprida pelo Brasil. Enquanto os colombianos elevaram a sua exportação de 100 para 500 mil sacas, o Brasil elevava a sua de 5 para 9 milhões, fazendo a sua participação no mercado crescer de cerca de 50% para quase 65%.

Até o Convênio de Taubaté, o Brasil melhorou continuamente a sua posição no mercado e, na primeira década do século XIX, o Brasil supriu 128,5 milhões de sacas das 168,8 absorvidas pelo comércio mundial, ou seja, 76%. A baixa dos preços, a partir de 1892, que atingiu o seu ponto mínimo no começo do século, produziu uma estabilização da produção colombiana, entre 1905 e 1910. De fato, a produção da Colômbia somente voltou a crescer sob o estímulo da defesa promovida pelo Convênio de Taubaté. A produção africana também somente voltou a apresentar crescimento mais sensível a partir dos anos 1920.

Com relação ao desenvolvimento da concorrência até o fim da I Guerra Mundial, pensamos que é possível, portanto, tirar-se pelo menos estas três conclusões importantes:

1. Um regime de liberdade de mercado assegurou ao Brasil o domínio quase completo dos fornecimentos mundiais, tendo passado a sua posição relativa de fornecedor de 1/2 do consumo na década de 1860, a fornecedor de 3/4 desse consumo, na primeira década do século XX.
2. Os estímulos derivados dos preços altos nas fases ascendentes dos ciclos de preço eram suficientemente compensados nas fases descendentes, e:
a) a produção do Brasil cresceu por patamares, ganhando terreno;
b) a produção dos nossos concorrentes mostra clara estagnação nas fases de prolongada baixa de preço.
3. O crescimento colombiano se fez dentro da área deixada pela produção asiática (a maior parte da qual, aliás, foi ocupada pelo Brasil).

O aumento da concorrência na década de 1920

A ampliação da concorrência no mercado cafeeiro depois da década de 1920 é explicada por duas ordens de razões:
1. Pela modificação dos preços do café com relação aos dos demais produtos da agricultura tropical, que podem ser cultivados alternativamente ao café.
2. Pelas dificuldades de pagamentos criadas com a liquidação do padrão ouro, depois da I Guerra Mundial.

Como é evidente, as razões acima dão a causa eficiente do processo, mas estão condicionadas em seus resultados à disponibilidade de fatores de produção, principalmente mão de obra e terra. Pensamos que o primeiro fator teve uma influência mais decisiva na ampliação da concorrência dos latino-americanos e que o segundo foi mais importante no desenvolvimento da produção africana.

A concorrência colombiana

Tomaremos a Colômbia porque é principalmente o comportamento de sua produção que determina o andamento geral da concorrência latino-americana. Como vimos, até a primeira década do século XX, a produção colombiana se manteve dentro de limites relativamente estreitos e, aparentemente, a alternação de períodos de preços altos com períodos mais longos de preços baixos foi um limitador eficiente do crescimento da produção. Depois do Convênio de Taubaté, a sustentação dos preços internacionais deu maior segurança à expansão da cultura e a exportação passou de por volta de 600 mil sacas por ano, entre 1905 e 1910, para cerca de 1,2 milhão, no período da I Guerra Mundial, para atingir, na primeira metade da década de 1920, cerca de 2 milhões. A partir de então se registrou um contínuo estímulo, que acabou elevando a exportação colombiana para mais ou menos 5,5 milhões de sacas por ano na década de 1950.

Normalmente, ainda hoje, mais de 80% das exportações colombianas se destinam ao mercado norte-americano, percentagem que foi mais elevada na década de 1920.

Ao contrário do que poderia parecer à primeira vista, esse fato não é uma consequência da preferência do consumidor norte-americano pelos cafés suaves, porque é sabido que os consumidores norte-americanos preferiam a bebida "Rio", como se percebe pela tabela seguinte:

QUADRO 33
EXPORTAÇÃO POR PORTOS E DESTINOS (EM 1.000 SACAS)

Anos	Porto do Rio de Janeiro		Porto de Santos	
	Estados Unidos	Europa	Estados Unidos	Europa
1878	1.625	1.218	175	926
1879	2.245	1.254	210	946
1880	1.825	1.633	206	862

Fonte: Thurber, 1881, p. 125.

No fim do século, Joaquim Franco de Lacerda, um dos grandes conhecedores do problema cafeeiro, escrevia em seu livro *Produção e consumo de café no mundo*: "O café produzido no Estado de São Paulo e sul de Minas é o que mais se aproxima do café de Java, Ceilão e de alguns pontos da América Central. Esses cafés são os mais apreciados pelos consumidores europeus que preferem o café doce. Os americanos consomem de preferência os cafés do Rio, por serem mais fortes e terem sabor mais amargo" (p. 54).

O estudo do problema revela claramente o fato de que foi o aumento da produção paulista (principalmente da zona da Mogiana) que forçou uma modificação do paladar do consumidor norte-americano. Pode-se, sem exagero, afirmar-se que foi a produção paulista que criou as condições para a generalização do consumo de cafés de melhor bebida nos Estados Unidos. É certo que, em 1920, os americanos já preferiam o Santos ao Rio e tinham uma melhor capacidade para a discriminação a favor das melhores bebidas, mas não pensamos que tenha sido essa a causa da expansão colombiana.

Na nossa opinião, a causa fundamental da expansão colombiana residiu na defesa dos preços, instituída de maneira permanente com a regulamentação das entradas nos portos. A partir da primeira metade da década de 1920, os importadores e torradores norte-americanos verificaram que o Brasil havia encontrado um meio extremamente eficiente de defesa e que eles nunca mais poderiam esperar controlar o mercado. Provavelmente, foi menos o preço alto do café (que, a não ser nos últimos anos da defesa, era muito diferente do que se poderia esperar que fosse sem ela) do que o sentimento de frustração que levou os importadores a procurar quantidades crescentes de cafés colombianos. Sobre o que não pode haver dúvida, entretanto, é que foram os preços altos e a garantia adicional fornecida pelo mecanismo de defesa que levaram os colombianos a expandir a sua cultura. Como dissemos no capítulo anterior deste trabalho, os operadores norte-americanos tinham toda uma organização instalada no Brasil e o custo da transferência para a Colômbia não deveria ser pequeno. Pensamos que eles somente resolveram pagá-lo quando compreenderam que a regulamentação das entradas não poderia ser superada.

Por que a concorrência pôde crescer durante a defesa permanente é, pensamos, inteiramente evidente pela exposição anterior. O raciocínio central da defesa era um ajustamento entre a oferta e a procura mundial do produto, produzido artificialmente pelo Brasil para a sustentação do nível de preços. Como surpreendemos num relatório do sr. presidente da República, calculava-se o consumo mundial provável e dele se subtraía a produção exportável de todos os nossos concorrentes. O excedente seria liberado pelo Brasil. Para garantir o nível de preços, o Brasil assumia, assim, voluntariamente, a posição de fornecedor residual. O que nunca os defensores da defesa compreenderam foi o fato de que a sustentação dos preços representava um estímulo fabuloso e um mercado inteiramente aberto para nossos concorrentes. Em 1922-23, a Colômbia exportou, em média, cerca de 1,8 milhão de sacas e, em 1928-29, nada menos do que 2,7 milhões.

É evidente que não existe maneira de se dizer qual teria sido a concorrência colombiana se não tivesse ocorrido a defesa, mas pensamos que, pelas considerações anteriores, fica claro que, pelo menos, a defesa representou um estímulo adicional muito poderoso para a expansão da cultura cafeeira na Colômbia.

Frequentemente se tem ouvido dizer que esse estímulo foi muito pequeno, pois que, quando os preços caíram a níveis irrisórios nos anos 1930, a Colômbia continuou a expandir a sua produção. É de se notar, entretanto, que os estímulos dos preços altos foram muito ativos até o fim de 1929 e que os preços do Manizales (o tipo mais representativo da produção colombiana) caíram mais lentamente do que o do Santos 4 e que, em moeda nacional colombiana, o preço da saca de café, já em 1934, estava quase no mesmo nível em que foi fixado pelo acordo de quotas durante a II Guerra Mundial. Até praticamente 1937 e 1938, a influência dos cafés plantados sob o estímulo da defesa permanente continuou a se fazer sentir na produção colombiana.

É preciso considerar-se, por outro lado, que em 1927 foi criada a Federación Nacional de Cafeteros de Colômbia, que estabeleceu armazéns e contribuiu para a organização, em 1931, da Caja de Crédito Agrário, cujo objetivo era financiar a produção, a fim de evitar-se a precipitação das vendas. O café depositado nos armazéns passou a receber financiamentos (de até 75%) sob o chamado *bono de prenda*, que podia ser descontado no Banco da República. Em 1933, isto é, quando a situação entrava em sua fase de máxima gravidade, foi a própria Federación que, pressionando o governo colombiano, obteve uma redução de 40% em todas as dívidas hipotecárias dos cafeicultores (Di Fulvio, 1947).

Para compreender-se, entretanto, como essa política não poderia ter duração ilimitada, basta considerar-se que, quando no fim de 1937 o Brasil liberou parcialmente o mercado cafeeiro e os preços do Santos 4 caíram de 11,04 cents/libra-peso, naquele ano, para 7,67, em 1938, e 7,41, em 1940, a Federación tentou defender o preço do Manizales, comprando no interior. De fato, os preços daquele café caíram de 11,60 cents/libra-peso, em 1937, para apenas 10,97, em 1938, para subir para 11,66, em 1939. Acontece, entretanto, que a Federación estava comprando café no interior a preços superiores aos do mercado internacional (considerada a taxa cambial vigente) e em breve os seus recursos se esgotariam, porque seria impossível prolongar-se por muitos anos essa política.

É preciso notar-se, por outro lado, que essa tentativa colombiana de defesa ampliou de maneira importante o diferencial entre os preços do Santos 4 e do Manizales, o que elevou a participação do café brasileiro nas importações norte-americanas, de 52%, em 1937, para 60%, em 1938, e 61%, em 1939, e reduziu a participação colombiana de 25%, em 1937, para 23%, em 1938, e 21%, em 1939 (Delfim, 1954). É quase certo, portanto, que se não tivesse ocorrido a guerra e o consequente "pacto de quotas", em breve a Federación ficaria em situação muito delicada e o governo teria de enveredar pelo caminho da inflação, se quisesse sustentar os preços do seu produto.

A concorrência africana

Ao contrário do que aconteceu com a Colômbia, pensamos que o desenvolvimento da exploração cafeeira na África tenha derivado menos dos movimentos dos preços do que das dificuldades de pagamentos criadas com a liquidação do padrão ouro. Entre o fim da I Guerra Mundial, o período de inflação que caracterizou a primeira metade dos anos 1920, e a Grande Depressão, o sistema de pagamentos internacionais a que nos referimos no início deste capítulo, apesar de já estar funcionando mal, ainda assegurava um certo nível de pagamentos multilaterais. Com a crise, entretanto, ele praticamente desapareceu, e quase todos os países estabeleceram sistemas de pagamentos bilaterais e restringiram violentamente as suas operações de comércio exterior. Países grandes importadores-exportadores, que financiavam uma parcela importante do capital de movimento que mantinha em funcionamento o sistema multilateral, como é, por exemplo, o caso da Alemanha, procuraram canalizar o seu comércio para aqueles países que concordavam em receber seus saldos em sua moeda e que já lhe eram devedores. Por outro lado, desenvolveu-se a tendência (como foi o caso inglês) de procurar-se o equilíbrio dentro de determinado bloco de países e as metrópoles passaram a importar muito mais de suas colônias e menos do resto do mundo. O movimento de ampliação do comércio dentro do sistema metropolitano foi particularmente sensível no caso da França e da Holanda.

Do ponto de vista em que nos colocamos, não importa conhecer-se as causas pelas quais foi impossível restabelecer-se uma moeda largamente aceita para os pagamentos internacionais e uma corrente suficiente de investimentos exteriores para garantir a liquidez do sistema. O que nos interessa é destacar o fato de que essas dificuldades de pagamentos desviaram a atenção das metrópoles para as suas colônias, com um duplo objetivo: a) o desenvolvimento de culturas de substituição aos produtos importados, o que significava economia de divisas, e b) o desenvolvimento de culturas que pudessem ser colocadas no comércio internacional, o que significava a produção de divisas.

Uma observação mais cuidadosa do comportamento da produção africana dá maior consistência à hipótese de que, pelo menos antes da II Guerra Mundial, não foram só os preços altos do café que estimularam o seu aumento. É certo que a defesa permanente criou condições para a expansão da cafeicultura africana, mas é preciso notar-se que as altas anteriores, como as do começo do século e como a de 1917-19, haviam tido pequena eficiência para estimular aquela cultura. A defesa permanente manteve os preços altos por um período de tempo que não encontra precedentes na história do café no último século e isso deve ter exercido um estímulo poderoso.

O ponto importante, entretanto, é notar-se que a produção africana continuou crescendo (e de fato se acelerando) depois da crise de 1929, quando o café atingiu os seus mais baixos preços no período. Até as vésperas da II Guerra Mundial, as maiores taxas de crescimento se registraram na África francesa, na África inglesa e na África belga. A África portuguesa respondeu com muita lentidão a esse estímulo.

A hipótese que estamos levantando é a de que foram menos as elevações de preço do que as enormes dificuldades de pagamentos, que se seguiram à crise mundial de 1929, que estimularam, de um lado, a proteção tarifária ao café colonial e, de outro, toda uma série de investimentos destinados a substituir os pagamentos fora de cada uma das respectivas áreas (da libra e do franco). Uma confirmação, embora precária, dessa hipótese, reside no fato de o principal produtor de café independente da África, a Etiópia, não ter praticamente desenvolvido a sua produção em resposta às elevadas cotações do produto. Talvez também seja essa a razão pela qual a África portuguesa não desenvolveu sua produção, pois o consumo da metrópole é insignificante.

Há que considerar-se, por outro lado, que uma análise superficial da produção africana a partir de 1930, ou seja, quando se verificou o colapso dos preços internacionais do café, parece desmentir a tese de que foram os altos preços que estimularam a produção dos nossos concorrentes. Se tomarmos, por exemplo, o caso da África francesa, verificaremos que a produção continuou a aumentar com rapidez, mesmo depois da baixa de preços, passando de mais ou menos 350 mil sacas, em 1933-35 (quando amadureceram todos os cafezais plantados ainda sob o estímulo dos preços altos), para quase um milhão de sacas no período imediatamente anterior à II Guerra Mundial.

O crescimento da produção da África francesa obedecia a dois estímulos: um, proveniente dos altos preços internacionais do produto; e outro, derivado da progressiva ampliação do protecionismo metropolitano. Esse segundo fator foi, mesmo com a baixa dos preços, mais do que suficiente para compensar a desaparição do primeiro.

Para se compreender esse fato, basta dizer-se que o privilégio líquido concedido aos cafés coloniais, que em 1900 havia sido reduzido a 78 francos por 100 quilos, foi elevado nas vésperas da I Guerra Mundial, para 136 francos, uma vez que os coloniais foram excluídos da tarifa. Os preços no Havre, nessa ocasião, para o Santos, variavam entre 120 e 180 francos por 100 quilos. Durante a guerra, criou-se uma taxa adicional sobre o café, de 30 francos por 100 quilos, que incidia sobre todos os cafés e que, em 1920, foi elevada para 75 francos.

Simultaneamente, o café passou a pagar uma tarifa *ad-valorem* de 1,1%. Um imposto da mesma magnitude foi introduzido em cada mudança de estágio de comercialização do produto. Pouco depois, em 1924, a taxa interna a que nos referimos passou de 75 para 90 francos; a tarifa *ad-valorem* e o imposto de comercialização foram elevados para 1,3%.

Em 1926, um novo reajustamento aduaneiro elevou a taxa específica sobre os cafés não coloniais, de 136 para 177 francos por 100 quilos. Nessa mesma ocasião, o governo francês decidiu eliminar o imposto de comercialização a que nos referimos acima e substituí-lo por um imposto *ad-valorem*, que incidia sobre todos os cafés. Esse novo imposto de 8% era calculado sobre o preço de importação do produto mais a tarifa específica e mais a taxa interna. Ainda no mesmo ano, a taxa interna é elevada de 90 para 180 francos por 100 quilos.

É claro que essas barreiras já representavam uma proteção ponderável à cafeicultura africana. Se chamarmos de p_1 o preço médio por 100 quilos dos cafés não coloniais, e de p_2 o preço médio por 100 quilos dos cafés coloniais, a relação entre eles, que era p_1/p_2 no mercado internacional, transformava-se em

$$(1{,}08p_1 + 385)/(1{,}08p_2 + 194)$$

no mercado interno. Uma diferença de 10% nos preços internacionais do produto era transformada numa diferença que variava com o nível de preços. Em 1926, essa diferença era da ordem de 40%. É oportuno mostrar-se o aspecto paradoxal e quase dramático, para os fornecedores não coloniais, desse tipo de proteção tarifária, principalmente para o Brasil.

Se supusermos, por exemplo, que a diferença entre os preços dos cafés não coloniais e coloniais é representada por um diferencial constante, $p_1/p_2 = 1/m$, a relação entre esses preços no mercado interno fica

$$(1{,}08p_1 + 385)/(1{,}08mp_1 + 194)$$

Vemos, então, que, à medida que se tentasse reduzir os nossos preços para reconquistar o mercado, o diferencial de preços dentro dele se ampliaria.

A tabela a seguir dá o diferencial dentro do mercado francês, correspondente a um diferencial de 10% fora dele, para cada nível de preços:

QUADRO 34

Preço em franco por 100 quilos	Diferencial dentro do mercado francês
200	95%
300	46%
400	40%
500	36%
600	33%

O diferencial se aproxima assintoticamente do diferencial do mercado internacional, à medida que os preços crescem. Para os não coloniais, o aspecto paradoxal da política reside no fato de os seus efeitos diminuírem à medida que aumentam os preços. A forma, portanto, de conquistar uma parcela maior do mercado residiria numa elevação dos preços ou numa modificação do diferencial. Sobre essa segunda variável, o nosso controle é relativamente pequeno, porque ela depende dos hábitos de consumo, do volume da produção colonial e do próprio mecanismo protecionista. Restaria, portanto, a elevação do preço. Essa política, entretanto, conduziria a um aumento da produção africana e a uma diminuição do consumo total. As barreiras levantadas entre o mercado produtor e o mercado consumidor francês teriam de levar, portanto, a um aumento da produção africana, qualquer que fosse a ação dos produtores não coloniais. Não é, pois, de se estranhar que a produção da África francesa tenha quase triplicado nos últimos cinco anos da década de 1930.

Em 1926, os direitos aduaneiros sobre o café foram elevados para 231 francos, aumentando ainda mais o privilégio dos coloniais. A partir desse momento, a situação não cessou de se agravar. A política de contingentamento, generalizada depois da crise mundial, foi aplicada ao café e se criou mais uma taxa especial de 100 francos por 100 quilos para a concessão das licenças de importação, a qual se aplicava somente aos não coloniais. Em 1933, como consequência de desentendimentos nos pagamentos entre a França e o Brasil, criou-se uma taxa discriminatória contra os nossos cafés, de 120 francos por 100 quilos, que foi reduzida, no ano seguinte, para 40 francos, aplicável a um contingente limitado de café brasileiro.

Ao lado dessas dificuldades, criou-se ainda uma taxa especial de proteção colonial, que deixou de existir a partir de 1948, mas que no fim era da ordem de 40 francos por 100 quilos para todos os cafés e se destinava ao estímulo das plantações africanas.

As complicações aduaneiras se prolongaram até hoje, quando o café brasileiro ainda está sujeito a contingentamento.

Esses fatos explicam por que razão a produção da África francesa continuou crescendo, mesmo quando os preços internacionais do produto atingiram o seu limite mais baixo no século XX. O mecanismo de proteção, armado pela metrópole, funcionava no sentido de aumentar-lhe a procura, de um lado, e fornecer-lhe subsídio, de outro.

Seria errôneo pensar-se, entretanto, que foram simplesmente as dificuldades de pagamentos que criaram a concorrência africana. Aquelas dificuldades criaram condições que estimulavam os investimentos metropolitanos nas culturas de substituição, mas não pode haver dúvida, no caso do café, que estímulos importantes para a sua expansão derivavam também da política de preços imposta pelo Brasil. Aliás, os dois fatores se interacionam. Quando os preços são elevados, aumenta o interesse da metrópole de restringir as suas importações das áreas não coloniais. Por outro lado, os empresários particulares têm um maior interesse na cultura. Essa coincidência de interesses tende a gerar grandes ampliações da produção.

Para apreender-se em maiores minúcias o mecanismo do crescimento da concorrência africana, vamos estudar o que ocorreu na África francesa em resposta às modificações dos preços e da política aduaneira que descrevemos.

Em linhas gerais, pode-se dizer que o pé de café produz a sua primeira safra aos 3 ou 4 anos, e a partir do quinto ano costuma produzir alternadamente safras maiores e safras menores. Se representarmos por 100 a produção média de um cafeeiro durante a sua vida economicamente ativa, podemos dar os números para a sua produção apresentados no quadro 35.

Caso não ocorram ponderáveis fenômenos meteorológicos adversos, o pé de café continua produzindo alternadamente cargas boas e cargas más até se extinguir. Sendo o café plantado em vários anos, seria razoável esperar-se que o movimento oscilatório não se reproduzisse intensamente na safra total de um país, pois os anos bons de uns cafeeiros seriam compensados por anos ruins de outros. Acontece, entretanto, que a verificação de fenômenos climáticos importantes nivela os cafeeiros e todos tendem a possuir os mesmos anos bons ou maus, de maneira que

QUADRO 35

Anos	Produção
1º	–
2º	–
3º	30
4º	45
5º	75
6º	140
7º	75
8º	140
Produção média anual	100

oscila a safra total do país. Haveria muito o que se dizer sobre as consequências econômicas dessas oscilações. No momento, entretanto, esse aspecto não nos interessa.

Para compreender-se como se apresentará um ciclo da produção cafeeira estimulada por, digamos, seis anos de altos preços (que foi quanto durou a defesa permanente), consideremos o seguinte quadro, onde as seis colunas representam as quantidades de café produzidas pelos pés plantados em cada ano e cada linha representa o total produzido anualmente (quadro 36).

Vemos que uma alta de preços de seis anos consecutivos produz, quando existem disponíveis fatores de produção, como era, por exemplo, o caso da Colômbia, em 1924, e como é hoje o caso da África, uma rápida aceleração da produção. É conveniente observar-se que, mesmo depois do sexto ano, em que os preços já estão caindo, a produção continua a crescer. De fato, observamos, no quadro hipotético que construímos com base no comportamento do cafeeiro, que a produção só atinge o seu máximo no décimo ano, isso praticamente quatro anos depois que terminou o período de alta de preços. Tratados normalmente, esses pés de café continuarão a produzir por muitos anos.

Notemos que uma vez plantado o café e obtida a primeira colheita, o maior investimento já foi realizado, de maneira que a sua produção nos anos seguintes depende do tratamento que lhe é dispensado. Para que a produção fosse reduzida logo no sétimo ano, seria preciso deixar-se de colher o café e abandonar a planta ou, eventualmente, arrancá-la. Para que o agricultor que plantou o seu cafezal chegue a tomar essa medida extrema, é necessário que o preço do café não seja sequer suficiente para cobrir as despesas de custeio. Enquanto o produto da venda for bastante para liquidar as obrigações monetárias anuais e produzir um resultado líquido para o seu sustento, o cafeicultor resiste à transferência dos recursos para outras atividades. Como é evidente, essa resistência está diretamente ligada aos lucros eventuais que ele pode obter nas atividades alternativas e, consequentemente, deve ser muito maior nas depressões (em que todos os preços descem simultaneamente) do que nos períodos de prosperidade.

QUADRO 36

Anos a partir do 1º da alta	Anos de altos preços						Colheita dos cafeeiros plantados devido aos altos preços
	1º	2º	3º	4º	5º	6º	
1º	–	–	–	–	–	–	–
2º	–	–	–	–	–	–	–
3º	30	–	–	–	–	–	30
4º	45	30	–	–	–	–	75
5º	75	45	30	–	–	–	150
6º	140	75	45	30	–	–	290
7º	75	140	75	45	30	–	365
8º	140	75	140	75	45	30	505
9º	75	140	75	140	75	45	550
10º	140	75	140	75	140	75	645
11º	75	140	75	140	75	140	645
12º	140	75	140	75	140	75	645

É essa persistência do agricultor que explica por que, mesmo depois de iniciado o período de baixa, verificamos que a produção cafeeira continua crescendo e só mostra sinais de diminuição ou estabilização sete ou oito anos depois.

Com esse modelo, vamos tentar analisar o crescimento da produção da África francesa. Como até recentemente a influência do mercado norte-americano era insensível sobre os cafés coloniais, é preferível tomar-se como índice do movimento dos cafés da África francesa a cotação do Havre (francos por 50 quilos). Temos que considerar dois tipos possíveis de efeitos. Em primeiro lugar, um *efeito direto* dos preços, proveniente da oscilação dos próprios preços do café e, em segundo lugar, um *efeito indireto* dos preços, proveniente de modificações das vantagens aduaneiras concedidas aos coloniais. Como a produção colonial (dentro do quadro mundial) não é importante, a vantagem aduaneira não exerce influência sobre o preço do café no mercado consumidor, mas permite aos torradores pagar mais pelos cafés coloniais e, mesmo assim, obter lucros maiores.

A modificação aduaneira de 1913 (dentro, portanto, da primeira operação de defesa) constituiu um dos fatores mais importantes para o desenvolvimento da agricultura cafeeira na África francesa. Ela criou o primeiro ciclo do café, que se amorteceu por volta de 1925. O segundo ciclo, entretanto, foi criado pela defesa permanente do café, quando os preços passaram da média de 200 francos por 50 quilos para mais de 400 no período 1924 a 1929, bem como por uma modificação aduaneira, que aumentou as vantagens dos coloniais. O primeiro ciclo elevou a produção da África francesa de quase nada para 70.000 sacas anuais e se fez à custa da ascensão de Madagascar ao cenário produtor de café.

O segundo ciclo elevou a produção anual de 70.000 sacas para 1,5 milhão, durante o período da segunda conflagração mundial.

Nesse ciclo, vimos nascer a Costa do Marfim e vimos Madagascar crescer ainda mais.

O terceiro ciclo do café na África francesa teve início mais ou menos em 1953 ou 1954, como consequência dos altos níveis de preços que já havia atingido o café em 1950. Esse ciclo está em pleno desenvolvimento.

Acreditamos que devemos esperar um crescimento ainda maior da importância da Costa do Marfim e de Madagascar, apesar das dificuldades encontradas pela política colonial francesa.

O gráfico 7 ilustra esses fenômenos.

A CONCORRÊNCIA DEPOIS DA II GUERRA MUNDIAL

Os dois fatores que apontamos, modificação dos preços relativos do café e dificuldades de pagamentos, explicam perfeitamente o desenvolvimento da concorrência depois da II Guerra Mundial. Devido ao aumento espetacular dos preços do café a partir de 1949, parece fora de dúvida que o primeiro fator é a principal variável na explicação daquele desenvolvimento.

O quadro 37, na página 155, dá uma ideia da modificação dos preços internacionais de uma série de produtos da agricultura tropical, os quais, em medida maior ou menor (determinada pelas condições mesológicas próprias para cada cultura), são concorrentes do café no que se refere à disponibilidade de terras e mão de obra e que, portanto, podem ser alternativamente plantados.

GRÁFICO 7
ÁFRICA FRANCESA
– EXPORTAÇÃO –

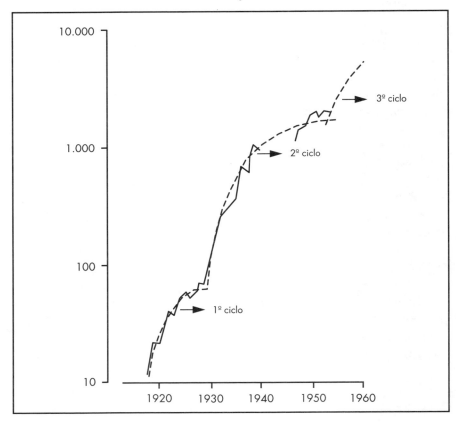

Como se verifica, desde o término da guerra, a agricultura cafeeira tem tido um desenvolvimento muito mais favorável de preços do que a dos demais produtos. Dessa maneira, a melhor aplicação alternativa possível dos recursos dos países latino-americanos e das colônias africanas seria na expansão das lavouras de café.

Diante desses números, não é de se estranhar que quase todos os países latino-americanos, tendo condições para tanto, tenham ampliado de maneira importante a sua cultura cafeeira. A única exceção é constituída pela Venezuela, onde os fatores de produção têm que competir com a exploração petrolífera.

QUADRO 37
ÍNDICE DO PREÇO DE ALGUNS PRODUTOS AGRÍCOLAS
NO MERCADO INTERNACIONAL (1948 = 100)

Produtos	1950	1951	1952	1953	1954	1955	1956
Algodão	107	123	114	97	100	100	100
Fumo	108	118	115	114	117	116	120
Banana	100	100	98	99	100	100	101
Açúcar	106	109	113	113	109	108	110
Cacau	80	89	89	93	145	94	68
Arroz	72	82	88	90	74	83	70
Borracha	89	278	174	110	107	178	157
Chá	81	85	83	87	122	130	85
Café	202	213	216	236	327	229	230

Fonte: *International Financial Statistics*, FMI.

Para compreender-se melhor o fenômeno, é importante considerar-se que, em 1948, o preço do café já se havia, em boa parte, recuperado dos baixos níveis em que permaneceu de 1935 a 1945. Dessa maneira, foi enorme o estímulo à produção em todas as áreas onde era possível essa cultura. No Brasil, o preço do café, em moeda nacional, cresceu quase cinco vezes entre 1948 e 1956, gerando uma estrutura cafeeira capaz de proporcionar safras da mesma magnitude das que tivemos no fim da década de 1920.

Essas circunstâncias explicam o grande desenvolvimento da cultura cafeeira nos últimos anos. A partir do fim da II Guerra Mundial, uma parcela considerável de fatores de produção dos países de agricultura tropical foi sendo desviada dos outros produtos de exportação (e mesmo da agricultura de subsistência) para o café.

Esse fenômeno pode ser ilustrado pelo mais importante evento ocorrido no mundo cafeeiro desde a II Guerra Mundial, que foi a rápida ascensão da África, que passou de uma posição insignificante, na década de 1920, para quase 1/4 da produção mundial, em 1956. Se considerarmos o período que se iniciou em 1930, praticamente o primeiro em que a exportação do Continente Negro ultrapassou um milhão de sacas, o progresso da produção africana foi o que se verifica no quadro 38.

Ao contrário do que frequentemente se pensa, o progresso do consumo do café africano não se fez somente no mercado europeu (particularmente

QUADRO 38
PERCENTAGEM COM QUE CONCORREM PARA A EXPORTAÇÃO MUNDIAL

Exportadores	Média 1930-39	Média 1946-52	1953	1954	1955	1956
Brasil	56	52	45	38	41	44
Colômbia	13	17	19	20	17	13
África	7	14	15	20	21	22
Outros	24	17	21	22	21	21

Fonte: Bureau Pan-Americano do Café. *Coffe Statistics*.

nos mercados metropolitanos), mas também no mercado norte-americano. De fato, e com surpresa para as próprias metrópoles, o café "robusta", que não possui sabor mas produz uma bebida de bastante corpo, vem conseguindo melhorar consideravelmente a sua posição no mercado norte-americano, como se vê no quadro abaixo:

QUADRO 39
IMPORTAÇÃO DE CAFÉS AFRICANOS PELOS ESTADOS UNIDOS
(EM 1.000 SACAS)*

Origem	Média 1930-39	Média 1946-52	1953	1954	1955	1956
África francesa	16	11	3	284	276	521
África portuguesa	22	309	628	510	563	793
África inglesa	111	99	148	209	538	460
Áfriga belga	8	135	207	169	388	390
Total da África	165	661	1.467	1.537	2.245	2.491

Fonte: Bureau Pan-Americano do Café. *Coffe Statistics*.
* No quadro acima estão incluídas algumas parcelas de cafés *milds*.

O grande avanço verificado depois da II Guerra Mundial elevou de maneira significativa a receita de dólares das metrópoles. Assim, Portugal viu sua receita anual subir de menos de 200 mil dólares, em média, antes da guerra, para quase 12 milhões, em média, entre 1946 e 1952, e atingir, em 1956, a casa dos 33 milhões de dólares. A França passou de uma receita média anual de 250 mil dólares, antes da guerra, para 20 milhões, em 1956. E a Inglaterra passou da média de um milhão de dólares, por ano, para 27 milhões. Não menos espetacular foi a melhoria da receita da Bélgica, que passou de menos de 100 mil dólares, antes da guerra, para 26 milhões, em 1956.

A aceitação do café africano no mercado dos Estados Unidos deverá constituir, daqui para a frente, um dos mais poderosos estimulantes para a expansão da sua cultura no Continente Negro. As metrópoles europeias têm atrás de si muitos séculos de experiência comercial e seria ingênuo esperar-se que elas não procurem tirar agora todo o proveito possível dessa fonte potencial de rendimento. Daqui para a frente, as metrópoles dedicarão cada vez maior atenção para a cultura cafeeira na África, não só por razões de ordem econômica como também social, uma vez que uma parcela muito importante do bem-estar colonial dependerá, no futuro, em boa parte, da sua cafeicultura. O interesse metropolitano se explica ainda por duas ordens de razões: em primeiro lugar, as diferenças entre os preços do café e os dos demais produtos da agricultura tropical nunca foram tão elevadas e tão persistentes e, em segundo lugar, pensamos que, até recentemente, nem mesmo as próprias metrópoles tinham percebido a possibilidade de colocação do café "robusta". Até há alguns anos, era frequente encontrarmos em manifestações de técnicos (inclusive franceses e ingleses) opiniões francamente pessimistas quanto às possibilidades de colocação, no mercado norte-americano, de um eventual excesso de produção africana. Acreditava-se que o consumo do "robusta" possuía um teto muito baixo, que seria facilmente atingido se a taxa de crescimento da produção fosse acelerada. Esse fato não impedia, como é evidente, o estímulo à produção de café na África, mas a verificação da impossibilidade de ampliar-se a produção do café "arábica" fora de pequenas áreas (no Kenya, Tanganica, Congo, Camerum etc.) colocava o objetivo máximo da cultura cafeeira no suprimento do mercado metropolitano. Isso quer dizer que as metrópoles viam o café não como um ativo produtor de dólares, mas como uma indústria de substituição de importações. O bom êxito do café africano no mercado dos Estados Unidos mudou essa perspectiva e acreditamos que a concorrência africana tornar-se-á cada vez mais estreita e acirrada.

Esse fato deveria exercer uma profunda modificação nos nossos hábitos de pensar sobre o café. É preciso que nos convençamos desde já que teremos de enfrentar um novo concorrente, em muitas condições diferente dos que tínhamos até agora.

Um pouco de reflexão mostra algumas das novas facetas dessa concorrência. De um lado, não vamos nos defrontar, no mercado, com outros países subdesenvolvidos e cujos métodos de comercialização são tão primitivos quanto os nossos. Daqui para a frente, teremos que enfrentar países que comerciam intensamente há pelo menos três séculos e cuja arte de comerciar percorreu toda uma gama, desde a imposição brutal de seus produtos pela força até a persuação mais engenhosa. De outro, e este é um aspecto muito importante, não teremos mais que concorrer com países que dependem vitalmente das exportações de café, para manterem a sua taxa de desenvolvimento econômico. As necessidades de dólares por parte das colônias são pequenas e o seu desenvolvimento se faz através da acumulação de capitais pela metrópole. No orçamento cambial das metrópoles, o valor das exportações de café será muito pequeno, o que lhes dará maior liberdade de ação. Além do mais, durante muito tempo ainda, cada uma dessas metrópoles não será suficientemente importante para modificar o preço internacional do produto e poderá considerar o preço do mercado formado em relação ao Brasil e à Colômbia como um dado do problema, o que lhe permitirá adotar, em cada momento, a estratégia mais conveniente de preço. Isso quer dizer que, se a África francesa aumentar a sua produção de 10%, por exemplo, o preço internacional do café não sofrerá alterações. Como, por outro lado, o preço do "Costa do Marfim Corrente" está diretamente ligado ao preço do Vitória 7/8, basta que a metrópole, através de suas agências de comercialização, o ofereça a preço ligeiramente abaixo do nosso para que consiga vender toda a sua safra e, assim, aumentar a sua receita de dólares.

Dentro do modelo de explicação da realidade, que utilizamos para mostrar o crescimento da concorrência, o peso da explicação recai sobre três variáveis estratégicas: a) os elevados preços do café; b) a persistência de uma diferença muito acentuada entre os preços do café e os preços internacionais de produtos de cultura alternativa e c) as dificuldades de pagamentos internacionais. As duas primeiras variáveis não são, evidentemente, independentes. É fácil verificar-se que, a não ser quando os movimentos do preço do café são determinados pelas flutuações da conjuntura (caso em que os preços de todos os produtos tendem a variar no mesmo sentido), existe uma correlação muito forte entre os movimentos do preço do café e os movimentos dos preços relativos, o que quer dizer que, quando os preços sobem autonomamente (por razões de oferta e procura do próprio produto), as disparidades entre os preços do café e os dos demais produtos da agricultura tropical tendem a crescer e vice-versa. É por essa razão que, em geral, pode-se simplificar a análise e trabalhar-se somente com o preço do café.

Contra o fato de se apontar os aumentos dos preços do café como uma das causas principais do desenvolvimento da concorrência africana, tem sido, entretanto, levantada uma crítica que, se verdadeira, poderia alterar completamente as perspectivas de crescimento daquela concorrência. Mais de uma vez tem sido afirmado que ao contrário do que se poderia esperar, a produção africana para exportação não cresce na razão direta do incentivo dos preços altos, mas sim na razão inversa. Essa hipótese afirma que os africanos tendem a reagir, com uma redução da produção, aos estímulos provenientes dos aumentos de preços. Em outras palavras, existiria um montante mais ou menos fixo de dinheiro que os nativos consideram como o necessário para manter o seu atual padrão de vida, de maneira que, se os preços descem, eles são forçados a colher mais cuidadosamente o seu café e aumentam a sua produção; ao contrário, se os preços sobem, eles podem colher menos e a produção total diminui.

Toda a literatura africana não se cansa de afirmar que, até hoje, o negro não se acostumou ao trabalho diário e continuado. Ao que parece, de todas as metrópoles somente Portugal conseguiu dar uma solução mais ou menos satisfatória para esse problema. Todos sabem que o tipo de colonização portuguesa é diferente dos demais e que o português se integra e se ajusta ao meio cultural para o qual se transferiu. Além do mais, estabeleceu ele um inteligente sistema punitivo, pelo qual o negro que não possui lavoura própria é obrigado a trabalhar, como assalariado, nas grandes fazendas, durante determinado período por ano. Todas as metrópoles, entretanto, em escala maior ou menor, têm que enfrentar o problema crucial da falta de mão de obra e da resistência cultural do negro ao trabalho.

Dentro dessa hipótese, o negro teria um horizonte econômico muito estreito, de maneira que a elevação dos preços do café o induziria a trabalhar menos. Como é claro, trata-se de uma generalização de premissa relativamente evidente e que é frequentemente utilizada na teoria dos salários. Considerado um indivíduo, entende-se facilmente que não é, em geral, possível prever-se a sua reação diante de um aumento do seu salário, porque ela será a resultante de dois tipos contraditórios de ação. Se, de um lado, a elevação do salário representa um pagamento melhor do seu esforço e pode induzi-lo a trabalhar mais, de outro, ela representa a possibilidade de gozar o mesmo nível de rendimento real trabalhando menos, o que pode induzi-lo a optar por essa alternativa. Nessas circunstâncias, é impossível prever-se qual das duas tendências prevalecerá e se um aumento de salário induzirá o indivíduo a trabalhar mais ou a trabalhar menos. É, entretanto, claro que, se as necessidades que o trabalhador satisfaz com o seu rendimento monetário são relativamente pequenas e não mostram grande dinamismo (condições que aparentemente se verificam para o negro africano), é muito possível que uma elevação do salário (no caso, dos preços do café), o induza a trabalhar menos.

Ainda quando o argumento seja plausível para o indivíduo, daqui não se segue que, necessariamente, a curva da oferta total de trabalho tenha a mesma conformação. No caso africano, é possível encontrar-se dois tipos de objeção ao argumento, para os quais ele não representa explicação satisfatória.

Em primeiro lugar, é preciso lembrar-se que a produção cafeeira na África é realizada segundo dois sistemas, em larga medida estanques. De um lado, temos a cultura indígena, realizada em pequeníssimas propriedades e, nas quais, o trabalho negro é quase que exclusivamente o de colheita. O café colhido em cereja é depois vendido a intermediários, que percorrem as diversas regiões do país, e é beneficiado em usinas localizadas nos grandes centros. Ao lado dessa cultura primitiva, temos a moderna agricultura europeia, de grande extensão, que geralmente é importante na produção total.

Dentro da própria agricultura negra, é preciso distinguir-se o negro mais integrado no sistema de vida ocidental (como é o caso da Costa do Marfim) e numa economia monetária e cujos valores já se aproximam muito mais do branco normal e registra, portanto, uma expansão constante em suas necessidades, do negro menos influenciado pela civilização (como é o caso, por exemplo, da Etiópia). Os primeiros, dada a própria condição de necessidades crescentes, devem responder positivamente aos estímulos derivados dos aumentos de preço do café. No fim, entretanto, são esses negros e a grande agricultura que pesam na balança, pois a produção realizada nas regiões mais atrasadas da África tem uma importância relativamente pequena.

Em segundo lugar, a elevação dos rendimentos dos africanos deve aumentar a sua eficiência para o trabalho e deve exercer um efeito positivo no sentido do aumento da produtividade, o que deve compensar uma parte da diminuição do esforço.

Não negamos a possibilidade de o comportamento do africano determinar uma curva de oferta de trabalho que se inverta rapidamente, isto é, de que acima de determinado rendimento (relativamente baixo devido ao seu nível cultural), ele reaja a novos aumentos dos preços do café com uma redução do seu trabalho. O ponto importante a se discutir, entretanto, não é esse, mas o de saber-se se a *produção africana* tende a se comportar da mesma maneira.

Ora, é inteiramente evidente que não é esse o caso, como claramente o demonstra o grande progresso da produção africana posterior à II Guerra Mundial. No período 1929-30 a 1938-39 (período de preços baixos), a produção exportável africana não passou de 1,9 milhão de sacas, em média, por ano, para atingir, no período 1946-47 a 1953-54 (período de preços altíssimos), nada menos do que 5,4 milhões de sacas.

A CONCORRÊNCIA COM O CAFÉ SOLÚVEL

Com relação à concorrência dos cafés africanos, existe ainda outro problema que pensamos nunca ter sido abordado. Se considerarmos o *Economic report of the investigation of coffee prices*, da Federal Trade Commission, de 1954, verificaremos que os torradores de café funcionam com custos decrescentes, ou seja, que existem ganhos de dimensão na indústria de torrefação e que aquelas empresas, que produzem anualmente mais de 20 milhões de dólares, têm um custo de torrefação e moagem bastante inferior àquelas que produzem menos de um milhão de dólares por ano. Em 1953, por exemplo, os custos médios das empresas situadas naquelas duas categorias eram distribuídos conforme o quadro 40.

Com base nesse cálculo e conhecendo-se o comportamento de cada um dos setores do mercado, é possível determinar-se diretamente a relação entre o preço de importação do café (p_i) e o seu preço no varejo. O café passa por três estágios antes de chegar das mãos do importador às mãos do consumidor. O importador recebe o seu café por p_i e, em geral, vende-o ao torrador com uma margem de 5%, destinada a cobrir os seus custos e lucro. O torrador, portanto, recebe o seu café por $p_i(1,05)$. O torrador tem, entretanto, duas espécies de custos. Em primeiro lugar, no processo de torração, o café perde peso, de maneira que são necessárias cerca de 1,17 libra-peso de café verde para produzir uma libra de café torrado. Em segundo lugar, o torrador tem as despesas mais ou menos fixas que vimos há pouco. Por outro lado, como os grandes torradores são as firmas dominantes, temos que o custo do café no atacado deve ser da ordem de

$$1,17(1,05)p_i + 12.$$

QUADRO 40

Especificação	Empresas que vendem anualmente	
	menos de US$ 1.000.000	mais de US$ 20.000.000
	(em cents/libra-peso)	
Mão de obra direta	2,67	0,51
Custo indireto	1,84	1,30
	4,51	1,81
Material para empacotamento	2,36	5,50
	6,87	7,31
Propaganda	1,03	1,71
Prêmios	0,17	0,09
Gastos de venda	6,16	1,52
Gastos gerais de administração	3,86	0,88
Total	18,09	11,51

Podemos obter da seguinte maneira uma confirmação indireta dessa curva de custo do café para os torradores em função do preço do produto na importação. Aceitemos, para argumentar, que, de fato, $1,17(1,05)p_i + 12$ é a curva de custo. Como os pequenos produtores continuam a prosperar, isso significa que a margem de lucro adicionada é, pelo menos, igual à diferença entre os custos dos operadores mais eficientes e dos menos eficientes, e que é da ordem de 6,5 cents/libra-peso. A curva de venda dos torradores seria, portanto, da ordem de

$$1,17(1,05)p_i + 19.$$

Os varejistas, por sua vez, tendem a acrescentar uma percentagem fixa da ordem de 10% sobre o seu custo, para determinarem o preço de venda ao consumidor (p), o que nos dá a seguinte função:

$$p = 1,35p_i + 21.$$

Se nossas hipóteses forem corretas, deveremos poder estimar o preço no varejo em função do preço de importação. Essa função pode ser testada contra a realidade, porque temos informações sobre p e sobre p_i. O cálculo apresenta alguma dificuldade, principalmente porque o progresso da inflação altera a parcela dos custos fixos. Como, entretanto, a inflação norte-americana do pós-guerra foi relativamente pequena, quando comparada com o movimento dos preços do café, os dados da observação devem ser descritos com bastante aproximação pela função que construímos. Consideremos a tabela a seguir:

QUADRO 41
Preços do café nos Estados Unidos
(em cents por libra-peso)

Anos	Importação	Varejo
1947	24,0	46,9
1948	25,1	51,4
1949	27,2	55,4
1950	44,7	79,4
1951	50,5	86,8
1952	51,3	86,8
1953	52,7	89,2
1954	65,7	110,8
1955	52,2	93,0
1956	51,2	96,6

Fonte: Relatórios do Bureau Pan-Americano do Café.

O gráfico 8 mostra que os pontos obedecem, com aproximação razoável, a função deduzida. Notemos que os maiores desvios sistemáticos se realizam nos primeiros anos do pós-guerra, enquanto ainda perduravam os controles. A partir desse período é que a inflação se manifestou mais fortemente. O coeficiente angular é menos influenciado pelo desenvolvimento da inflação do que o intercepto da reta, de maneira que podemos construir a regressão de p sobre p_i e testar a hipótese de que ele vale 135.

Usando-se S_{pip} para designar-se as somas dos produtos dos desvios com relação à média, temos:

$$S_{p_i p_i} = 1.799,02$$
$$S_{pp} = 4.088,04$$
$$S_{p_i p} = 2.685,46$$

de onde tiramos imediatamente

$$p = 13,25 + 1,493 p_i.$$

Uma análise de variância revela que as variações de p_i praticamente explicam todas as variações de p:

QUADRO 42

Fonte de variação	Soma de quadrados	Graus de liberdade	Quadrado médio	F
Regressão	4.009,39	1	4.009,39	427,4++
Resto	78,65	8	9,83	
Total	4.088,04	9		

Com esses resultados, obtemos a estimativa

$$var\ (b) = 5.464 \times 10^{-6},$$

que nos permite construir o intervalo de confiança de 99% para o coeficiente angular $1,245 \leq \beta \leq 1,741$. Nessas condições, não existe razão para se rejeitar a hipótese nula $\beta = 1,35$.

Infelizmente, as informações de que dispomos para determinar os custos de produção do café solúvel são mais precárias. O mesmo relatório nos fornece, entretanto, os dados apresentados pelas maiores empresas de café solúvel. Esses custos são os seguintes, por libra-peso de café torrado:

Mão de obra direta	4,3 cents
Custo indireto	11,6 cents
	15,9 cents
Material para empacotamento	18,9 cents
	34,8 cents
Propaganda	45,1 cents
Gastos de venda	13,1 cents
Gastos gerais de administração	14,6 cents
Total	107,6 cents

Sabe-se, por outro lado, que são necessárias 3,65 libras-peso de café verde para produzir uma libra-peso de café solúvel, de maneira que a curva de custo do solúvel é dada por

$$3,65(1,05)p_i + 108.$$

Podemos, portanto, considerar como custo médio de uma libra-peso de café regular (c_r) e custo médio de uma libra-peso de café solúvel (c_s) em termos do custo de importação do café verde, as seguintes funções:

$$c_r = 1{,}23p_i + 12$$

$$c_s = 3{,}83p_i + 108$$

GRÁFICO 8
PREÇO DE IMPORTAÇÃO
E VAREJO

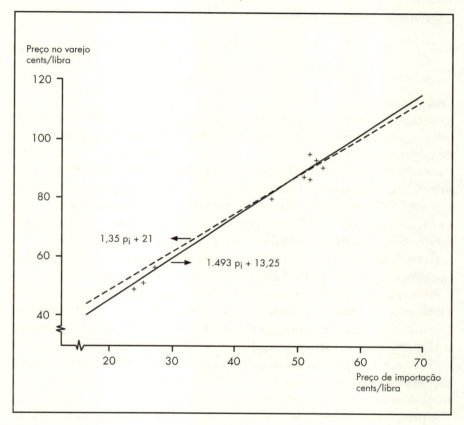

Essas duas funções não são, entretanto, comparáveis, porque a experiência tem mostrado que uma libra-peso de café regular produz cerca de 63 xícaras e uma onça de café solúvel produz 15 xícaras de café de determinado teor. Temos, portanto, que com uma libra de solúvel obtém-se cerca de 240 xícaras de café. A relação de rendimento entre o regular e o solúvel, portanto, é de 1:4. Para tornar-se comparáveis as funções, basta dividir-se c_s por 4 e se obtém:

$$c_s = 0,96p_i + 27.$$

Podemos ter uma ideia da magnitude do lucro dos empresários se compararmos as funções assim obtidas, uma vez que o preço no varejo de uma libra-peso de café regular e de uma libra de solúvel equivalente deve ser o mesmo.

Comparando-se as duas funções

$$c_r = 1,23p_i + 12$$

$$c_s = 0,96p_i + 27,$$

verificamos que:
a) para p_i = 55 cents por libra-peso, os dois custos são iguais a 80 cents/libra-peso. A esse preço de importação, o preço no varejo é da ordem de 95 cents/libra-peso;
b) para p_i menor do que 55 cents por libra-peso, o custo do regular é menor do que o do solúvel. Para p_i = 35 cents, por exemplo, temos c_r = 55 e c_s = 61. A diferença entre os custos é, portanto, da ordem de 10%;
c) para p_i maior do que 55 cents por libra-peso, o custo do solúvel é menor do que o regular. Para p_i = 65, por exemplo, temos c_r = 92 e c_s = 89.

É claro que a função de custos que obtivemos depende do nível de conhecimentos tecnológicos (principalmente no que se refere ao empacotamento) e do nível de propaganda. Essas conclusões, entretanto, indicam claramente que, numa batalha de preços, o solúvel deverá levar séria desvantagem com relação ao regular, porque ou diminui o nível de sua propaganda e seus progressos ficarão ameaçados, ou leva uma desvantagem de preço.

Em longa duração, por outro lado, os torradores de café regular obterão lucros maiores e isso ativará a transferência de capitais do setor de produtores de solúvel.

A principal vantagem do "robusta" é na produção de café solúvel e as conclusões anteriores mostram que é justamente a produção desses cafés a que será mais prejudicada, na medida em que diminuir o nível de preços de importação. Esse fato reforça, portanto, a indicação de que uma redução dos preços de nossos cafés poderia beneficiar-nos, em detrimento dos africanos.

CAPÍTULO 5

UM MODELO DO MERCADO CAFEEIRO

Introdução

Nosso objetivo, no presente capítulo, é estudar a curva de oferta do café e o mecanismo de equilíbrio no mercado internacional. Vamos construir um modelo utilizando hipóteses simplificadoras, mas que não se afastam muito da realidade.

Chamemos de $c(t)$ o número de cafeeiros plantados no início do ano t. O pé de café somente se torna completamente adulto depois do seu quinto ano. A partir do seu quarto ano, entretanto, a árvore já produz uma quantidade apreciável de frutos. Dessa maneira, pode-se considerar cafeeiro adulto aquele que possui quatro anos ou mais. Se fixarmos um t, somente serão adultos os cafeeiros ainda vivos e plantados até o ano t-4. É preciso considerar-se, por outro lado, que a produtividade do cafeeiro não é uniforme (ela varia com a idade e com a variedade), registrando um crescimento até mais ou menos o primeiro ano de vida da planta e decaindo, depois, com maior ou menor rapidez, em função não somente da qualidade da terra mas também dos tratos culturais que recebeu.

Vamos chamar de $f_1(t)$ a percentagem dos cafeeiros plantados no início do ano O (a origem convencional do tempo) e sobreviventes no início do ano t. Em outras palavras, $f_1(t)$ é a curva de sobrevivência dos cafeeiros. Chamemos de $f_2(t)$ a função que dá a produção de café comercial por pé de café com t anos. Essa função se obtém facilmente descontando-se da produção de café em coco a percentagem devida à secagem no terreiro e levando-se em conta a "renda". Temos, portanto, que o número de pés de café adultos no ano t é dado por:

$$C(t) = \sum_{4}^{w} C_{t-i} f_1(i),$$

onde w é a idade máxima do cafeeiro.

A produção desses cafeeiros no ano t será, portanto, dada por

$$s(t) = \sum_{4}^{w} C_{t-i} f_1(i) f_2(i).$$

Não existe nenhuma experiência de campo capaz de nos fornecer indicações sobre f_1 e f_2. Aparentemente, f_1 pode ser aproximada pela função $f_1(t) = 1 - 0{,}25\,t$, que fornece uma taxa de mortalidade anual de 2,5%, o que dá para w o valor máximo de 40 anos. É esse o critério utilizado para o cálculo de custo. É preciso notar-se, entretanto, que a reconstituição das chamadas "falhas" do cafezal é para o agricultor talvez menos um problema econômico do que um problema de honra profissional. Nenhum agricultor que se preze permite a generalização das falhas e providencia a substituição, mesmo que seja somente por questão estética. Seria possível, portanto, deixar-se de considerar $f_1(t)$ sem produzir erros apreciáveis no resultado final.

Com relação a $f_2(t)$, entretanto, não existe informação alguma, a não ser dados de laboratório e algumas contabilidades de fazendas muito bem cuidadas e que, por isso mesmo, não podem ser utilizadas para a sua construção. A determinação de $f_2(t)$, que podemos chamar de curva de produtividade do cafeeiro, foi tentada agora por um grupo de trabalho Fao-Cepal. Observações que levamos a efeito com alguns dados conhecidos (de fazendas excepcionalmente bem organizadas) nos permitem concluir que o produto $f_1(t) f_2(t)$ poderá ser aproximado, com bastante precisão, por um polinômio de quarto grau. Para simplificar-se a exposição, vamos chamar esse produto de $f(t)$.

A OFERTA E A PROCURA NO MERCADO CAFEEIRO

O volume da produção de café em determinado momento não depende exclusivamente do quadro cafeeiro, mas também está condicionado por uma alteração entre ano mais produtivo e ano menos produtivo, em consequência do processo de colheita, do comportamento da própria árvore e das condições climáticas. Esses fatores tornam possíveis divergências bastante profundas entre safras produzidas por um mesmo quadro cafeeiro. É assim que a coincidência de fatores favoráveis pode chegar a dobrar a safra produzida por um mesmo quadro cafeeiro. A oscilação de dois anos pode ser aproximada por uma função do tipo $k\,(-1)^t$. Seria possível, por outro lado, introduzir-se um fator de correção, devido às variações climáticas: $m(t)$. A produção de café num determinado ano seria, então, dada pela seguinte expressão:

$$S_t = k\,(-1)^t\,m(t) \sum_4^W c_{t-i} f(i).$$

Notemos que, na medida em que o Brasil perde a sua importância no mercado cafeeiro mundial, tanto a expressão

$$k\,(-1)^t$$

como $m(t)$ tendem a influir cada vez menos na oferta mundial, porque quando a produção se espalha geograficamente, as oscilações climáticas tendem a se compensar. É possível, portanto, sem nos afastarmos muito da realidade, supor-se que a produção total de café no ano t é dada simplesmente por

$$S_t = \sum_4^W C_{t-i} f(i).$$

Por outro lado, a procura de café por parte dos consumidores no ano t pode ser quase completamente explicada pelo preço do café no ano t e pelo nível de rendimento (Delfim Netto, 1955). Teríamos, então,

$$D_t = a + bp_t + cR_t,$$

onde D_t é a quantidade consumida, p_t o preço no ano t e R_t o nível de rendimento dos consumidores no ano t. A longo prazo, muda não somente a população consumidora (N_t), como a sua composição por idade, o que influi de maneira importante no nível global do consumo. Uma aproximação da curva de procura global seria, portanto:

$$D_t = a + bp_t + cR_t + dN_t.$$

Nos capítulos anteriores, mostramos que existe clara evidência de que os operadores do mercado funcionam como uma espécie de *buffer-stock*, procurando aumentar as suas compras quando as perspectivas eram de alta e reduzindo-as quando as perspectivas eram de baixa.

Existe, portanto, além da curva de procura dos consumidores, uma procura de especulação, que depende das expectativas dos operadores com relação aos preços, ou seja, depende de uma componente que pode ser aproximada por um termo do tipo

$$e\,(\hat{p}'_{t+1} - p'_t),$$

onde e é um parâmetro positivo, p'_t é o preço do café verde e p'_{t+1} é o preço estimado. Notemos que, quando o importador ou o torrador especula, ele o faz com café verde, procurando ganhar mais ou perder menos na política de compra. Já vimos que existe uma estreita relação linear entre p'_t e p_t que se explica porque: a) existe uma perda constante na torração, que é da ordem de 16 a 17%, e b) os demais custos (empacotamento, invólucro, mão de obra etc.) são aproximadamente constantes por libra de café.

Podemos, portanto, escrever

$$p'_t = f + r p_t$$

e a componente de especulação pode ser expressa por

$$er\,(\hat{p}_{t+1} - p_t).$$

A procura global de café no ano t é, portanto, do tipo

$$D_t = a + b p_t + c R_t + d N_t + er\,(\hat{p}_{t+1} - p_t).$$

Do ponto de vista estatístico, podemos combinar $(b-eg)p_t$ e ficar com uma componente em p_{t+1}. É preciso chamar-se a atenção para o fato de que p_t não é um preço realizado, mas um preço esperado, que depende das informações disponíveis e do estado geral da conjuntura. Sabemos que existe um certo grau de colinearidade entre p_t e R_t, porque R_t representa, de fato, um deslocamento para cima ou para baixo da curva de procura, que, *ceteris paribus*, produz uma modificação no mesmo sentido em p_t. A ligação entre p_{t+1} e R_t deve, entretanto, ser muito mais estreita, pois as expectativas dos operadores dependem do estado presente da conjuntura. Por outro lado, a experiência com os ciclos econômicos mostra que a expectativa dos operadores possui uma certa inércia, que tende a conservar o movimento dos preços no mesmo sentido: quando os preços estão baixando, os operadores esperam sempre novas baixas e, quando estão subindo, eles sempre esperam novas altas. Pensamos, portanto, que seria possível aproximar $\hat{p}_{t+1}$ por uma expressão do tipo $p_t + k\,(p_t - p_{t+1})$. Dentro dessa hipótese, o operador estima o preço futuro em termos da modificação dos preços no passado próximo. A constante k deve ser positiva, para aproximar a inércia das expectativas.

Com essas observações, teríamos a seguinte expressão para a procura global do café no ano t:

$$D_t = a + (b + ker)\,p_t - kerp_{t-1} + cR_t + dN_t. \qquad (1)$$

Se o mercado cafeeiro fosse inteiramente livre, o preço de equilíbrio, em cada ano, se fixaria de forma a igualar oferta e procura naquele ano, ou seja, $D_t = S_t$.

Do lado da oferta, mostramos até agora apenas que ela é do tipo

$$S_t = \sum_{4}^{W} C_{t-1}\,f(i),$$

mas nada dissemos a respeito de c_t, isto é, do número de pés plantados no ano t. A variável c_t representa a resposta dos cafeicultores aos estímulos (positivos ou negativos) derivados das flutuações dos preços do produto. É praticamente impossível saber-se qualquer coisa sobre ela, porque o Brasil não possui sequer uma estimativa correta do número de pés de café em qualquer ano e o conhecimento de c_t implica conhecer-se o número de novos pés plantados a cada ano. Quando estiver pronto o levantamento que está sendo levado a efeito pelos técnicos da Fao e Cepal, deverá ser possível estimar-se c_t, pois serão conhecidos o número de cafeeiros existentes num ano e a sua distribuição por idade. Com essa informação e com a curva de mortalidade, não será difícil estimar-se, de maneira razoável, o número de pés plantados a cada ano.

Aqui também nos auxiliará a análise histórica que realizamos. Verificamos que geralmente, quando os preços subiam dentro de quatro ou cinco anos, a oferta tendia a se elevar, o que mostra que c_t responde a p_t. Por outro lado, vimos que a oferta tendia a se avolumar à medida que persistia a alta de preços ou que ela se acentuava. Esse fato pode ser explicado pelo mecanismo de expectativa que utilizamos para os compradores. Quando os preços estão subindo, o agricultor espera que eles continuem assim (o mesmo acontece quando estão baixando). Dessa maneira, c_t também responde a p_{t-1}. Vimos, anteriormente, que uma das variáveis mais importantes para explicar-se o crescimento da concorrência eram as divergências existentes entre os preços do café e os preços de todos os outros produtos que poderiam ser cultivados alternativamente. A variável c_t responde, portanto, a variações em $T_t = p_t/A_t$, onde A_t é uma média dos preços dos produtos alternativos.

Na análise histórica, tivemos oportunidade de apreciar a disputa de fatores que se estabeleceu entre o algodão e o café, por ocasião da Guerra de Secessão, nos Estados Unidos. Entre esses dois produtos, a competição é bastante grande, pois existe a possibilidade, quando as relações de preços são favoráveis, de plantar algodão entre as ruas do cafezal. Não se discute aqui o aspecto agronômico do problema e as consequências dessa atitude para a cultura perene, mas simplesmente se mostra uma possibilidade econômica de melhor aplicação alternativa dos disponíveis fatores de produção.

Dentro dessas considerações, podemos aproximar a função c_t por

$$c_t = n + gp_t + hp_{t-1} + mT_t$$

e a curva de oferta do café é dada por

$$S_t = \sum_{4}^{w} (n + gp_{t-i} + hp_{t-i-1} + mT_{t-i})f_i \qquad (2)$$

onde usamos a notação mais cômoda, f_i para $f(i)$.

Num mercado inteiramente livre, portanto, a equação que descreve o caminho dos preços de equilíbrio é dada igualando-se (1) e (2), ou por

$$a + (b + ker)p_t - kerp_{t-1} + cR_t + dN_t =$$
$$= \sum_{4}^{w} (n + gp_{t-1} + hp_{t-i-1} + mT_{t-1})f_i \qquad (3)$$

equação a diferença linear, não homogênea, de ordem $(w + 1)$. Essa equação mostra que, de fato, o preço do café no ano t depende, não somente da posição das variáveis exógenas em t - R_t, N_t e T_t, mas de todos os preços, de p_{t-1} até p_t - $(w + 1)$, onde w é a idade máxima do cafeeiro. Estamos, portanto, em presença de um sistema largamente hereditário, em que o passado determina o presente e, no qual, as variáveis exógenas representam o papel de impulsos novos sobre a história. Não é possível discutir-se as condições de estabilidade da equação (3), principalmente porque se desconhece a magnitude dos parâmetros.

A ESTABILIDADE DO EQUILÍBRIO

Notemos, entretanto, que é possível realizar-se certas hipóteses simplificadoras, que nos permitirão avaliar a natureza da solução no caso mais favorável, no sentido de que a solução mais geral inclui, no mínimo, a solução particular. Na equação (3), podemos deixar as variáveis exógenas no segundo membro e dar-lhes formas particulares, que permitam uma solução explícita da equação a diferença não homogênea. Essa solução será a soma da solução geral da equação homogênea com uma solução particular da equação completa. A solução geral conterá, pelo menos, a solução da equação homogênea, isto é, a solução geral será dada pela solução particular mais alguma coisa, que pode ser uma tendência secular, uma componente oscilatória etc.

O problema da estabilidade das soluções das equações a diferença lineares, homogêneas e de coeficientes constantes foi completamente resolvido por Samuelson (1941), apoiado num trabalho de Routh. Como é claro, para que na solução de uma equação a diferença daquele tipo tenda para um limite constante, quando t assume valores crescentes, é preciso que o módulo de todas as raízes do polinômio associado à sua solução seja menor do que 1.

Aplicando-se a transformação $X = (Z + 1)/(Z - 1)$ aos resultados obtidos por Routh, é possível encontrar-se a condição necessária e suficiente para que todas as raízes do polinômio

$$f(X) = (\frac{Z+1}{Z-1})$$

estejam contidas no círculo unitário, no plano complexo. Samuelson mostrou que, dada a equação

$$f(X) = a_o X^n + a_1 X^{n-1} + a_2 X^{n-2} + \ldots + a_{n-1} X + a_n = 0$$

a condição necessária e suficiente para que, em módulo, todas as suas raízes sejam menores do que 1 é satisfeita quando os coeficientes de

$$f(\frac{Z+1}{Z-1}) = 0$$

satisfizerem as condições de Routh.

Os coeficientes da equação em Z podem ser facilmente calculados em termos dos coeficientes da equação em X pela fórmula

$$b_r = \sum_{i=o}^{n} a_i \sum_{k=o}^{n} \binom{n-i}{r-k} (-1)^k \binom{i}{k}$$

onde $\binom{n}{m} = n!/m! \, (n - m)!$ para n e m maiores ou iguais a zero e $\binom{n}{m} = 0$, para m maior do que n e para m negativo.

As condições de Routh-Samuelson para a estabilidade de solução da equação a diferenças associadas à equação característica $f(X)$ são:
a) b_0 maior do que 0;
b) $D_1, D_2, D_3, \ldots, D_n$ maiores do que zero, onde D_i é o menor principal de ordem i, do determinante

$$D = \begin{vmatrix} b_1 & b_3 & b_5 & b_7 & \cdots \\ b_0 & b_2 & b_4 & b_6 & \cdots \\ 0 & b_1 & b_3 & b_5 & \cdots \\ 0 & b_0 & b_2 & b_4 & \cdots \\ 0 & 0 & b_1 & b_3 & \cdots \\ 0 & 0 & b_0 & b_2 & \cdots \\ 0 & 0 & 0 & b_1 & \cdots \\ \cdot & \cdot & \cdot & \cdot & \cdots \end{vmatrix}$$

As condições anteriores são, portanto:
a) b_0 maior do que 0;
b) b_1 maior do que 0;

c) $D_2 = \begin{vmatrix} b_1 & b_3 \\ b_0 & b_2 \end{vmatrix}$ maior do que 0;

d) $D_3 = \begin{vmatrix} b_1 & b_3 & b_5 \\ b_0 & b_2 & b_4 \\ 0 & b_1 & b_3 \end{vmatrix}$ maior do que 0;

e) $D_4, D_5, \ldots D_n$ maiores do que zero.

Se, para simplificar, supusermos $a_0 = 1$, encontramos imediatamente as seguintes matrizes de transformação dos coeficientes a_i nos coeficientes b_i:
a) se $n = 1$,

$$\begin{bmatrix} b_0 \\ b_1 \end{bmatrix} = \begin{bmatrix} 1 & 1 \\ 1 & -1 \end{bmatrix} \begin{bmatrix} 1 \\ a_1 \end{bmatrix}$$

b) se $n = 2$,

$$\begin{bmatrix} b_0 \\ b_1 \\ b_2 \end{bmatrix} = \begin{bmatrix} 1 & 1 & 1 \\ 2 & 0 & -2 \\ 1 & -1 & 1 \end{bmatrix} \begin{bmatrix} 1 \\ a_1 \\ a_2 \end{bmatrix}$$

c) se $n = 3$,

$$\begin{bmatrix} b_0 \\ b_1 \\ b_2 \\ b_3 \end{bmatrix} = \begin{bmatrix} 1 & 1 & 1 & 1 \\ 3 & 1 & -1 & -3 \\ 3 & -1 & -1 & 3 \\ 1 & -1 & 1 & -1 \end{bmatrix} \begin{bmatrix} 1 \\ a_1 \\ a_2 \\ a_3 \end{bmatrix}$$

d) se $n = 4$,

$$\begin{bmatrix} b_0 \\ b_1 \\ b_2 \\ b_3 \\ b_4 \end{bmatrix} = \begin{bmatrix} 1 & 1 & 1 & 1 & 1 \\ 4 & 2 & 0 & -2 & -4 \\ 6 & 0 & -2 & 0 & 6 \\ 4 & -2 & 0 & 2 & -4 \\ 1 & -1 & 1 & -1 & 1 \end{bmatrix} \begin{bmatrix} 1 \\ a_1 \\ a_2 \\ a_3 \\ a_4 \end{bmatrix}$$

Notemos que, quando $a_0 = 1$, uma condição suficiente para que a solução seja instável é que a soma dos coeficientes da equação seja menor do que zero. Não existe dificuldade para se estender a tabela das matrizes que transformam os coeficientes originais em "coeficientes routhianos" e, portanto, para se aplicar imediatamente as condições de estabilidade mesmo sem se resolver a equação característica.

Infelizmente, não é possível, por enquanto, aplicar-se a teoria anterior, porque não conhecemos o valor dos parâmetros da equação a diferenças que resulta do equilíbrio do mercado.

SOLUÇÃO GERAL DO EQUILÍBRIO

É possível, entretanto, obter-se uma ideia da solução geral, fazendo-se certas hipóteses sobre o comportamento de $f(t)$ e dando-se formas mais simples a D_t e S_t. Consideremos o caso em que as três funções são lineares e de uma única variável:

$$a + bp_t = \sum_4^w (n + gp_{t-i}) f_i. \qquad (4)$$

Notemos que essa equação possui uma solução particular, $p_t = p_0$, onde p_0 vale

$$(n\sum_4^w f_i - a)/(b - g\sum_4^w f_i),$$

se o denominador for diferente de 0, e que será utilizada para encontrar-se a solução geral. Estamos diante de uma equação a diferenças, linear, de ordem w, de coeficientes constantes, não homogênea, cuja solução aproximada pode ser obtida da maneira seguinte.

Se sobre (4) aplicarmos duas vezes consecutivas o operador Δ e rearranjarmos convenientemente os termos, chegamos a

$$(b/g) \Delta^2 p_t = -f_4 \Delta p_{t-2} - f_w \Delta p_{t-w} + \Delta f_4 p_{t-3} -$$
$$- \Delta f_{w-1} p_{t-w+1} + \sum_4^{w-2} \Delta^2 f_i p_{t-i}. \qquad (5)$$

Como, por hipótese, f_i foi aproximada por uma função linear da variável tempo, a sua segunda diferença é nula e, portanto, o somatório é nulo. Por outro lado, f_w e Δf_{w-1} são números pequenos, que, se considerarmos nulos, introduzirão pequenos erros nas raízes da equação. Podemos, portanto, obter uma solução aproximada de (5) resolvendo a equação

$$\Delta^2 p_t + (gf_4/b) \Delta p_{t-2} - (g\Delta f_4/b) p_{t-3} = 0. \qquad (6)$$

Para resolver-se essa equação linear, homogênea, de coeficientes constantes, chamamos de m_1 e m_2 os coeficientes da equação na ordem em que se apresentam e utilizamos a relação $E = \Delta - 1$, onde E é o operador de deslocamento, obtendo-se

$$(E^5 - 2E^4 + E^3 + m_1 E^2 - m_1 E - m_2) p_t = 0. \qquad (7)$$

Dentro do mesmo tipo de raciocínio, deveríamos considerar nula a diferença Δf_4, uma vez que sendo f_1 linear em t todas as primeiras diferenças são constantes e, portanto, se podemos desprezar Δf_{w-1}, não há razão para conservarmos Δf_4. Quando, entretanto, se dispuser de f_i, interessa conservar-se o maior número de termos, pois dessa maneira a aproximação é melhor, principalmente para a determinação do argumento do número complexo, que fixa o período da oscilação.

Outra maneira de se encarar o problema, ainda em um caso particular, seria conservar-se as hipóteses anteriores, mas supor-se $f(i) = mu^i$, onde u é a razão de uma progressão geométrica e menor do que 1. Uma forma mais simples de ataque seria supor-se a existência de um preço de equilíbrio, p_0, que satisfaça a equação (3). Teríamos, então,

$$a + bp_t = m \sum_{4}^{W} (n + gp_{t-i})\, u^i \qquad (8)$$

$$a + bp_0 = m \sum_{4}^{W} (n + gp_0)\, u^i \quad \text{ou}$$

$$b(p_t - p_0) = mg \sum_{4}^{W} (p_{t-i} - p_0)\, u^i.$$

Chamando-se $z_t = p_t - p_0$ e $K = mg/b$, a equação a diferenças pode ser escrita

$$z_t = k \sum_{4}^{W} z_{t-i} u^i.$$

A equação anterior pode ser colocada na forma

$$z_{t+1} - u z_t - k u^4 z_{t-3} + k u^w + {}^1 z_{t-w} = 0,$$

cuja equação característica é

$$x^{t-w} (x^{w+1} - u x^w - k u^4 x^{w-3} + k u^{w+1}) = 0.$$

O número ku^{w+1} será relativamente pequeno e podemos resolver a equação aproximada supondo-o igual a 0. No caso, a solução completa seria muito simples, porque estaríamos diante de uma equação linear de coeficientes constantes. A equação característica reduz-se então a

$$x^4 - u x^4 - k u^4 = 0.$$

Podemos estudar um pouco melhor a solução dessa equação. Se, a título de exemplo, fizermos

$$f_i - 1{,}08(0{,}98)^i$$

e supusermos que $|b|$ é igual a g (hipótese plausível), a equação anterior fica $x^4 - 0{,}98 x^3 + 0{,}99 = 0$, a qual podemos, sem erro sensível, considerar, para facilidade de cálculo, como sendo $x^4 - x^3 + 1 = 0$. Essa equação possui quatro raízes imaginárias. Utilizando-se o algoritmo de Graeffe, encontramos as raízes

$$(1{,}02 \pm 0{,}60i) \text{ e } (-0{,}52 \pm 0{,}67i).$$

A solução geral será, portanto, dada por

$$p_t = p_0 + M_1 (1{,}18)^t (\cos 31°t + N_1) +$$
$$+ M_2 (0{,}85)^t (\cos 128°t + N_2),$$

onde os M e os N são constantes arbitrárias, que se determinam pelas condições iniciais. Essa solução dá para o preço de equilíbrio um caminho com dois ciclos superpostos: um, com período de mais ou menos 12 anos, e outro, com um período de mais ou menos três anos. Nos termos dessa solução, os ciclos de 12 anos tenderiam a aumentar de amplitude, enquanto os de três anos tenderiam a se amortecer. É extremamente curioso notar-se que essas conclusões coincidem com o comportamento dos preços durante a segunda metade do século passado, como tivemos a oportunidade de mostrar anteriormente.

Quando se pode descrever aproximadamente a função de produtividade por mu^i, o caminho dos preços de equilíbrio pode ser obtido com relativa facilidade, mesmo nos casos mais complexos, em que

$$D_t = a + bp_t \text{ e } S_t = m\sum_4^w (n + gp_{t-i} + hp_{t-i-1}) u^i. \tag{9}$$

Realizando-se as mesmas operações anteriores, chegamos à equação característica

$$x^{t+1} - C_0 x^t - C_3 x^{t-3} - C_4 x^{t-4} - C_w x^{t-w} - C_{w+1} x^{t-w-1} = 0,$$

Onde: $C_0 = u;$
$C_3 = (mg/b) u^4;$
$C_4 = (mh/b) u^4.$

Da mesma maneira que no caso anterior, C_w e C_{w+1} são muito próximos de 0 e a equação característica se reduz a

$$x^{t-4} (x^5 - C_0 x^4 - C_3 x - C_4) = 0,$$

equação que admite pelo menos duas raízes imaginárias.

Conforme dissemos no início deste capítulo, apesar de não conhecermos a função de produtividade $f(t)$, as observações que realizamos nos permitem concluir que ela poderá ser aproximada por um polinômio de terceiro ou quarto grau. É possível, portanto, encontrar-se a equação característica da equação a diferenças que descreve o caminho dos preços, aplicando-se o operador Δ um número suficiente de vezes para fazer desaparecer o somatório.

No caso $D_t = a + bp_t$ e

$$S_t = \sum_{4}^{W} (z + gp_{t\text{-}i}) f_i.$$

a equação, conforme já vimos, pode ser posta na forma

$$b(p_{t+1} - p_t) = g \sum_{4}^{W} (p_{t+1\text{-}i} - p_{t\text{-}i}) f_i$$

que, depois de um conveniente agrupamento de termos, fica

$$b/g \, (E - 1) \, p_t = p_{t\text{-}3} f_4 - p_{t\text{-}w+1} f_w + \sum_{4}^{w-1} p_{t\text{-}i} \Delta f_i \qquad (10)$$

onde E é o operador de deslocamento.

Repetindo-se a operação mais quatro vezes, chegamos à seguinte equação:

$$b/g \, (E - 1)^5 \, p_t = f_4 p_{t+1} + H_0 p_t + H_1 p_{t\text{-}1} + H_2 p_{t\text{-}2} + H_3 p_{t\text{-}3} -$$
$$- H_{w\text{-}4} p_{t\text{-}w+4} + H_{w\text{-}3} p_{t\text{-}w+3} -$$
$$- H_{w\text{-}2} p_{t\text{-}w+2} + H_{w\text{-}1} p_{t\text{-}w+1} - H_w p_{t\text{-}w}. \quad (11)$$

que descreve o caminho de equilíbrio dos preços no mercado cafeeiro, dentro das condições enunciadas. Quando ficar pronto o estudo que está sendo realizado pelo grupo de trabalho Fao-Cepal, a que já nos referimos, será possível resolver-se efetivamente essa equação. Os coeficientes são dados pelas fórmulas abaixo:

$H_0 = \Delta f_4 - 4 f_4$
$H_1 = \Delta^2 f_4 - 3 \Delta f_4 + 6 f_4$
$H_2 = \Delta^3 f_4 - 2 \Delta^2 f_4 - 3 \Delta f_4 - 4 f_4$ \hfill (12)
$H_3 = \Delta^4 f_4 - \Delta^3 f_4 + \Delta^2 f_4 + \Delta f_4 + f_4$
$H_{w\text{-}4} = \Delta^4 f_{w\text{-}4} + \Delta^3 f_{w\text{-}3} + \Delta^2 f_{w\text{-}2} + \Delta f_{w\text{-}1} + f_w$
$H_{w\text{-}3} = \Delta^3 f_{w\text{-}3} + 2 \Delta^2 f_{w\text{-}2} + 3 \Delta f_{w\text{-}1} + {}^4 f_w$
$H_{w\text{-}2} = \Delta^2 f_{w\text{-}2} + 3 \Delta f_{w\text{-}1} + {}^6 f_w$ \hfill (13)
$H_{w\text{-}1} = \Delta f_{w\text{-}1} + 4 f_w$
$H_w = f_w$

Essas fórmulas nos permitem calcular os coeficientes da equação a diferenças em termos de f_i. Não é possível dizer-se algo a respeito do comportamento dos preços, mas os casos particulares que resolvemos mostram que se deve esperar um comportamento oscilatório bastante complicado, principalmente porque, com o crescimento dos coeficientes associados a p^{t-w+1} não é mais possível obter-se uma solução aproximada supondo-se nula a sua contribuição. A observação da equação característica mostra que, entre x^{w-3} e x^4, existem (w-8) coeficientes nulos consecutivos e a equação terá pelo menos (w-8) raízes imaginárias, se esse número for par. Se ele for ímpar, o número de raízes imaginárias será (w-7) ou (w-9), de acordo com os sinais dos coeficientes de x^{w-3} e x^4 (Ferrar, 1941).

É fácil encontrar-se a lei de formação dos coeficientes, notando-se que se trata dos coeficientes binomiais dispostos em diagonal. Temos, então, para o primeiro grupo (12),

```
1
1 – 4
1 – 3   6
1 – 2   3 – 4
1 – 1   1 – 1   1
```

e, para o segundo grupo (13),

```
1   1   1   1   1
1   2   3   4
1   3   6
1   4
1
```

Se fosse preciso repetir-se o processo de aplicar-se o operador Δ mais vezes porque f_t era de grau superior, os novos coeficientes podem ser imediatamente calculados pela observação anterior. Da mesma maneira, se concluirmos, por exemplo, que um polinômio do segundo grau é suficiente para aproximar convenientemente f_t, podemos parar a operação quando dentro do somatório aparecer $\Delta^3 f_t$. A equação que descreve o caminho dos preços de equilíbrio pode ser escrita imediatamente:

$$b/g\,(E-1)^3\,p_t = C_1 p_{t-1} + C_2 p_{t-2} + C_3 p_{t-3} - C_{w-2} p_{t-w+2} +$$
$$+ C_{w-1} p_{t-w+1} - C_w p_{t-w},$$

onde C_1, C_2 e C_3 se formam por

```
1
1 – 2
1 – 1   1
```

e $C_{w\text{-}2}$, $C_{w\text{-}1}$ e C_w se formam por

1 1 1 1
1 2
1

Fica, dessa maneira, completamente resolvido o problema de encontrar-se a equação que descreve o caminho dos preços de equilíbrio dentro das hipóteses feitas, desde que se conheça a forma de f_i. Não existe nenhuma dificuldade para se construir os coeficientes, quando se usa como função de oferta

$$S_t = \sum_{4}^{W} (n + gp_{t\text{-}i} + hp_{t\text{-}i\text{-}1}) f_i$$

e, como função de procura

$$D_t = a + bp_i + cp_{t\text{-}1},$$

que incluem uma primeira aproximação das expectativas dos operadores. Por ser utilizado o mesmo processo, mas chega-se a uma lei muito mais complicada de formação dos coeficientes.

A solução da equação completa (3) é mais complexa, mas pode ser realizada pelo mesmo caminho, reunindo-se, no segundo membro, as variáveis exógenas. Se, por exemplo, for possível associar-se um polinômio à soma

$$(cR_t + dN_t + m \sum_{4}^{W} T_{t\text{-}i} f_i) = y(t),$$

é possível encontrar-se a solução da seguinte maneira (onde exemplificamos apenas com p_t e $p_{t\text{-}1}$). Consideremos

$$p_t - ap_{t\text{-}1} = y(t)$$

e apliquemos o operador Δ $(m + 1)$ vezes, onde m é o grau do polinômio $y(t)$. Temos, então,

$$\Delta^{m+1} p_t - a \Delta^{m+1} p_{t\text{-}1} = 0$$

ou

$$\Delta^{m+1} (E - a) p_t = 0 \text{ e } (E - 1)^{m+1} (E - a) p_t = 0.$$

A solução é, portanto,

$$p_t = A_0(a)^t + A_1 + A_2 t + A_3 t^2 + \ldots + A_m t^m,$$

onde A_0 é determinado pela condição inicial e A_i, $i = 1,2,3\ldots, m$ é obtido por identificação. Nos casos mais complicados, em que $y(t)$ seja uma soma, por exemplo, de cos mt, derivado da flutuação do rendimento dos consumidores $(1 + r)^t$, derivado do crescimento da procura e mais um polinômio $y(t)$, derivado do comportamento dos preços relativos, a solução é ainda possível pelos métodos clássicos. A solução da equação (3) compor-se-á: a) da solução da correspondente equação homogênea somada a b) uma solução particular de uma equação não homogênea, cujo segundo membro é do tipo

$$y(t) + \cos mt + (1 + r)t,$$

o que mostra que a solução da equação homogênea pode ser modificada pela adição de uma componente secular e de uma componente cíclica. No mínimo, portanto, a solução geral conterá as oscilações inerentes à equação homogênea. As soluções que apresentamos representam, portanto, o que se poderia chamar o limite inferior da instabilidade do mercado: à medida que adicionarmos maior realidade ao modelo (isto é, que considerarmos a influência do crescimento da população, da flutuação do nível de rendimento e da modificação dos preços relativos), o caminho dos preços de equilíbrio se modificará: a) pela adição de uma componente secular, e (ou) b) pela adição de uma componente cíclica.

Não é possível obter-se uma conclusão geral sobre a natureza desse caminho, isso porque desconhecemos f_i, mas pensamos que é possível, pelo menos, enunciar-se as seguintes proposições:

a) no mercado cafeeiro, as condições de estabilidade são muito mais complicadas do que nos modelos comuns de *cobweb* (Ezekiel, 1938) e, mesmo no caso em que a inclinação da curva de procura (*b*) for maior do que a inclinação da curva de oferta (*g*), não está garantido que o sistema converge para um preço de equilíbrio. No caso particular que estudamos, | *g* | = | *b* | e, no entanto, a amplitude do ciclo crescia;

b) a instabilidade do mercado cafeeiro não deriva, como tem sido repetidamente afirmado, do fato de o produto possuir uma procura relativamente inelástica e uma oferta altamente variável. Essas circunstâncias ampliam o movimento dos preços, mas não são a sua causa;

c) conforme mostramos anteriormente, dada a natureza da eliminação levada a efeito pela aplicação sucessiva do operador Δ sobre a equação de equilíbrio (3), decorre que, depois de algumas repetições, o somatório desaparece e a equação resultante apresenta vários coeficientes nulos, o que indica a existência de raízes imaginárias. Qualquer que seja a natureza da aproximação, portanto, é certo que o preço de equilíbrio descreverá um caminho oscilatório. Desse fato decorre a conclusão importante de que o mercado cafeeiro possui *ciclos próprios*, que se manifestarão tão logo os mecanismos de mercado funcionem livremente;

d) nada se pode afirmar quanto à convergência do caminho dos preços para um equilíbrio de longa duração. A observação histórica na segunda metade do século passado e os resultados que se obtêm em casos particulares mais simples, nos levam a concluir, entretanto, que muito provavelmente o mercado cafeeiro tenderá a apresentar pelo menos ciclos de amplitude lentamente divergente.

Dessas observações, conclui-se, portanto, que *o mercado cafeeiro é inerentemente instável e que o livre funcionamento dos mecanismos de mercado deverá apresentar um preço que flutua amplamente.*

CAPÍTULO 6

RELAÇÃO ENTRE O MERCADO CAFEEIRO E A ECONOMIA NACIONAL

Introdução

A análise anterior nos permite formular um modelo de comportamento da realidade, o qual abrange as relações entre o mercado cafeeiro, o mercado cambial e o nível de rendimento dentro do país. Conforme mostramos várias vezes com exemplos históricos, o preço internacional do café se forma mais em função da oferta e procura do produto do que em função da taxa cambial, quando existe um relativo equilíbrio estatístico. Quando a procura supera a oferta, os preços internacionais do produto crescem, a despeito de uma possível desvalorização cambial; ao contrário, quando a oferta supera a procura, os preços tendem a cair, mesmo com a fixação da taxa cambial. Tanto num caso como no outro, entretanto, a magnitude da taxa cambial exerce influência sobre o nível de preço no exterior: no primeiro caso, uma desvalorização provavelmente diminui a amplitude dos efeitos da escassez sobre os preços e, no segundo caso, a amplia. É possível, como está ocorrendo no momento, que, por um processo de retenção, o preço do café no mercado externo seja fixado quase que exclusivamente em função da magnitude da taxa cambial.

Em condições de livre funcionamento, tanto do mercado cafeeiro como do mercado cambial, a sua interação pode causar perturbações que aumentam a amplitude do desajustamento a ser corrigido (como ocorreu, por exemplo, durante o "encilhamento"), mas a análise histórica anterior mostrou que o preço do café se fixa principalmente em função da oferta e da procura do produto.

O MODELO UTILIZADO

O modelo que utilizaremos para a análise da realidade tem essa premissa como ponto de partida. Temos, então, que a oferta e procura do café, no momento t, determinam o preço do café (p_t) nesse momento. Esse preço fixado age sobre o sistema econômico por três caminhos. Em primeiro lugar, dada a importância do café na receita de divisas do país, ele representa a variável estratégica mais importante para a determinação da oferta total (S_t) de divisas, no momento t. Em segundo lugar, é principalmente a sua magnitude que determinará o nível das relações de troca do país com o exterior (r_t), influindo, dessa maneira, no nível de rendimento real da coletividade no momento t (Y_t). Por essa via (e por outra, que veremos a seguir), ele influi no nível de procura total de divisas (D_t).

O preço do café age, portanto, sobre as duas componentes do mercado cambial (S_t e D_t) e, através delas, sobre o nível da taxa cambial de equilíbrio (c_t). Por outro lado, p_t e c_t determinam o preço interno do café (P_t) que é a variável mais importante para a determinação do nível de atividade do país (N_t) e do rendimento nacional. Por meio do preço nacional do produto, realiza-se a influência do sistema sobre o nível da oferta futura.

O gráfico 9 dá uma ideia da complexidade das relações entre as variáveis que mencionamos e permite formar-se uma ideia mais clara do mecanismo de funcionamento do sistema, quando tanto o mercado cafeeiro como o mercado cambial estão livres da ação direta do governo.

Verificamos que o sistema possui vários circuitos fechados, que abrem a possibilidade de movimentos oscilatórios por autoalimentação. É preciso considerar-se, além do mais, que o sistema pode receber perturbações por dois caminhos: um interno e outro externo. É assim, por exemplo, que a ação governamental (G_t) pode gerar um aumento da atividade interna e do rendimento nacional, que se transmita a D_t por meio da propensão marginal a importar e eleve c_t. Teremos, então, uma ação no sentido da elevação de P_t e, no futuro, no sentido da elevação de s_t. Na ausência de outros movimentos corretivos, teremos uma baixa de p_t (e como a curto prazo a procura do café é inelástica, como veremos) e de S_t, produzindo nova elevação

GRÁFICO 9

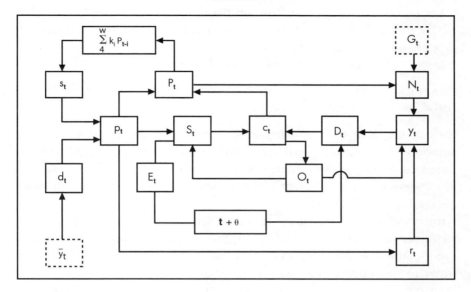

de c_t e se reiniciando o processo. O próprio sistema gera um movimento corretivo através de sua ação sobre as relações de troca e da redução do nível de rendimento real da coletividade, o que reduz D_t e tende a operar no sentido da melhoria de c_t.

O modelo mostra, também, como as oscilações dos centros cíclicos (representadas por Y_t) se transmitem ao sistema por vários caminhos.

Mesmo aumentando-se de muito o nível das simplificações, é impossível ajustar-se esse modelo à realidade, devido à falta de informações estatísticas sobre as variáveis. Para compreender-se esse fato, basta atentar-se para a seguinte representação analítica do sistema (a mais simples possível): (esta é evidentemente, uma simplificação pouco realista)

(1) $s_t = a_1 + b_1 p_{t-4}$
(2) $d_t = a_2 + b_2 p_t + d_3 Y_t$
(3) $P_t = p_t c_t$
(4) $S_t = a_3 + b_3 p_t + d_3 c_t$
(5) $D_t = a_4 + b_4 Y_{t-1} + d_4 c_t$
(6) $Y_t = a_5 + b_5 (r_t - 1) + d_5 N_t$
(7) $N_t = a_6 + b_6 P_t$
(8) $r_t = a_7 + b_7 p_t$

Essas oito relações e mais as condições de equilíbrio do mercado, $s_t = d_t$ e $S_t = D_t$, nos permitem construir um par de equações a diferenças finitas em p e c, cuja solução descreve o caminho de p_t e c_t durante o processo de procura de uma situação de equilíbrio.

Depois de algumas transformações algébricas, chegamos a

(9) $n_1 + n_2 p_{t-4} C_{t-4} + n_3 p_t = 0$
(10) $m_1 p_1 + m_2 p_{t-1} + m_3 p_{t-1} c_{t-1} + m_4 c_t + m_5 = 0$

onde os n e os m são combinações lineares dos parâmetros das equações anteriores. O ajustamento das seis equações anteriores não oferece dificuldades do ponto de vista estatístico (quando realizamos as convenientes hipóteses sobre os erros), mas não pode ser realizado por falta de informações sobre diversas variáveis.

Infelizmente, não conseguimos obter a solução do sistema (9) e (10), em termos analíticos, para o estudo do problema da estabilidade. A dificuldade prende-se ao fato de o sistema não ser linear nas variáveis (complicação introduzida pelo fato de não ser possível exprimir-se P_t, como função linear de p_t e c_t dentro de um intervalo suficientemente grande). Em termos de p_t, a solução é do tipo

(11) $p_t^2 + k_2 p p_{t-1} + k_3 p_{t+3} p_t + k_4 p_{t+4} + k_5 p_t = 0$,

que não conseguimos resolver em termos dos parâmetros.

A construção do modelo que descreve o caminho de ajustamento dos preços é apoiada sobre o conhecimento das relações estruturais que observamos empiricamente nos três primeiros capítulos deste trabalho, e não sobre o movimento dos próprios preços. Dito em outras palavras, a classe das hipóteses admissíveis não foi restringida pela imposição de qualquer movimento. Haavelmo (1940) mostrou que esse último procedimento pode conduzir a conclusões completamente sem sentido.

Nos modelos construídos, temos suposto, sempre, que o sistema é formado de um conjunto de equações exatas (equações que não contêm qualquer elemento aleatório), de maneira que, no processo de eliminação, a equação que descreve o caminho da variável que nos interessa é também exata. É preciso notar-se, entretanto, que essas hipóteses não são consistentes com o procedimento de se ajustar o sistema pelo processo de mínimos quadrados, pois a hipótese mais fraca que se pode fazer, nesse caso, é a de que a observação contém um erro que se distribui ao acaso. Nessas circunstâncias, todas as equações do sistema conteriam uma parcela aleatória e é claro que, no processo de eliminação, a equação resultante apresentaria, também, uma componente aleatória. Essa estrutura poderia descrever movimentos oscilatórios ou mesmo apresentar uma tendência secular, como simples consequência da acumulação dos erros, como se verifica no caso mais simples da solução completa de uma equação a diferenças de segunda ordem, com termo aleatório,

$$p_t + a_1 p_{t-1} + a_2 p_{t-2} = e_{t-1},$$

onde e_{t-1} é uma variável aleatória com média 0 e variância finita.

Nesse caso, a solução geral será a soma da solução da equação a diferença de segunda ordem, homogênea, com uma soma ponderada dos erros. A função dos pesos é a própria solução da equação homogênea com as condições iniciais $p_0 = 0$ e $p_1 = 1$. É evidente que essa soma pode apresentar vários tipos de comportamento. Em particular, o acréscimo do erro pode adicionar mais uma componente oscilatória ou então gerar uma componente oscilatória, mesmo quando a solução da equação homogênea fosse exponencial decrescente.

É claro, portanto, que mesmo uma estrutura que não contenha explicitamente elementos oscilatórios pode gerar um caminho oscilatório pela ação dos erros nas equações. Decorre desse fato que é impossível provar-se a validade de determinado modelo pelo simples ajustamento entre o resultado da redução algébrica e a realidade, pois que haveria infinitas hipóteses alternativas que poderiam ser construídas com o mesmo objetivo e com o mesmo nível de bom êxito. O máximo que poderíamos obter, por esse caminho, seria a *não rejeição* do modelo explicativo diante dos dados da observação.

É preciso considerar-se, por outro lado, que o ajustamento da equação a diferenças à realidade produziria estimativas consistentes dos parâmetros quando os erros, como no caso figurado acima, fossem independentes.

Foram esses fatos que nos levaram à construção dos modelos explicativos de maneira totalmente independente da observação do caminho dos preços. Infelizmente, é impossível, à vista da falta de informações, testar-se a qualidade da teoria aqui exposta. Apesar desse fato, julgamos ser válida a maneira aqui adotada de se abordar o problema, principalmente porque o modelo é operacional no sentido de que, no momento em que for conhecida com alguma aproximação a função $f(t)$ (que descreve a produtividade do pé de café em função da sua idade), será possível, de fato, encontrar-se e resolver-se a equação a diferença que descreva o caminho dos preços, não pela construção de uma regressão de p_t sobre os preços anteriores, mas a partir dos parâmetros estruturais.

O MODELO E O CONHECIMENTO HISTÓRICO

Apesar de não ser possível obter-se uma solução explícita para a equação do caminho dos preços, pode-se realizar uma análise do comportamento do sistema à luz dos fatos que apontamos nos capítulos anteriores. Como já notamos, dentro do sistema existem circuitos fechados que se autoalimentam, como é, por exemplo, o caso $(s_t, p_t, P_t$ e $s_t)$ e que geram processos de ajustamento semelhantes aos do multiplicador.

A observação do gráfico 9 mostra que a relação mais importante do sistema é a existente entre p_t e c_t, pois ela pode chegar a tornar instável o equilíbrio dentro de determinadas condições. Suponhamos, por exemplo, que a procura do café seja inelástica e que a combinação de algumas condições favoráveis produza um aumento ponderável da safra. Nessas circunstâncias, p_t baixará e arrastará S_t consigo. Como, por outro lado, o efeito de r_t sobre Y_t é relativamente pequeno, uma vez que existe um considerável mercado interno para sustentar o nível de atividade no país, o efeito compensador será insuficiente e c_t se depreciará. O ponto crítico do problema é saber-se se a taxa de depreciação será maior ou menor do que a queda dos preços, pois é esse fato que determinará se o sistema caminhará ou não para o equilíbrio. Se, por exemplo, uma queda de 10% nos preços internacionais do café gera uma queda de 6% na receita total de divisas e essa queda da receita de divisas gera, por sua vez, uma depreciação de menos do que 10% na taxa cambial, é evidente que diminuirão os preços do café em cruzeiros e o sistema buscará o equilíbrio pela redução da oferta. Note-se, por outro lado, que, se o sistema estiver sujeito a um processo inflacionário violento, é muito possível que a taxa cambial se desvalorize mais depressa do que a queda do preço do produto e os preços do café em cruzeiros cresçam enquanto estão diminuindo em dólares.

O mesmo fato ocorrerá se uma queda de 10% nos preços do café gerar uma depreciação cambial superior a 10%. Nesse caso, o sistema seria instável, pois cada baixa dos preços no mercado internacional geraria condições para um aumento da oferta e nova baixa e assim por diante. Muito possivelmente, o sistema não chegaria a encontrar o seu equilíbrio, via redução do rendimento nacional, pois antes que isso chegasse a ocorrer o governo seria levado a intervir no mercado.

O fator mais importante para a estabilidade do sistema é, portanto, a elasticidade da taxa cambial com relação aos preços do café. A análise realizada no primeiro capítulo deste trabalho mostra que, pelo menos para a última metade do século passado, pode-se afirmar que a taxa cambial era relativamente inelástica com relação às flutuações dos preços do café e que, postos à parte alguns movimentos explicáveis por fenômenos monetários, que podem ser considerados autônomos dentro do quadro de explicação da realidade que estamos apresentando, os preços do café no mercado internacional e no mercado interno variavam no mesmo sentido. Decorre principalmente desse fato a ausência de qualquer tendência secular nos preços do café e as suas oscilações. Notemos que aquela inelasticidade garante apenas que o movimento não será explosivo, mas não garante que os preços tendam para um equilíbrio estável em longa duração.

A hipótese de relativa inelasticidade da taxa cambial com relação aos preços do café estava subjacente a todo o raciocínio dos valorizadores. Quando, juntamente com a operação de defesa de 1906, se propôs a criação da Caixa de Conversão, a ideia era de que, com a valorização, a receita de divisas aumentaria (hipótese da inelasticidade da procura do café com relação aos preços) e que, com o aumento da receita de divisas, a taxa cambial melhoraria, impedindo que a cafeicultura recebesse os benefícios da defesa. Os homens que projetaram a operação tinham por objetivo, como mostramos, menos a defesa dos preços externos (ideia que só posteriormente tomou corpo) do que a dos preços internos, o que não podia ser facilmente atingido dentro de um mercado cambial livre. De fato, toda a experiência anterior mostrava que, a uma alta dos preços, seguia-se uma diminuição menos do que proporcional das exportações e, portanto, um aumento da receita de divisas e que, a esse aumento, seguia-se uma melhoria da taxa cambial. Dessa forma, uma parte do aumento dos preços externos não podia ser transmitida aos preços internos.

Desse fato decorria que a valorização no mercado externo tinha que ser maior do que a desejada elevação no mercado interno. Suponhamos que, quando o preço externo crescia 10%, a receita externa crescia 5% e a taxa cambial subia 3%. Para elevar-se o preço interno de 10%, era preciso um aumento de 15% no preço externo. Não admira, portanto, que juntamente com o projeto de defesa do produto fosse imaginada a Caixa de Conversão, destinada a fixar a taxa cambial, pois dessa forma era possível conseguir-se o objetivo desejado sem forçar-se um aumento maior do preço externo.

É difícil dizer-se se o mesmo aconteceria hoje, pelo menos agora, depois de alguns anos de controle dos preços do café por meio da taxa cambial. É muito possível que, dentro das condições atuais, em que existe um desequilíbrio ponderável entre a oferta e a procura do produto, a liberação total do câmbio produzisse, a curto prazo, um movimento de depreciação cumulativa da taxa cambial e dos preços do café. A longo prazo, entretanto, é quase certo que o movimento não subsistiria, mesmo porque os custos de produção iriam se ajustar e cairia o nível de rendimento real da coletividade.

Essas considerações mostram claramente como é quase impossível esperar-se um comportamento razoável do mercado cafeeiro dentro de um processo inflacionário aberto. Na medida em que esse processo eleva o nível de rendimento monetário da coletividade, ele gera pressões crescentes sobre a taxa cambial. Se quando o processo se iniciou a situação do mercado cafeeiro era de relativo equilíbrio, os seus preços internacionais resistirão à baixa cambial e a remuneração dos cafeicultores tenderá a crescer muito depressa em moeda nacional, o que estimula a ampliação de novos investimentos no setor. Quando esses investimentos amadurecem, a pressão sobre os preços externos se torna irresistível e é muito provável que a própria desvalorização cambial force uma baixa dos preços externos, superior à que seria necessária para, em outras condições, restabelecer o equilíbrio entre a oferta e a procura.

Esses fatos mostram a inutilidade de se procurar resolver o problema dos excedentes de produção pelo financiamento da compra do produto por meios inflacionários. Essa forma de resolver-se o problema só é consistente com a permanência definitiva do governo no mercado e com a fixação da taxa cambial.

A relação entre P_t, c_t e p_t pode ser mais bem entendida da seguinte maneira. Temos, por definição, que $P_t = p_t c_t$. Derivando-se com relação a p_t e arranjando-se os termos, obtém-se

$$\frac{dP_t}{P_t} = (1 + \frac{p_t}{c_t} \cdot \frac{dc_i}{dp_t}) \frac{dp_t}{p_t}$$

que mostra que a porcentagem de variação dos preços em moeda nacional é igual a 1 mais a elasticidade da taxa cambial com relação aos preços, multiplicada pela porcentagem de variação dos preços em dólares. Para que P_t

varie no mesmo sentido de p_t, é preciso que o parênteses seja positivo ou, o que é a mesma coisa, que a elasticidade seja maior do que -1.

É evidente que não é possível obter-se uma estimativa dessa elasticidade construindo-se uma regressão entre p_t e c_t na forma $c_t = f(p_t)$, porque o modelo que estamos desenvolvendo mostra que c_t e p_t são simultaneamente determinados por um sistema de equações, que não pode ser ajustado pela falta de informações estatísticas. É importante notar-se, entretanto, que a análise histórica que realizamos nos permite esclarecer relações existentes entre p_t e c_t. Como vimos anteriormente, pode-se apontar uma ação direta, a curto prazo, de p_t sobre c_t, que se explica pela inelasticidade da procura do café brasileiro. Reciprocamente, a análise histórica mostrou que, quando a situação é de mercado comprador, a desvalorização autônoma da taxa cambial pode forçar para baixo o preço do café.

A longo prazo, entretanto, a taxa cambial recebe pressões mais fortes do lado da procura, principalmente da ampliação do rendimento monetário devido à inflação permanente a que esteve sujeito o país durante o último século (cujo combate somente se tornou efetivo nos governos de Campos Salles e Rodrigues Alves). É por esse motivo que, apesar de os preços do café oscilarem (sem tendência secular) e a receita de divisas crescer por patamares, pela ampliação das exportações na fase de depressão de cada ciclo, assistimos a uma depreciação permanente da taxa cambial desde o início do período que analisamos.

A partir do Convênio de Taubaté e da Caixa de Conversão, a taxa cambial não cessou de se depreciar. Na fase mais auspiciosa do café brasileiro, no desempenho de seu papel de produtor de divisas, que foi no fim dos anos 1920, a Caixa de Estabilização se encarregou de impedir que a melhoria da receita influísse na taxa cambial, que havia sido estabilizada no nível vigorante no início daquela década.

É muito possível, portanto, que as flutuações do preço do café no mercado internacional tenham sido muito maiores do que seriam necessárias para o restabelecimento do equilíbrio do mercado, precisamente porque a instabilidade da política monetária brasileira introduz uma depreciação autônoma na taxa cambial, que, sendo persistente e no mesmo sentido, funciona como um mecanismo compensador da baixa dos preços externos. Não é possível deixar-se de considerar, por outro lado, que, até praticamente o fim do século passado, os déficits orçamentários eram cobertos com empréstimos externos (E_t), que alimentavam a oferta de cambiais e somente repercutiam sobre a procura a partir de $(t + 0)$, quando começavam a ser amortizados.

É curioso notar-se, também, que essa depreciação permanente da taxa cambial muito pouca influência exerceu como estímulo à exportação de outros produtos (O_p), o que deve ser explicado principalmente pela elevação dos custos, causada pela escassez de mão de obra, que foi uma constante da economia nacional. Apesar disso, nota-se, nos momentos de grande depreciação cambial, uma ampliação ponderável das exportações de cacau, peles e couros, açúcar, borracha etc. Quando, entretanto, a situação do café melhorava, manifestavam-se dois efeitos prejudiciais às demais culturas. Em primeiro lugar, a melhoria do lucro da atividade cafeeira desviava para ela maior parcela de fatores de produção e, em segundo lugar, a melhoria da taxa cambial diminuía o lucro das demais culturas.

Esse é um dos aspectos mais graves do problema da diversificação do setor exportador, que encontra um obstáculo na influência da atividade cafeeira sobre o mercado cambial. Como o Brasil é importante na produção do café e como a receita de divisas proveniente do produto é importante para a determinação da taxa cambial, segue-se que existe um mecanismo compensador entre as variações do preço externo do produto e os movimentos da taxa cambial, o que dá uma maior vantagem relativa para aquela cultura. Quando, por efeito do aumento da oferta do produto, a receita cambial cai e a taxa cambial se deprecia, a remuneração do café em moeda nacional cai menos do que em moeda estrangeira, mas o preço dos demais produtos de exportação, em cujos mercados não somos importantes, crescem proporcionalmente à desvalorização. É provável, nessas circunstâncias, que a rentabilidade relativa ao setor cafeeiro seja prejudicada e que a permanência dessas condições leve a uma transferência de fatores para os outros produtos. Quando os preços do café estão subindo, o aumento da receita de divisas eleva a taxa cambial, mas o efeito dessas duas componentes tende a elevar também o preço do café em moeda nacional, ao passo que o preço dos demais produtos de exportação tende a reduzir. Nessas circunstâncias, é muito provável que a rentabilidade relativa da cafeicultura melhore de maneira muito substancial e a leve a absorver recursos de outras atividades. Como, por outro lado, a cafeicultura é um investimento de longa maturação e permanente, os recursos têm maior facilidade para entrar no setor do que para abandoná-lo.

Compreende-se esse fato com facilidade quando se leva em conta que a instalação de uma fazenda de café envolve, em geral, a derrubada da mata e o preparo da terra, a construção do terreiro, da sede, da colônia, a aquisição de máquinas de beneficiamento, secadores etc. A formação do cafezal propriamente dito é, em geral, realizada pelo caminho da empreitada por quatro anos, dentro dos quais o empreiteiro recebe toda a produção e mais uma certa importância por pé de café formado. Desenvolveu-se, no Brasil, uma técnica muito evoluída para a instalação dos cafezais, que vai desde a seleção genética de variedades mais bem ajustadas às condições locais, mais resistentes às pragas e mais produtivas, até a determinação do espaçamento ótimo, o número de sementes plantadas por cova, a plantação em curva de nível, a adubação adequada, a irrigação mais conveniente e o estabelecimento do equilíbrio entre as várias atividades dentro da fazenda etc.

A formação do cafezal é, dessa maneira, uma operação lenta e delicada, que implica apreciáveis investimentos, cujo período de gestação varia de quatro a cinco anos. De fato, a natureza do empreendimento é de tal ordem que dificilmente seria possível esperar-se amplos movimentos da oferta, a não ser que: a) o governo financie essa ampliação, ou b) os preços se elevem substancialmente. A análise que realizamos anteriormente mostrou que todas as grandes expansões da cafeicultura nacional foram realizadas em períodos de inflação, isto é, em períodos em que os empreendedores podiam encontrar recursos com facilidade. É evidente, por outro lado, que depois de formada a fazenda, há possibilidade de se ampliar a produção com investimentos menores.

Para a manutenção e exploração do cafezal já formado, o empreendedor incorre, ainda, em dois tipos de custos: a) custos que são fixados por mil pés, isto é, que são relativamente independentes do volume da produção (pagamento ao colono para tratar, manter limpo, fazer o armamento, a esparramação etc.), e b) custos que são diretamente proporcionais ao volume da produção (colheita, secagem, sacaria). É evidente que o pagamento em dinheiro se refere a apenas uma parte da remuneração real do colono, pois os contratos de trabalho incluem, em geral, o fornecimento de terra para a plantação de alimentos, para pequenas criações, o fornecimento de lenha e de certa quantidade de café para consumo.

Essa possibilidade de diversificar a forma de pagamento da remuneração dá ao fazendeiro uma certa capacidade de determinação da necessidade de capital circulante para movimentar o negócio e dá, também, a possibilidade de contração do salário nominal do colono, sem prejuízo do salário real, como tivemos oportunidade de mostrar na parte anterior. Geralmente o empresário pode escolher entre fazer maiores concessões ou pagar uma parte maior em dinheiro. Mesmo no caso de pequenas disponibilidades de terras, o empresário pode, em circunstâncias mais graves, permitir a utilização das ruas dos cafezais para a plantação de alimentos.

Esses fatos mostram que existe, de fato, uma capacidade relativamente grande da cafeicultura de resistir às baixas de preço do produto, pela compressão do salário nominal do trabalhador agrícola, o que acelera o ajustamento pela redução da produção de café. Na medida, entretanto, em que o sistema econômico utiliza esse processo para realizar o ajustamento entre a oferta e a procura, uma parte importante da economia se torna mais natural e pode gerar um processo cumulativo que baixe o nível de rendimento de toda a coletividade. Uma parcela importante da produção industrial do país (principalmente da indústria de tecidos) é absorvida pelos trabalhadores agrícolas que, quando veem diminuída a parte do seu salário monetário, não têm meios de pagamentos para continuar a realizar aquelas compras, a não ser à custa da venda de sua produção suplementar. Acontece que essa produção suplementar exige um "tempo", dentro do qual o poder de compra dos trabalhadores agrícolas diminui efetivamente, e deve reduzir-se à procura dos produtos industriais. Além disso, quando uma parcela importante da população rural passa a se dedicar à cultura intercalar, como maneira de superar a diminuição de seu rendimento monetário, a oferta de alimentos cresce e, dada a inelasticidade da procura, diminui o rendimento auferido pelos colonos.

Nessas circunstâncias, apesar de os empresários agrícolas terem possibilidade de enfrentar a baixa de preços por uma redução dos salários nominais, o processo não se realiza sem repercussões sobre o nível de procura dos produtos industriais, o que força a baixa dos seus preços. É conhecido, por outro lado, que mesmo uma redução pequena das vendas aos consumidores pode gerar um movimento cumulativo capaz de paralisar amplos setores da economia.

Esses fatos criam uma expectativa pessimista e cada estágio do sistema econômico procura transferir para o anterior os estoques que tem acumulado.

Por esse caminho, a depressão se transmite a toda a economia.

CAPÍTULO 7

OS PROBLEMAS DO EQUILÍBRIO DO MERCADO CAFEEIRO

O EQUILÍBRIO DO MERCADO DENTRO DA POLÍTICA DE VALORIZAÇÃO

O problema do equilíbrio do Brasil no mercado cafeeiro a longo prazo revela um aspecto interessante, porque mostra que, geralmente, a empresa condutora ou, no caso, o país condutor, tende a perder progressivamente a sua posição relativa em benefício dos pequenos, devido às condições favoráveis de entrada que estabelece, em função mesmo de sua política de preços.

Para se analisar esse problema, façamos as seguintes hipóteses simplificadoras:
a) a curva de procura mundial do café é dada por

$$D_t = a + bp_t + cY_t, \qquad (1)$$

onde D_t é a procura global, p_t o preço e Y_t o nível de rendimento dos consumidores, e
b) a curva de oferta dos concorrentes é dada por

$$S_t = m(p_{t-4} - K) + gp_t,$$

onde K é o custo de produção (na hipótese de inexistência de economias de escala). A oferta dos concorrentes é, portanto, proporcional ao lucro deixado pelo café no ano t-4. A equação anterior pode ser escrita

$$S_t = d + fp_{t-4} + gp_t. \qquad (2)$$

A política seguida pelo Brasil, com a introdução da defesa, é a seguinte. Da procura global de café, D_t, subtraímos a oferta dos concorrentes, S_t, e temos a procura de café brasileiro ($D_t - S_t$). Com base nessa procura, fixamos o preço, de forma a obter a receita máxima de divisas. A receita de divisas é dada por

$$R_t = (a - d)p_t + (b - g)p_t^2 + cY_t p_t - fp_{t-4} p_t \qquad (3)$$

O máximo dessa expressão é dado por

$$p_t = \frac{(a - d) - fp_{t-4} + cY_t}{2(g - b)} \qquad (4)$$

Dentro dessas hipóteses, conclui-se que o Brasil cada ano exporta

$$q_t = (1/2) \left[(a - d) - fp_{t-4} + cY_t \right] \qquad (5)$$

e que a receita cambial máxima, cada ano, é dada por

$$R_t = \frac{[(a - d) - fp_{t-4} + cY_t]^2}{4(g - b)} \qquad (6)$$

A equação (5) revela por que a política de maximização da receita de divisas pode levar a uma diminuição da importância relativa do país no mercado internacional. Como se vê por (2), fp_{t-4} é a resposta dos concorrentes à melhoria do lucro na exportação cafeeira. Depois de alguns anos de execução do esquema de defesa, é claro que o próprio p_{t-4} é função dele. É óbvio que o preço do café em cada ano, p_t, é igual ou maior do que aquele que se verificaria num mercado inteiramente livre, porque a oferta do Brasil é superior a ($D_t - S_t$) e o país realiza a retenção para auferir uma receita de divisas. Quando a oferta nacional é menor, ela pode ser completada pelos estoques retidos.

Pela equação (5) verifica-se que, enquanto o mercado cresce mais depressa do que a oferta dos concorrentes, isto é, enquanto cY_t é maior do que fp_{t-4}, a exportação do país cresce. A receita total cresce porque essa mesma condição força para cima o preço, p_t. A situação, entretanto, é instável, pois o aumento de p_t causa, em p_{t-4}, um aumento da oferta dos concorrentes e, se a procura não continuar a crescer rapidamente, os preços cairão e, com eles, a receita de divisas.

A equação (6) mostra, por outro lado, que quando a oferta dos concorrentes começa a responder aos estímulos derivados da elevação de preços, com acréscimos de oferta superiores aos acréscimos de procura, a receita total de divisas tende a diminuir, a despeito da operação de defesa. O caminho dos preços no processo de ajustamento é dado pela seguinte equação a diferenças de 4ª ordem, não homogênea.

$$(a - d) - 2(g - b)p_t + cY_t - fp_{t-4} = 0 \qquad (7)$$

A equação anterior pode ser resolvida com facilidade se fizermos, por exemplo, a hipótese de que o rendimento dos consumidores cresce a uma taxa constante anual m. Temos, então

$$2(g - b)p_t + fp_{t-4} = cY_0 (1 + m)^t + (a - d). \qquad (8)$$

A equação característica de (8) com o segundo membro nulo é

$$x^{t-4} (x^4 + \frac{f}{2(g - b)}) = 0.$$

Como, pela natureza do problema, b é negativo e g e f são positivos, temos quatro raízes imaginárias conjugadas duas a duas, o que dá um movimento oscilatório, cuja amplitude depende da magnitude da fração $f/2$ $(g-b)$. Se a fração for menor do que 1, o movimento será amortecido; se for igual a 1, será de amplitude constante; e, se for maior do que 1, será explosivo.

A solução completa de (8) pode ser obtida somando-se à solução anterior uma solução particular da forma $p_t = k_1 (1+m)^t + k_2$, onde k_1 e k_2 são dados por

$$k_1 = (a - d) / 2(g - b) + f$$
$$k_2 = cY_0 / 2(g - b) + f(1 + m)^{-4}.$$

Não é possível encontrar-se o valor dos parâmetros para uma solução numérica do problema da estabilidade, porém a análise histórica que fizemos nos permite mostrar o comportamento provável do caminho dos preços. Notemos que, enquanto o nível de rendimento está crescendo, a operação de defesa tende a introduzir nos preços uma tendência secular, como, de fato, aconteceu a partir do Convênio de Taubaté. Como vimos anteriormente, a série de preços da segunda metade do século passado não apresentava nenhuma tendência.

Se considerarmos o mercado até 1930 (excluído o período da I Guerra Mundial), vemos que os preços apresentam uma acentuada tendência secular e um comportamento oscilatório, que aparentemente se estava ampliando. É certo que não é possível dissociar-se da queda dos preços ocorrida em 1921 a parte que é devida à queda do nível de rendimento nos Estados Unidos em consequência da crise, mas, como mostramos anteriormente, a situação era difícil, mesmo sem a crise. É muito possível, portanto, que a magnitude do módulo das raízes imaginárias fosse maior do que 1.

O modelo não leva em conta dois fatos importantes, que trabalham contra a estabilidade do sistema: a) a dificuldade de se obterem recursos para se realizar a operação de retenção, e b) os estímulos para plantação no próprio país, derivados da defesa. Mostramos anteriormente as dificuldades crescentes que o país enfrentava para encontrar os recursos necessários para retirar café do mercado e como a pouco e pouco a defesa ia se apoiando cada vez mais em processos inflacionários, o que representava um custo enorme para toda a coletividade. O segundo ponto é muito importante, pois a operação de valorização, além de ter que lutar contra nossos concorrentes, tinha que lutar também contra nossos agricultores, os quais, impelidos pela memória dos preços do produto, respondiam aos estímulos ampliando as suas plantações e aumentando a quantidade do produto a ser retirada do mercado em $(t + 4)$.

Por outro lado, o modelo tem a virtude de mostrar claramente, para a operação de valorização, a importância da sustentação do nível de rendimento. Nossa convicção é a de que a crise de 1929 veio simplesmente acelerar a dissolução do sistema, pois ele estava condenado pelas contradições internas que apontamos há pouco. Se, a despeito da crise, o Brasil tivesse prosseguido na defesa, é quase certo que, em pouco tempo, teria sido eliminado do mercado.

Essa análise mostra claramente por que as exportações do Brasil se estabilizaram, a partir da primeira década dos anos 1900, no nível que hoje alguns técnicos dão o nome pouco feliz de *"ponto de exportação secular"*.

Não existe nenhuma razão necessária pela qual o Brasil não pudesse ter conquistado, na primeira metade deste século, o mercado que vinha dominando. A operação de valorização, na forma em que foi executada na chamada "defesa permanente", continha dois defeitos básicos, que revelam uma estreiteza de visão lamentável dos então dirigentes da economia nacional.

Em primeiro lugar, foi o Brasil que, voluntariamente, assumiu a posição de residual, entregando ao mercado, cada ano, a quantidade $(D_t - S_t)$, para sustentar o nível de preços. O Brasil, como fornecedor dominante, podia, assim, fixar o nível de preços e garantir uma receita de divisas que era utilizada, principalmente, na satisfação da vaidade pessoal de um governo que colocou a estabilização cambial como seu valor supremo. O café, no último período presidencial da Primeira República, foi oferecido em holocausto à taxa cambial. Primeiro, ele foi defendido até o sacrifício, usando-se para tanto inflação, empréstimos externos e armazenamentos, porque o presidente acreditava na inelasticidade da procura; depois, foi desesperadamente abandonado, na esperança de que a crença anterior estivesse errada. Ele foi abandonado na esperança de que forneceria mais 30 ou 40 milhões de libras esterlinas, que sustentariam a taxa cambial até o fim do mandato presidencial.

Não existe, portanto, nem histórica, nem logicamente, nenhuma necessidade de o Brasil se tornar fornecedor residual. Tornamo-nos fornecedores residuais conscientemente, buscando um objetivo inatingível dentro dos simples quadros da economia cafeeira.

O mecanismo de defesa, na medida em que estimula a produção e entrega mercado aos concorrentes, abre caminho para a deterioração da posição brasileira no mercado, transformando o quase monopólio num oligopólio e ampliando cada vez mais o número e a importância dos concorrentes.

Em segundo lugar, é inteiramente evidente o fato aritmético de que a receita máxima de divisas que o Brasil pode auferir, cada ano, dentro do esquema da defesa, não representa, necessariamente, a receita máxima que ele poderia obter no mesmo período. A maximização da receita dentro da defesa significa maximizar um fluxo de rendimento anual $R_i, i = 1, 2, 3, ...,$ n, em que R_t é uma função de todos os fluxos anteriores. Mesmo se concordando (como mostraremos adiante) que a defesa inicialmente produziu fluxos maiores, não se segue daí que ela tenha sido a política mais vantajosa, em longa duração. Isso pode ser compreendido facilmente. Supondo-se que, durante os primeiros r anos, a defesa tenha produzido uma receita de divisas maior do que a que se obteria sem ceder-se, voluntariamente, o mercado a nossos concorrentes, o seu próprio funcionamento reduz a participação do país na absorção mundial do produto e, consequentemente, produz, nos anos posteriores a r, receitas menores do que as que seriam obtidas de outra maneira. A permanência da defesa representa, por outro lado, a obtenção de, no máximo, um número limitado (e relativamente pequeno: 10 ou 15 anos), de receitas superiores, pois em breve o país perde a sua capacidade de influir nos preços internacionais, pelo crescimento da concorrência.

A defesa do mercado, entretanto, representaria um fluxo permanente e ascencional de divisas (como aconteceu no século passado). O erro dos valorizadores, como o erro dos que atualmente defendem a ideia de que não é possível melhorar-se a situação do Brasil permitindo-se um ajustamento dos preços, consiste no sofisma de argumentar-se com o comportamento do mercado no presente, resultado da própria operação de defesa, sem se procurar entender o que teria ocorrido em outras circunstâncias.

Num determinado ano t, r anos depois de iniciada a defesa, o Brasil fornece ao mercado apenas d% de sua absorção total, quando anteriormente fornecia $(d + h)$%. O argumento da defesa é o seguinte: se o mercado for liberado, as exportações crescerão muito pouco, devido à inelasticidade da procura, mas os preços baixarão bastante devido à situação de mercado comprador. Logo a defesa é mais vantajosa. A capciosidade do argumento reside no fato de que a defesa redundou na perda de h% do mercado e a comparação deveria ser feita, não entre a receita que obteríamos hoje, com ou sem defesa, mas qual é a *receita com defesa* e qual seria a *receita sem defesa*.

Outro ponto importante e que decorre da análise do modelo anterior é que a equação (6) mostra que o comportamento cíclico dos preços se transmite ao comportamento da receita. Isto é, *com ou sem defesa, a receita proveniente do café terá um comportamento cíclico*. É ilusão, portanto, pensar-se que os desequilíbrios introduzidos na economia nacional pela flutuação dos preços em um mercado mais livre fossem superados pela defesa dos preços do produto. A defesa dos preços garante que em cada ano a receita será máxima (dentro das condições daquele ano), mas não garante que ela será estável.

O EQUILÍBRIO DO MERCADO DENTRO DA POLÍTICA RECENTE

Vimos, há pouco, que os dois tipos de política seguidos pelo Brasil até depois da II Guerra Mundial, são inerentemente instáveis, no sentido de que o seu próprio funcionamento tende a gerar flutuações nos preços do café. Em primeiro lugar, mostramos que abandonando-se o mercado cafeeiro à sua própria sorte apresenta ele ciclos mais ou menos regulares, determinados não somente pelo atraso da resposta da oferta aos estímulos dos preços, como pela influência dos preços anteriores sobre a magnitude do parque cafeeiro. Em segundo lugar, mostramos que a política de defesa apoiada na retenção era insuficiente para eliminar esses ciclos, além de proporcionar condições muito vantajosas para a expansão da concorrência. Vamos analisar agora o tipo de comportamento seguido pelo Brasil depois da II Guerra Mundial, em que a liquidação dos estoques do Departamento Nacional do Café e o estabelecimento de um enorme diferencial entre a taxa cambial de exportação e a de importação permitiu ao governo controlar os preços internacionais do café por meio da taxa cambial que paga na exportação desse produto.

Além desse controle exercido pela taxa cambial, desde há muitos anos os preços das exportações do Brasil são controlados (e não as quantidades como anteriormente) por meio dos registros mínimos nos portos. Quando esses registros não fixam abertamente o preço mínimo de venda em dólares, fixam-no em cruzeiros. Como, entretanto, a taxa cambial (mesmo quando ela é dada por uma tabela) é também fixada, isso significa, de fato, um preço mínimo em dólares, abaixo do qual os operadores normais do mercado não podem trabalhar.

É fundamental a diferença entre a defesa atual e a praticada anteriormente, pois antes controlava-se rigorosamente as entradas de café no mercado e a procura fixava o seu preço; hoje, o Brasil fixa o preço do café e a procura determina a quantidade que deseja absorver.

Mesmo do ponto de vista da competição no mercado, as políticas são diferentes, pois a política que fixa a quantidade é um pouco mais flexível, no sentido de que principalmente os deslocamentos da procura são automaticamente corrigidos por uma modificação nos preços.

No desenvolvimento a seguir, pretendemos explicar o comportamento do mercado cafeeiro dentro desse tipo de política e apresentar uma solução satisfatória para o equilíbrio de um mercado oligopolístico, em que o objetivo de cada operador não é obter o seu lucro máximo, mas sim obter a sua receita máxima de divisas. Seria possível modificar-se o modelo para incluir-se o caso de lucro máximo, levando-se em conta as curvas de custo de cada oligopolista, mas a hipótese não tem sentido para o caso concreto que procuramos analisar. Nosso trabalho apoiar-se-á numa ideia exposta por Smithies (1940). Infelizmente, esse artigo de Smithies não recebeu o estudo a que faz jus pela qualidade de suas ideias. Esse fato talvez se explique por várias razões, dentre as quais é certo que as mais importantes são: a) o artigo foi publicado praticamente dentro do período de guerra, quando a atenção dos economistas começava a se voltar para outros tipos de problemas, e b) utiliza um método de ataque, o qual, apesar de não ser difícil, é cansativo.

Em capítulo anterior, mostramos que existe uma inter-relação entre a procura de cafés do Brasil, da Colômbia (representando os produtores de *milds*) e da África (representando os produtores de *robusta*). Desse fato decorre que cada fornecedor sabe que a sua procura no ano t não dependerá somente do seu preço, mas também dos preços que seus concorrentes fixarem. Quando, portanto, o Brasil fixa o preço internacional do café (fixando a taxa cambial que paga para a exportação do produto), ele sabe que a quantidade que conseguirá exportar não depende somente desse preço, mas também, e principalmente, dos preços que a Colômbia e a África fixarem para os seus produtos. Cada vez que vai se iniciar a comercialização de uma nova safra, as atenções do mundo cafeeiro se voltam para o Brasil e nossos concorrentes esperam a decisão brasileira para depois escolherem a mais conveniente estratégia de ação.

Como, entretanto, sempre existe certa flexibilidade (por menor que seja) nos preços brasileiros, nossos concorrentes sabem que não podem fixar seus preços de maneira a causar muito prejuízo ao Brasil, pois isso o levaria a rever sua posição. Cada concorrente procura, portanto, fixar os seus preços em atenção aos preços que, *espera*, serão fixados pelos outros parceiros.

Podemos fazer a hipótese de que o Brasil, por exemplo, sabe que a Colômbia fixará o seu preço levando em conta: a) o preço que fixarmos e b) o preço de seu produto no período anterior. Dando-se o subíndice 1, 2 e 3 para o Brasil, Colômbia e África, respectivamente, e chamando-se de p o preço esperado, podemos escrever a hipótese anterior da seguinte maneira:

$$_2\hat{p}_t = m_{1\,2\,1}p_t + n_{1\,2\,2}p_{t-1}$$

isto é, o *Brasil espera que a Colômbia fixe os seus preços ponderando o preço que ele próprio fixou e o preço do café colombiano no período anterior*. Teremos, portanto, seis funções de expectativa (curvas de reação): cada concorrente prevê o comportamento dos outros dois.

Para não tornar desnecessariamente enfadonha a exposição, trataremos sempre com minúcias do caso brasileiro, uma vez que as soluções serão simétricas.

Cada concorrente sabe, portanto, que a procura do seu produto depende do seu preço e do preço dos demais. Suponhamos que essas curvas de procura sejam:

$$q_1 = a_1 p_1 + b_1 p_2 + c_1 p_3$$
$$q_2 = a_2 p_1 + b_2 p_2 + c_2 p_3$$
$$q_3 = q - q_1 - q_2 = a_3 p_1 + b_3 p_2 + c_3 p_3,$$

onde q_1, q_2 e q_3 representam, respectivamente, as procuras de cafés brasileiro, colombiano e africano. Notemos que as três funções já estão construídas de maneira que $q_1 + q_2 + q_3 = q = f(p)$, procura total dos consumidores ao preço p (supomos, para simplificar, a permanência do nível de estoques). Como é óbvio, $p = p(p_1, p_2, p_3)$, onde p é a função que transforma os preços de importação, que devem ser pagos pelos importadores, nos preços de venda no varejo.

Se o Brasil sabe que sua curva de procura é q_1 e se ele, fixando o preço $_1\hat{p}_t$, espera que a Colômbia fixe o preço $_2\hat{p}_t$ e a África o preço $_3\hat{p}_t$, então ele espera que a sua exportação em t seja

$$_1\hat{q}_t = a_{1\,1}\hat{p}_t + b_{1\,2}\hat{p}_t + c_{1\,3}\hat{p}_t.$$

Como o Brasil tem informações sobre os $\hat{p}$, dadas pelas curvas de reação, pode-se substituir os $\hat{p}$ por essas funções. No caso, teríamos

$$_1\hat{q}_t = a_{1\,1}p_t + b_1(m_{1\,2\,1}p_t + n_{1\,2\,2}p_{t-1}) + c_1(m_{1\,3\,1}p_t + n_{1\,2\,3}p_{t-1}),$$

que pode ser simplificada por uma combinação dos coeficientes

$$_1\hat{q}_t = f_{1\,1}p_t + g_{1\,2}p_{t-1} + h_{1\,3}p_{t-1}. \qquad (1)$$

Analogamente, temos que a Colômbia espera exportar

$$_2\hat{q}_t = f_{2\,1}p_{t-1} + g_{2\,2}p_t + h_{2\,3}p_{t-1} \qquad (2)$$

e a África

$$_3\hat{q}_t = f_{3\,1}p_{t-1} + g_{3\,2}p_{t-1} + h_{3\,3}p_{t-1}. \qquad (3)$$

Com essas curvas de *expectativa das exportações*, cada concorrente pode estimar qual será a sua receita de divisas para cada nível de preços que fixar em t. Suponhamos, por hipótese, que os três parceiros procurem fixar os seus preços de maneira a obter, cada um, a sua receita máxima de divisas. A expectativa que o Brasil tem de receita cambial proveniente do café é dada pelo produto $_1\hat{q}_t \,_1p_t$, o mesmo acontecendo com a Colômbia e com a África.

Chamemos de R as receitas de divisas. Então, o equilíbrio do mercado se realiza, em cada período, para um conjunto de preços $_1p_t, _2p_t$ e $_3p_t$, que maximizam as receitas de divisas esperadas, $_1\hat{R}_t, _2\hat{R}_t$ e $_3\hat{R}_t$. A solução pode ser obtida escolhendo-se convenientemente os preços.

Derivando-se $_1\hat{R}_t$ com relação a $_1p_t$ e igualando-se a 0, obtém-se três equações, que nos permitem encontrar a solução. O máximo se verifica quando as segundas derivadas são negativas no ponto, o que dependerá, evidentemente, da magnitude e do sinal dos parâmetros. Dada, entretanto, a forma das funções de procura e os sinais que devem ser associados com as curvas de reação, a solução será um máximo.

As equações obtidas são:

$$2f_{1\,1}p_t + g_{1\,2}p_{t-1} + h_{1\,3}p_{t-1} = 0$$
$$f_{2\,1}p_{t-1} + 2g_{2\,2}p_t + h_{2\,3}p_{t-1} = 0$$
$$f_{3\,1}p_{t-1} + g_{3\,2}p_{t-1} + 2h_{3\,3}p_t = 0.$$

Estamos diante de um sistema de três equações a diferença, a três incógnitas: $_1p_t$, $_2p_t$ e $_3p_t$. É claro que, a partir do conhecimento de três condições iniciais, podemos descrever o caminho de ajustamento dos preços. Para simplificar-se a solução do sistema, vamos fazer $_1p_t = x_t$, $_2p_t = y_t$ e $_3p_t = z_t$ dividir a primeira equação por $2f_1$, a segunda por $2g_2$ e a terceira por $2h_3$. O sistema pode, portanto, ser escrito

$$\begin{aligned} x_t &= \phantom{A_2x_{t-1}} + B_1 y_{t-1} + C_1 z_{t-1} \\ y_t &= A_2 x_{t-1} + \phantom{B_1 y_{t-1}} C_2 z_{t-1} \\ z_t &= A_3 x_{t-1} + B_3 y_{t-1} \end{aligned} \qquad (5)$$

ou, em forma matricial,

$$\begin{bmatrix} x_t \\ y_t \\ z_t \end{bmatrix} = \begin{bmatrix} O & B_1 & C_1 \\ A_2 & O & C_2 \\ A_3 & B_3 & O \end{bmatrix} \begin{bmatrix} x_{t-1} \\ y_{t-1} \\ z_{t-1} \end{bmatrix}$$

Chamando-se o vetor coluna de V_t e a matriz de $||M||$, podemos escrever $V_t = ||M||\ V_{t-1}$, equação a diferenças, cuja solução é

$$V_t = ||M||^t V_0 \qquad (6)$$

onde V_0 é o vetor coluna das condições iniciais. Quando a matriz $||M||$ for conhecida numericamente, a pesquisa de sua potência $n^{ésima}$ se fará com o auxílio do teorema de Cayley-Hamilton.

No caso, estamos diante de uma matriz (3 x 3), cuja equação característica é

$$\begin{vmatrix} -m & B_1 & C_1 \\ A_2 & -m & C_2 \\ A_3 & B_3 & -m \end{vmatrix} = 0$$

o que dá

$$m^3 - (B_3 C_2 + B_1 A_2 + C_1 A_3)m - (B_1 A_3 C_2 + C_1 A_2 B_3) = 0.$$

Se m_1, m_2 e m_3 forem as raízes dessa equação (que, para facilitar, supomos desiguais), temos que

$$\|M\|^t = a_0 I + a_1 \|M\| + a_2 \|M\|^2,$$

onde a_0, a_1 e a_2 são determinados por

$$\begin{aligned}m_1^t &= a_0 + a_1 m_1 + a_2 m_1^2 \\ m_2^t &= a_0 + a_1 m_2 + a_2 m_2^2 \\ m_3^t &= a_0 + a_1 m_3 + a_2 m_3^2.\end{aligned} \qquad (7)$$

Num trabalho publicado em 1942, Smithies apresentou uma solução geral para o caso de n concorrentes, semelhante à anterior. A solução que apresentamos pode, evidentemente, ser generalizada com grande facilidade.

Podemos apresentar uma solução mais simples do problema, utilizando-nos do operador de deslocamento. A equação (4) pode ser escrita na forma

$$\begin{aligned}F_1 E x_t + G_1 y_t + H_1 z_t &= 0 \\ F_2 x_t + G_2 E y_t + H_2 z_t &= 0 \\ F_3 x_t + G_3 y_t + H_3 E z_t &= 0.\end{aligned}$$

Operando-se com E como se fosse uma quantidade algébrica, chega-se a

$$[(G_1 H_3 E^2 - H_1 G_3)(F_2 H_3 - F_3 H_2) - (G_2 H_3 E^2 - H_2 G_3)(F_1 H_3 E^2 - F_3 H_1)]x_t = 0,$$

que nos dá a equação a diferença que descreve o caminho de x_t, ou seja, de ${}_t p_t$. A equação não é de quarta ordem, como parece à primeira vista, porque os dois produtos independentes de E são iguais. A equação que descreve o caminho do preço de equilíbrio do Brasil é dada diretamente por

$$(F_1 G_2 H_3^2)x_{t+3} - (F_2 G_1 H_3^2 - F_3 G_2 H_1 H_3 + F_1 G_3 H_2 H_3)x_{t+1} + \qquad (9)$$
$$+ (F_3 G_1 H_2 H_3 + F_2 G_3 H_1 H_3)x_t = 0.$$

Como o sistema é homogêneo, as funções x_t, y_t e z_t diferem somente pelas constantes arbitrárias determinadas pelas condições iniciais (Jordan, 1950, p. 602).

Estamos diante de uma equação do terceiro grau e a condição necessária e suficiente para que ela possua duas raízes imaginárias pode ser facilmente conhecida em termos dos seus coeficientes.

Podemos escrever a equação anterior na forma

$$x_{t+3} + 3K x_{t+1} + L x_t = 0,$$

onde $3K$ e L são convenientes transformações dos coeficientes anteriores. Então, para que a equação característica tenha duas raízes imaginárias, é preciso que $L^2 + 4K^3$ seja maior do que zero. Não é possível, com apenas o conhecimento dos sinais associados às equações (1), (2) e (3), determinar-se se essa condição sempre se verifica. Notemos que, pelas propriedades econômicas que devem satisfazer tanto as curvas de procura como as curvas de reação, o máximo que se pode afirmar é que F_1, G_2 e H_3 podem ser positivos ou negativos, dependendo da magnitude dos coeficientes, uma vez que F_1, por exemplo, é dado por

$$F_1 = a_1 + b_1 m_{12} + c_1 m_{13}, \qquad (10)$$

onde a_1 é negativo e os demais coeficientes são positivos. A interpretação dessa equação é simples, pois b_1 representa a resposta da procura de cafés brasileiros a uma modificação dos preços do café colombiano e m_{12} representa a resposta dos preços colombianos a uma modificação dos preços brasileiros. Os coeficientes c_1 e m_{13} têm a mesma interpretação para o caso africano. Logo, F_1 mede, de fato, a resposta da procura de cafés brasileiros a uma modificação dos preços do Brasil.

Essas considerações nos permitem mostrar que muito provavelmente F_1 deve ser negativo, pois é essa a única maneira de explicar-se o comportamento histórico que encontramos nos três primeiros itens deste trabalho. Podemos, portanto, dada a simetria do argumento, tomar F_1, G_2 e H_3 como sendo números negativos. Temos, portanto, que x_{t+3} é negativo na equação (9) e que o coeficiente de x_{t+1} é positivo. Logo, K é um número positivo na equação (10). A equação característica possui, portanto, uma raiz real e duas imaginárias, o que produz um comportamento cíclico que pode ser convergente ou divergente, dependendo dos sinais dos menores principais do determinante de Routh.

$$\begin{vmatrix} 3(1-K-L) & 1+3K-L & 0 \\ 1+3K+L & 3(1-K+L) & 0 \\ 0 & 3(1-K-L) & 0 \end{vmatrix}$$

Não é possível, pelas propriedades associadas K e L, mostrar-se que todos os menores principais são positivos, como seria preciso para provar-se que o módulo de todas as raízes é menor do que 1, de maneira que não é possível saber-se *a priori* se o movimento será convergente ou divergente. A experiência histórica tem mostrado, entretanto, que quando existe a ameaça de retaliação (caso de instabilidade), o comportamento do Brasil e da

Colômbia é muito cauteloso, procurando-se evitar sempre uma política de competição, cada país aceitando uma posição intermediária para proteger-se de eventuais prejuízos decorrentes daquela política.

Esse fato sugere uma consequência importante de tal política, pois, para encontrar-se uma posição de compromisso aceitável, é preciso que os preços sejam mais elevados do que seriam, uma vez que cada país perde a sua capacidade de aumentar a receita em detrimento dos outros, via aumento do volume exportado. Essa circunstância coloca o terceiro parceiro — a África — em situação excepcional de ganhar terreno. A coalisão mais ou menos tácita entre o Brasil e a Colômbia transforma, de novo, a política do mercado cafeeiro num jogo a duas pessoas, de soma nula, e a defesa dos preços (que é uma consequência necessária da posição de coalisão) permite aos africanos escolherem sempre a estratégia que mais lhes convém diante de cada posição que assumem os outros concorrentes. Para a explicação do comportamento do mercado, nesse caso, bastaria apelar-se para o modelo que apresentamos na parte anterior.

Restaria, finalmente, chamar-se a atenção para o fato de que o mercado possui ainda uma instabilidade derivada da circunstância de que cada concorrente fixa o preço que lhe dá receita máxima em termos dos *preços esperados* dos outros, ou seja, em termos da sua expectativa sobre o comportamento dos demais parceiros. Na medida, entretanto, em que essas expectativas são frustradas, cada concorrente revisa as suas estimativas, o que mostra que as curvas de reação não devem permanecer constantes durante o processo de ajustamento.

A análise que fizemos do mercado cafeeiro mostra que *ele é inerentemente instável e que qualquer que seja a política seguida com independência pelos produtores deve gerar ciclos de preços.* Esse fato sugere que a única maneira de evitar-se esses ciclos seria por meio de um entendimento entre os principais produtores, hipótese que discutiremos no final deste trabalho.

O CUSTO SOCIAL DA DEFESA

Estamos agora em condições de realizar uma apreciação do custo social da defesa, analisando, de um lado, as consequências do necessário estabelecimento de um preço mínimo de compra (que qualquer mecanismo de defesa envolve) e, de outro, a sua influência sobre o nível de rendimento nacional através das modificações das relações de troca.

Preço mínimo de compra

Como mostramos anteriormente, a defesa originou-se do desejo de elevar os preços internos do café. Todo o mecanismo, portanto, estava apoiado sobre a ideia de que seria possível fazer-se os consumidores pagarem aquela elevação. Nessas circunstâncias, é óbvio que qualquer que fosse o processo imaginado, ele teria que se apoiar sobre o estabelecimento de um preço mínimo de compra por parte do organismo executor da defesa.

De fato, por duas razões não existe possibilidade de se imaginar um sistema de defesa que funcione razoavelmente sem o estabelecimento simultâneo de um preço mínimo de compra. Em primeiro lugar, a defesa só é efetiva se os produtores tiverem opção de venda ao preço fixado e, em segundo lugar, à medida que a operação é executada, os canais normais de comercialização se retraem e a safra não pode ser escoada com facilidade.

Para se ter uma ideia do custo social de um programa de garantia de preço mínimo para o café, temos que levar em conta as seguintes considerações. É mais ou menos claro que nenhum país que goze de uma baixa produtividade agrícola poderá desenvolver-se, pois, na medida em que a maior parte da sua população trabalha simplesmente para a satisfação de suas necessidades primárias de alimentação e de vestuário, não será possível nem acelerar a formação de capital, nem dispor de mão de obra para a produção de outros bens e serviços. A chave do processo de desenvolvimento econômico reside principalmente numa melhoria da produtividade do setor agrícola, o que, a um só tempo, libera mão de obra e eleva o nível de rendimento dos que ficaram no campo. É possível, num estágio posterior do desenvolvimento econômico, depender-se, em escala maior, da importação de produtos agrícolas, mas pensamos que é praticamente impossível, num país como o nosso, a geração daquele processo não se apoiar nos ganhos de produtividade da agricultura, pois, por maior que fosse a produtividade do setor industrial, ele não poderá contar com a mão de obra necessária, se essa mão de obra não for liberada das atividades primárias, que garantem a própria sobrevivência da coletividade. Por outro lado, de acordo com o funcionamento da chamada "Lei de Engel", a procura dos produtos agrícolas é geralmente inelástica com relação ao nível de rendimento, de forma que, à medida que a coletividade cresce, a procura de bens agrícolas tende a crescer em proporção menor.

É assim, da própria mecânica do desenvolvimento econômico, que, à medida que ele se realiza, a proporção da população aplicada nas atividades primárias da economia vá diminuindo. Se essa diminuição não chegar a ocorrer, a coletividade não poderá crescer. É, portanto, da própria essência do desenvolvimento, que ele se realize à custa de uma transferência da mão de obra da agricultura para as outras atividades, possibilitada pelos ganhos de produtividade no setor agrícola. O caminho pelo qual se realiza essa transferência é precisamente a baixa do rendimento monetário dos produtos agrícolas. Essa baixa é mais longa e mais duradoura porque a mobilidade da mão de obra é relativamente pequena. A agricultura, mais do que um negócio, é um meio de vida e é preciso, às vezes, esperar uma geração para que a transferência se efetive. O problema é ainda mais agravado pelo fato de que, em geral, a taxa de natalidade é mais elevada no campo, o que tende a criar, permanentemente, um excedente de mão de obra que precisa ser exportado.

Chegamos à conclusão de que o próprio processo de desenvolvimento econômico se apoia em dois pontos:

a) um aumento da produtividade agrícola, e
b) uma transferência da mão de obra da agricultura para os demais setores da economia.

É à luz desses argumentos que devemos julgar a garantia de preços mínimos para o café, que constitui a principal atividade do país.

Consideremos, em primeiro lugar, a eficiência da garantia de preço para resolver o problema do baixo nível de vida na agricultura. É evidente que a sustentação do nível de preços do café não melhora substancialmente a situação dos cafeicultores de baixa produtividade, por duas razões: a) o preço mínimo é, em geral, calculado com base nessas lavouras e deixa-lhes, portanto, uma pequena margem de lucro, e b) sendo produtores de baixa produtividade, eles têm pouco café para vender. Em compensação, os cafeicultores mais bem aparelhados e que gozam de alta produtividade (e já estão em boas condições justamente por isso) se beneficiam amplamente com o preço mínimo. Esse fato possui uma dupla implicação: a) tende a aumentar, de maneira muito significante, a permanência no mercado dos agricultores menos capazes, e b) tende a gerar um excesso de produção.

Conclui-se, portanto, que a garantia de preço mínimo para o café trabalha contra a aceleração da taxa de desenvolvimento econômico do país. Em primeiro lugar, porque impede uma utilização mais ampla e mais rápida dos ganhos de produtividade que os processos tecnológicos já desenvolvidos possibilitam. Talvez não andemos longe da realidade afirmando que seria possível pelo menos triplicar a produtividade da cafeicultura nacional (isto é, produzir a mesma quantidade do produto com apenas

1/3 dos cafeeiros), com investimentos relativamente pequenos (principalmente em educação técnica do agricultor). O aproveitamento dessa margem de produtividade teria consequências muito importantes sobre a economia nacional, pois liberaria fatores de produção que poderiam ser aplicados em outras atividades, elevando o nível de rendimento do país. Em particular, por exemplo, a redução de área do cafezal possibilitaria o estabelecimento de um melhor equilíbrio entre ele e o necessário número de cabeças de gado ou de aves para complementar a adubação química, o que garantiria a fertilidade do solo. Outro fator importante, que resultaria como subproduto da melhoria da produtividade nos cafezais, seria o combate mais adequado à erosão, um problema nacional cuja gravidade dificilmente se avalia.

Em segundo lugar, a instituição do preço mínimo (ainda mais quando apoiado pelo financiamento governamental) gera, a longo prazo, estímulos suficientes para a ampliação do volume de produção a quantidades que não podem ser absorvidas no nível do preço sustentado.

Se considerarmos, finalmente, que esses excedentes são sustentados por um subsídio pago por toda a coletividade sob a forma de inflação, chegamos à conclusão paradoxal de que a sociedade paga para não crescer!

Relações de troca
Para se compreender os possíveis efeitos da defesa sobre as relações de troca e sobre o nível de rendimento do país, temos que estudar a controvertida questão das vantagens decorrentes de uma política protecionista. Como vimos, a política de defesa não nasceu da ideia de melhorar-se a remuneração externa do café, mas sim de melhorar-se a remuneração interna. Como subproduto desse objetivo e em decorrência mesmo da inelasticidade da procura do café, verificou-se que a política de elevação dos preços externos significava, simultaneamente, elevação do total da receita de divisas recebida pelo café. Dessa observação, concluía-se claramente que era possível aumentar-se o total de bens e serviços colocados cada ano à disposição da coletividade brasileira.

Durante muito tempo pensou-se que era possível demonstrar-se que a política de livre-câmbio produzia a maximização dos ganhos decorrentes do comércio internacional. Foi preciso esperar-se, entretanto, dois artigos de Samuelson (1938 e 1939) para que fosse possível conhecer-se uma prova rigorosa de que: a) se um país se comporta como se estivesse em livre concorrência, é sempre vantagem para o outro não se comportar da mesma maneira, mas tirar proveito do seu possível efeito monopolístico sobre os preços, e b) que algum comércio é sempre preferível a nenhum comércio.

As conclusões acima têm, entretanto, sido utilizadas com muita frequência para se provar que qualquer política protecionista é melhor do que o livre-câmbio, o que não é verdadeiro. Aliás, o que não tem sido suficientemente observado é que, para se obterem vantagens de uma política de intervenção no comércio exterior, é preciso que, internamente, sejam satisfeitas certas condições. É muito possível que uma política que eleve as relações de troca do país seja inferior a qualquer ponto de uma política de livre-câmbio, como se demonstra a seguir.

Consideremos uma coletividade com a seguinte família de curvas de indiferença: $U = U(C_a, C_i)$, onde C_a é a quantidade disponível de bens agrícolas e C_i a quantidade disponível de bens industriais, e com a seguinte função de possibilidade de produção: $F(A, I) = m$, onde A é a quantidade possível de produção de produtos agrícolas e I a quantidade possível de produção de bens industriais, quando todos os recursos da coletividade se encontram empregados. Chamemos, agora, de $a = p_a / p_i$ a relação entre os preços internos dos produtos agrícolas e industriais e de $b = P_a / P_i$ a relação entre os preços externos dos produtos agrícolas e dos produtos industriais.

Normalmente, o país terá alguma influência sobre a determinação de P_a, dependendo da importância que desfruta no mercado mundial do seu produto de exportação. Sobre P_i, entretanto, a sua influência será geralmente nula. Dentro dessas hipóteses, o país pode determinar a sua relação de troca, bastando para tanto contingenciar convenientemente o volume de suas exportações.

Em regime de livre-câmbio, teríamos que, no equilíbrio, $a = b$. Como o país procura, entretanto, tirar vantagem da sua capacidade de influir sobre suas relações de troca, ele terá que fixar $a \neq b$, o que pode fazer estabelecendo duas taxas cambiais diferentes, uma para a exportação e outra para a importação. Suponhamos $p_a = K_e P_a$ e $p_i = K_i P_i$, onde K_e e K_i são, respectivamente, as taxas cambiais de exportação e importação. Então, é claro que essas taxas têm que ser fixadas de forma a que $a/b = K_e/K_i$.

É óbvio que, internamente, A e I dependerão de a, e que, externamente, a procura dos produtos de exportação dependerá de b. Se $D = D(b)$ fora a procura exterior, da exportação do país, a sua capacidade de comprar será $bD(b)$. Então, as possíveis disponibilidades de C_a e C_i para toda a coletividade serão dadas por:

$$C_a = A(a) - D(b) \qquad (1)$$
$$C_i = I(a) - bD(b). \qquad (2)$$

O problema da coletividade é maximizar $U = U(C_a, C_i)$, sujeita à condição $F(A, I) = m$. No caso, a pesquisa do máximo fica simplificada pelas propriedades que classicamente se associam a U e a F. Em termos simples, as equações (1) e (2) transformam cada par (a, b) num par (C_a, C_i), o que define uma curva de possibilidade de consumo da coletividade. O ponto de equilíbrio, isto é, o ponto onde a coletividade obtém sua satisfação máxima, é o de tangência entre essa curva e a curva de indiferença mais alta.

A investigação do máximo produz duas equações:

$$dI/dA = b\,[1 - n(b)]\,/\,n(b) \qquad (3)$$

e

$$dC_i/dC_a = dI/dA, \qquad (4)$$

onde $n(b)$ é a elasticidade da procura no ponto b. A equação (3) define o lugar geométrico dos pontos do plano (a, b), que produz a curva de possibilidade de consumo no plano (C_a, C_i). Qualquer ponto (a, b) que não esteja sobre aquela curva produz um par $(C_{\overline{a}}, C_{\overline{i}})$, inferior a qualquer ponto da curva de possibilidade de consumo, ou seja: $C_{\overline{a}} \leq C_a$ e $C_{\overline{i}} \leq C_i$.

A condição definida pela equação (4) é a conhecida condição de equilíbrio, em que a inclinação da tangente à curva de possibilidade de produção e à curva de indiferença devem ser iguais.

Essas equações mostram que, nem mesmo dentro das hipóteses feitas (que são bastante fortes), é possível demonstrar-se que qualquer política protecionista é melhor do que o livre-câmbio. Para compreender-se esse fato, lembremos que, em condições bastante gerais, é possível escrever-se a equação (3) na forma $a = f_1(b)$. Se a equação $b = f_1(b)$ tiver alguma raiz real, esse valor seria consistente com o máximo de satisfação da coletividade dentro do regime de livre-câmbio. Em caso contrário, não existe nenhuma posição de livre-câmbio que dê o máximo. É possível, por outro lado, encontrar-se posições protecionistas inferiores às de livre-câmbio.

A análise anterior pode ser mais bem compreendida pelo exame de um exemplo concreto. Suponhamos que a família de curvas de indiferença da coletividade seja definida por $U = C_a + C_i$. Nesse caso, U é uma medida do nível de rendimento nacional, que é a escala comumente aceita para medir-se o desenvolvimento econômico. O país procura, então, maximizar o seu nível de rendimento nacional. Suponhamos, mais, que a curva de possibilidade de produção seja definida por

$$4A^2 + 25I^2 = 1.000.000$$

e que $A(a) = 300\sqrt{a}$. A curva de procura do produto exportado será $D = 200 - 50b$. Da equação (3) tiramos que

$$b = 2 + \frac{6\sqrt{a}}{5\sqrt{100 - 36a}} \qquad (5)$$

que é o lugar geométrico do plano (a, b) que define a curva de possibilidade de consumo. A equação (4), combinada com a (3), nos dá diretamente $b = 2,50$ e $a = 2,39$ como o ponto de equilíbrio.

O gráfico 10 esclarece o problema. No gráfico A temos a curva definida por (5) em linha cheia e a curva $a = b$ tracejada. O gráfico B mos-

GRÁFICO 10
DEFESA E RELAÇÕES DE TROCA

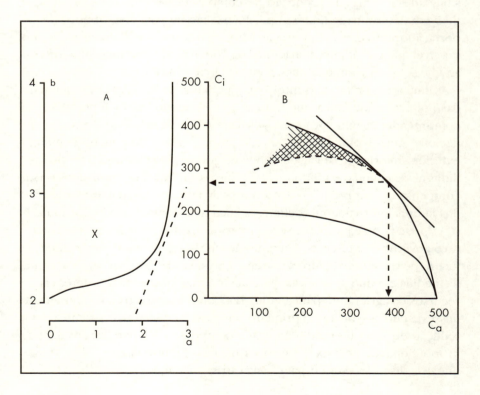

tra a curva de possibilidade de produção (linha cheia inferior), a curva de possibilidade de consumo em livre-câmbio (linha tracejada) e a curva de possibilidade de consumo dentro das condições de máximo (linha cheia superior). O ponto de equilíbrio é dado pelo ponto de tangência dessa curva com a curva de indiferença mais afastada da origem.

Temos, agora, uma visão gráfica das várias possibilidades. Em primeiro lugar, notemos que a fixação arbitrária de qualquer combinação (a, b) não garante a melhor combinação dos fatores de produção. Assim, por exemplo, o ponto (1; 2, 6) se transforma no ponto (230; 342) no plano (C_a, C_i), mas é possível encontrar-se um ponto de livre-câmbio que produza um rendimento nacional maior. Mais do que isso, a fixação das taxas cambiais na relação de 1 para 2,6 representa um claro desperdício de fatores de produção, pois a sua fixação na relação de 2,39 para 2,50 produziria um rendimento nacional de 651 dado pelo par (388,8; 262,2).

Fica claro, portanto, que as vantagens decorrentes da intervenção no setor do comércio exterior estão condicionadas ao aproveitamento das possibilidades internas de produção. Se, como pode ser o caso, a manutenção de b em determinado limite implica a fixação de uma taxa cambial de exportação, muito baixa com relação à taxa cambial das importações, é muito possível que o rendimento nacional da coletividade seja, inclusive, inferior ao que se obteria em qualquer ponto de livre-câmbio.

As limitações do modelo anterior para a determinação das consequências das políticas econômicas alternativas são evidentes, mas ele nos auxilia a compreender claramente os perigos da tentativa de se elevar o rendimento nacional pela exploração da posição monopolística do país no comércio exterior. Em primeiro lugar, percebemos que, se para elevar-se b for preciso diminuir-se a, então é muito possível que os ganhos monopolísticos sejam compensados por prejuízos decorrentes de uma aplicação menos eficiente dos fatores internamente (definida a eficiência como a maximização de U (C_a, C_i). De fato, se para fixar-se b temos que fixar K_e (como acontece quando o governo fixa um preço mínimo de exportação), mas é o mercado que fixa K_i pelo encontro entre a oferta e a procura de divisas, é evidente que, na medida em que K_i se afasta de K_e, há internamente uma transferência de recursos da agricultura para a indústria. Como, entretanto, a produtividade desses recursos é maior no primeiro setor, essa transferência promove uma redução do nível de rendimento que compensa uma parcela dos ganhos proporcionados pela exploração da posição monopolística. Observemos que esta discussão supõe, para a sua estrita validade:

a) que a economia esteja operando em nível de pleno emprego;
b) que o nível tecnológico permaneça invariável;
c) que a quantidade total de bens e serviços (e não outra combinação de C_a e C_i) é o que se procura maximizar.

É evidente que, quando a condição i não vale, a coletividade pode melhorar sua situação simplesmente se utilizando de maior quantidade de seus recursos. Quando o nível tecnológico se modifica, a análise continua válida, mas os resultados fornecidos pela realidade podem indicar o contrário, pois que o deslocamento da curva de possibilidade de produção pode ser suficientemente rápido para compensar os prejuízos causados pela transferência de recursos. Não é, portanto, prova em contrário às conclusões que obtivemos afirmar que, juntamente com a defesa, verificou-se, não uma diminuição da produção agrícola, mas sim um aumento, porque as condições tecnológicas se alteraram profundamente.

Conclui-se, portanto, que, a curto prazo, os benefícios sociais que decorrem da política de defesa são menores do que poderia parecer à primeira vista e que, a longo prazo, a persistência da política pode produzir:
a) uma aplicação defeituosa dos fatores de produção; e
b) um estímulo muito importante para os concorrentes desenvolverem a sua produção.

Nessas circunstâncias, o máximo que se pode obter de uma política de defesa dos preços internacionais do café são benefícios de curto prazo, mesmo assim inferiores ao que geralmente se estima.

Quando se estuda o custo social da defesa, não pode deixar de ser apontado, por outro lado, o fato de que todo o seu mecanismo representava, de fato, uma enorme proteção ao setor agrícola e provocava uma inconveniente distribuição dos disponíveis fatores de produção. Se, de um lado, a defesa dos preços em moeda nacional tinha como subproduto a elevação da receita de divisas e significava, portanto, uma melhoria do rendimento da coletividade, de outro a sustentação dos preços do café em moeda nacional representava a sustentação de uma atividade em níveis não compatíveis com os desejos da procura. Como os preços do café não baixaram internamente, era impossível transferir-se a mão de obra do setor agrícola para o setor industrial e, como a defesa tinha necessariamente de se fazer acompanhar por uma estabilização da taxa cambial, isso representava a impossibilidade de desenvolvimento da indústria nacional, ou seja, da possibilidade de absorção daquela mão de obra em outros setores que não o agrícola.

Chegamos, assim, à conclusão de que, ao mesmo tempo que aumentava o rendimento da coletividade pela exploração de nossa posição monopolística no mercado internacional do café, a defesa impedia que os fatores de produção encontrassem, internamente, a sua melhor distribuição e, portanto, diminuía o nível de rendimento do país. O custo social da defesa se manifestava, portanto, em termos de inflação e em termos de uma péssima distribuição dos fatores e pode-se pôr em dúvida que, dentro dessa perspectiva, os seus resultados tenham sido positivos.

Essas observações mostram que é completamente errônea a afirmação frequentemente repetida de que foi a defesa dos preços do café que facilitou o desenvolvimento industrial. A indústria somente começou a se desenvolver internamente quando a deterioração da taxa cambial levantou uma barreira suficientemente grande para garantir-lhe uma parcela do mercado interno e somente se beneficiou da defesa muito posteriormente, quando foi possível estabelecer-se um grande diferencial entre as taxas cambiais de exportação e de importação, o que ocorreu recentemente.

CAPÍTULO 8

O PROBLEMA DA ELASTICIDADE DA PROCURA DO CAFÉ

INTRODUÇÃO

No presente capítulo, procuraremos estudar as relações entre preço e procura dentro do mercado cafeeiro.

Por várias razões, não vamos construir estatisticamente uma curva de procura. Em primeiro lugar, quase uma dezena de determinações já foram feitas para períodos diferentes (Gilboy, 1934; Kingston, 1939; Schlittler Silva, 1949; Stone, 1954; Fox, 1954; Szarf e Pignalosa, 1954; Klein, 1955; Delfim Netto, 1955) e, em segundo lugar, porque todos concluíram que a procura do café é relativamente inelástica. É preciso destacar bem que essas curvas de procura foram todas elas construídas com o método dos mínimos quadrados, minimizando-se a soma dos quadrados dos erros de estimação com relação à quantidade, única variável considerada aleatória.

O PROBLEMA ESTATÍSTICO

Sabemos que, quando para cada vetor fixado das variáveis independentes $(X_1, X_2, ..., X_k)$ a variável dependente tem uma distribuição com média e variância:

$E(Y|X_1, X_2, ..., X_k) = \beta_0 + \beta_1 (X_1 - \overline{X}_1) + \beta_2 (X_2 - \overline{X}_2) + \beta_k (X_k - \overline{X}_k)$ $V(Y|X_1, X_2, ..., X_k) = o^2$ e os erros são independentes, os coeficientes de regressão obtidos pelo método dos mínimos quadrados são estimativas justas dos parâmetros existentes na estrutura. O mesmo não acontece quando qualquer uma dessas condições é violada.

As críticas que, do ponto de vista estatístico, podem ser dirigidas a todas as estimações de curvas de procura que citamos, classificam-se, portanto, em três grupos:

1. Existência de erros em todas as variáveis.
2. Existência de relações simultâneas.
3. Existência de autocorrelação nos erros.

A gravidade de cada uma dessas críticas é muito variável, mas pode-se afirmar que, em geral, os coeficientes obtidos pela análise de regressão *não são estimativas justas* dos parâmetros estruturais e que, portanto, *todas as elasticidades* estimadas apresentam um grau maior ou menor de vício, na medida em que as condições da realidade em que foram obtidas se afastam das hipóteses mencionadas.

É fato inteiramente conhecido que, quando todas as variáveis são sujeitas a erros, o método dos mínimos quadrados simples, apesar de produzir a melhor equação para a previsão do valor da variável dependente para valores fixados das variáveis independentes, não nos dá estimativa justa dos parâmetros estruturais. Dificuldades ainda mais graves decorrem do fato de tratar-se a procura isoladamente e não dentro de um conjunto de relações que ela deve necessariamente satisfazer. Do ponto de vista da política econômica, a distinção é evidentemente muito importante, não porque nos habilita a realizar melhores predições sobre uma variável, mas porque nos permite levar em conta as possíveis modificações de estrutura. As equações obtidas pelo método dos mínimos quadrados simples podem ser utilizadas para a previsão da variação da variável independente (para valores fixados das variáveis dependentes), quando a hipótese da permanência estrutural pode ser aceita. No caso da procura do consumidor, é quase certo que esse é o caso, pelo menos a curto prazo, porque os hábitos de consumo são persistentes.

Do ponto de vista estatístico, entretanto, o problema de estimação de um sistema de equações com erros nas variáveis já foi resolvido de maneira bastante satisfatória por Koopmans (1937).

O problema aqui é estimar-se os parâmetros estruturais

$$\beta_{jo} + \sum_{i=1}^{n} \beta_{j_i} \theta_{it} = 0, \text{ com } j = 1, 2, ..., p$$

$$x_{it} = \theta_{it} + e_{it}$$

onde x_{it} é o valor observado da variável θ_{it}. Por hipótese, os erros e_{it} são independentes no tempo. Se a variância dos erros é constante, uma aplicação direta do método dos mínimos quadrados nos conduz a minimizar

$$\underset{i=1}{\overset{n}{S}} (1/o_i^2) \underset{t=1}{\overset{n}{S}} e_{it}^2 = 0$$

com as restrições impostas pelas p equações anteriores. É claro que a solução depende do conhecimento das variâncias dos erros ou de algumas relações entre elas. Chamando-se de S_{it} a expressão $(N-1)$ est $[\,\mathrm{cov}\,(x_{it}, x_{jt})\,]$, demonstra-se (Tintner, 1952, p. 127) que as estimativas dos parâmetros estruturais são dadas pela solução da seguinte equação:

$$\begin{vmatrix} S_{11} - mv_{11} & S_{12} & \cdots & S_{1n} \\ S_{21} & S_{22} - mv_{22} & \cdots & S_{2n} \\ \bullet & \bullet & \cdots & \bullet \\ \bullet & \bullet & \cdots & \bullet \\ S_{n1} & S_{n2} & \cdots & S_{nn} - mv_{nn} \end{vmatrix} = 0,$$

onde escrevemos $\mathrm{var}\,(x_i) = v_{ii}$. A solução dessa equação em m determina as n raízes características $m_1, m_2, ..., m_n$.

Notemos que a forma quadrática $\overset{n}{\underset{1}{S}} v_{ii} x_i^2$ é essencialmente positiva porque todos os v_{ii} são positivos e a matriz $[S_{ij}]$ é simétrica. Temos, portanto (Ferrar, 1941, p. 145), que todas as raízes da equação característica são reais. Com as p menores raízes (em ordem crescente), determinamos as estimativas b_{ji} dos parâmetros estruturais. Quando as variâncias são conhecidas e, portanto, não precisam ser estimadas a partir da própria amostra, pode-se demonstrar (Hsu. 1941) que se $m_1, m_2, ...$ forem as raízes, em ordem de grandeza, então

$$M_i = (N-1)\,(m_1 + m_2 + ... + m_i)$$

tende a se distribuir segundo um x^2 com $i\,(N - 1 - n + i)$ graus de liberdade. Com base nesse critério, pode-se determinar o número de relações independentes existentes entre $x_1, x_2, ..., x_n$ fixando um nível de probabilidade e testando $M_1, M_2, ... M_i$ contra o valor de x^2 tabelado. Com esse critério, ficam eventualmente superadas, quando se ajusta uma única equação, também as dificuldades que apontamos atrás e que decorriam da multicolinearidade. Como é claro pela natureza da operação, se as variâncias tiverem de ser estimadas com base na própria amostra, o número de graus de liberdade do

x^2 construído será menor e o teste é apenas aproximado. Na construção do teste, são essenciais as hipóteses de que os resíduos não são autocorrelacionados e que se distribuem normalmente, hipóteses que dificilmente se verificarão em problemas econômicos, de maneira que não se pode utilizar o critério Hsu-Tintner (que foi o primeiro a utilizá-lo) senão como uma aproximação muito grosseira.

Como vimos, a aplicação desse método envolve o conhecimento das variâncias dos erros. Elas podem ser estimadas pelo método das diferenças (Tintner, 1940), mas não existe muita certeza quanto à validade dos resultados. No caso mais geral, em que não é possível postular-se a independência dos erros, o método se apresenta com resultados ainda mais duvidosos.

É essencial notar-se aqui que geralmente não será possível utilizar-se o método das diferenças para estimar-se as variâncias dos erros das variáveis, porque, como verificamos, a solução de cada equação no tempo (isto é, a equação que descreve o seu caminho de equilíbrio) não será um polinômio. Como se sabe, o método das diferenças se apóia na hipótese de que a variável pode ser descrita por um polinômio de grau n

$$p_t = P_n(t) + e_t,$$

onde $P_n(t)$ é um polinômio de grau n em t e e_t é o erro de observação. Se sobre a equação anterior aplicarmos n vezes sucessivas o operador Δ, encontramos

$$\Delta^n p_t = a_n(n!) + \Delta^n e_t,$$

onde a_n é o coeficiente de t_n em $P_n(t)$. Aplicando-se sobre esse resultado o operador variância, encontramos

$$V(e_t) = \frac{(n!)^2}{(2n!)} V(\Delta^n p_t)$$

o que nos permite estimar $V(e_t)$. Nos casos concretos, calculam-se as diferenças das observações até observar-se a sua estabilização. Acontece, entretanto, que, pelos modelos que construímos, sabemos que os caminhos de equilíbrio das variáveis que nos interessam não podem ser descritos por polinômios, mas talvez por uma soma de harmônicos do tipo

$$p_t = a_0 + \sum_{i=1}^{k} a_i \cos w_i t + \sum_{i=1}^{k} b_i \operatorname{sen} w_i t + e_t.$$

É possível, também, neste caso, encontrar-se uma fórmula para estimar-se $V(e_t)$ (Klein, 1953).

Essas considerações mostram que todas as curvas de procura até hoje construídas sofrem do defeito de apresentar estimativas viciadas dos parâmetros e, consequentemente, da elasticidade.

Em condições especiais, é possível determinar-se o sentido do vício da estimativa dada pelo método dos mínimos quadrados. Sabemos que, quando valem as hipóteses daquele método, $b = S_{xy}/S_{xx}$ é uma estimativa justa do parâmetro β. Quando, entretanto, também a variável x é sujeita a erro, aquele estimador produz resultados viciados. No caso em que os erros de y e de x são independentes entre si e independentes dos valores assumidos pelas próprias variáveis, aquele estimador produz um resultado viciado para menos. Com efeito, quando y é sujeito a erro mas x não é, temos que

$$b = \frac{Syx}{Sxx}$$

é uma estimativa justa de β. Se nessa fórmula substituirmos x por $x + e$, onde e é uma variável aleatória de média 0, variância constante, independente de x e de y e independente do erro de y, obtemos, para grandes amostras,

$$b' = \frac{Sxy}{Sxx + Se^2} \ .$$

Nessa fórmula, encontram-se separados os efeitos de x e de seu erro e temos

$$b' = \frac{1}{1 + m^2} \ b,$$

onde $m^2 = Se^2/Sxx$. Calculando-se a média de ambos os membros, verificamos que $E(b') < \beta$. No caso concreto de aplicação de tal técnica para a determinação da elasticidade, minimizamos os erros na direção das quantidades e supomos os preços isentos de erros. Não há dúvida, portanto, sobre o fato de que todas essas estimativas não estimam o coeficiente de elasticidade, mas sim um número menor do que ele.

Procura com erro nas variáveis

Existe um grande número de sugestões para superar-se essa dificuldade, as quais não interessa discutir-se aqui. Na nossa opinião, o único método razoável para determinar-se uma regressão entre duas variáveis sujeitas a erro, sem fazer-se nenhuma hipótese sobre $var\ (e_1)$ e $var\ (e_2)$, é o de Wald (1940), com os acréscimos que lhe fez Bartlett (1949). Este último autor mostrou que, com as hipóteses feitas, a eficiência da estimativa do coeficiente de regressão dentro deste método contra o dos mínimos quadrados (quando valem justamente as suas hipóteses), é maior ou igual a 8/9, o que mostra que, mesmo neste caso, perde-se muito pouca informação.

Dentro do método Wald-Bartlett, as observações são ordenadas em ordem crescente de x e divididas em três grupos, cada um com o mesmo número de observações. Os parâmetros são, então, estimados da seguinte maneira: a) a reta estimada tem que passar no ponto

$$(\bar{y}, \bar{x})$$

e b) o coeficiente de regressão é calculado pela fórmula

$$b = \frac{\bar{y}_3 - \bar{y}_1}{\bar{x}_3 - \bar{x}_1}$$

onde as médias se referem aos grupos. É possível demonstrar-se que assim se obtém estimativas consistentes dos parâmetros estruturais. Até o presente momento, portanto, o máximo que se consegue obter, desconhecendo-se $var\ (e_1)$ e $var\ (e_2)$, é um processo de estimação cujos estimadores produzem resultados que convergem, em probabilidade, para os verdadeiros parâmetros da população, à medida que o número de observações cresce. Dentro do método, não é difícil construir-se intervalos de confiança para o coeficiente de regressão. O método Wald-Bartlett já sofreu alguns refinamentos quanto ao número ótimo de pontos que devem ser colocados em cada um dos três grupos para obter-se uma eficiência maior e já foi aplicado no caso de regressão múltipla (Gibson e Jowett, 1957). É curioso notar-se que o método Wald-Bartlett é semelhante ao chamado ajustamento pelo método das médias. É claro que o desperdício de informações contidas no grupo central (que não é utilizado para a estimação do coeficiente de regressão) é lamentável. Como, entretanto, a eficiência do método é bastante elevada (no mínimo igual a 8/9, dependendo da divisão dos pontos e do tamanho da amostra), essa perda de informações é suficientemente compensada, de um lado pela possibilidade de se realizar a estimação sem o conhecimento da variância dos erros e, de outro, pela simplicidade do estimador. É óbvio, também, que, dentro dessas circunstâncias, o intervalo de confiança que se obtém para o coeficiente de regressão deve ser maior (para um nível fixado de probabilidade) do que o que se obtém com as hipóteses de mínimos quadrados.

Essa afirmação tem implicações importantes para a determinação do valor estrutural do coeficiente de elasticidade no ponto (y, x). Para compreender-se melhor esse fato, é preciso considerar-se que o intervalo de confiança determinado pelo método Wald-Bartlett não é simétrico em torno da estimativa.

Pode-se, portanto, afirmar-se com segurança que, em todas as determinações de curva de procura a que nos referimos, os intervalos de confiança construídos para o coeficiente de regressão eram menores do que os que temos que aceitar dentro das limitações impostas pela quantidade de conhecimento que possuímos. A seguir, faremos uma aplicação do método de Wald-Bartlett, onde tentaremos determinar a elasticidade da procura dentro do mercado norte-americano.

Com referência ao problema das relações simultâneas e da existência de autocorrelação nos resíduos, a situação é menos confortadora do ponto de vista estatístico, principalmente porque os métodos de estimação tendem a se complicar até se tornarem praticamente inabordáveis pelo pesquisador isolado. Por outro lado, a comparação entre os coeficientes estimados, considerando-se uma equação isolada, e todo o sistema (Klein. 1950) tem mostrado que eles são bastante próximos. A situação, de fato, é muito mais grave com relação à hipótese de independência dos erros. Cochrane e Orcutt (1949) mostraram que não é possível melhorar-se a qualidade das estimativas a não ser encontrando-se uma transformação da variável (como, por exemplo, utilizando-se a sua primeira diferença), que torne verdadeira a hipótese de independência dos erros.

A procura dos consumidores e o problema da elasticidade

Vamos procurar, nesta seção de nosso trabalho, fazer uma aplicação concreta do método de Wald-Bartlett para depois discutir, com maior cuidado, o problema da elasticidade da procura do café brasileiro.

Vamos determinar a curva de procura de café do consumidor norte-americano, utilizando-nos dos dados do Bureau Pan-Americano do Café, resumidos no quadro 43.

Para eliminar-se o efeito da depreciação da unidade monetária, trabalharemos com "rendimento real" e "preço real", calculados deflacionando-se os números acima pelo índice do custo de vida. Como se verifica imediatamente, esse procedimento tende a criar uma correlação espúria entre o

QUADRO 43

Anos	Consumo *per capita* em libras-peso	Preço no varejo em cents/libra-peso	Rendimento *per capita*[a]	Índice do custo de vida[b]
1947	17,8	46,9	1.339	84
1948	18,4	51,4	1.443	90
1949	18,4	55,4	1.395	89
1950	16,3	79,4	1.507	90
1951	16,5	86,8	1.682	97
1952	16,7	86,8	1.772	99
1953	16,9	89,2	1.833	100
1954	14,7	110,8	1.806	100
1955	15,4	93,0	1.885	100
1956	16,0	96,6	1.978	102

Fonte: Relatórios do Bureau Pan-Americano do Café.
[a] Rendimentos *per capita* em dólares.
[b] Base: 1953 = 100.

preço real e o rendimento real, criando o problema da multicolinearidade, que resolveremos a seguir. Para simplificar-se os cálculos, definimos as variáveis da seguinte maneira:

Y = consumo *per capita* − 14,7
X_1 = preço real − 55,8
X_2 = rendimento real − 1.567

Efetuando-se os cálculos, encontramos:

$$S_{yy} = 13,41 \qquad S_{11} = 2.982,52$$
$$S_{y1} = -188,22 \qquad S_{12} = 17.164,90$$
$$S_{y2} = -1.101,45 \qquad S_{22} = 150.474,50$$

A simples inspeção desse quadro mostra que S_{y2} apresenta um sinal inconsistente com os resultados da análise econômica, pois não se compreende que o consumo do café diminua à razão que aumenta o nível de rendimento, como se se tratasse de um bem inferior. Esse resultado é, de resto, inconsistente com as observações realizadas sobre um período maior de tempo e se explica pelo fato de que houve a concomitância de um crescimento de apenas 20% no rendimento nacional com um crescimento de mais de 100% nos preços, o que produziu uma violenta redução do nível de consumo. Devido às amplas flutuações dos preços, os efeitos-renda ficam escondidos.

Com base nos dados anteriores, calculamos imediatamente

$b_1 = -0{,}061079 \qquad var(b_1) = 214{,}7 \times 10^{-6}$
$b_2 = -0{,}000352 \qquad var(b_2) = 3{,}8 \times 10^{-6}$

e o quadro da análise da variância:

QUADRO 44

Fonte de variação	Soma de quadrados	Graus de liberdade	Quadrado médio	F
Regressão	11,88	2	5,94	27,0++
Resto	1,53	7	0,22	
Total	13,41	9		

Uma simples inspeção demonstra que não é possível rejeitar-se a hipótese nula $\beta_2 = 0$, pois a estimativa b_2 é menor do que o seu desvio-padrão. Conforme era de se esperar, dentro do prazo relativamente curto de observação, em que o nível de rendimento cresceu 20%, mas o nível de preços flutuou amplamente (mais de 100%), a análise de regressão é incapaz de discriminar as modificações do consumo devidas ao "efeito-renda". Quando se estende a análise por períodos mais longos, em que a flutuação do nível de rendimento também se modifica de maneira substancial, conclui-se que ele é uma variável importante para a explicação das flutuações do nível de consumo (Delfim Netto, 1955).

Refazendo-se os cálculos somente com a variável X_1, encontramos o seguinte resultado:

$b = 0{,}0631 \qquad e \qquad var(b) = 64 \times 10^{-6}$

e a análise de variância:

QUADRO 45

Fonte de variação	Soma de quadrados	Graus de liberdade	Quadrado médio	F
Regressão	11,88	1	11,88	62,5++
Resto	1,53	8	0,19	
Total	13,41	9		

O intervalo de β no nível de confiança de 95% é dado por (–0,0816; –0,0447). A equação de regressão é a seguinte, dentro das primitivas unidades de medida:

$$Y = 21,94 - 0,0631 X_1.$$

Se considerarmos as duas variáveis sujeitas a erros e aplicarmos o método de Wald-Bartlett (porque não conhecemos as variâncias dos erros e porque a série é muito pequena para estimá-los convenientemente), encontramos imediatamente $b' = -0,0681$, valor que difere de b por menos 10%. A equação de regressão é dada, então, por

$$Y = 22,35 - 0,0681 X_1.$$

Para encontrar-se o intervalo de confiança do coeficiente de regressão, temos que resolver a equação em β:

$$\frac{1}{2} k (N-3) (\bar{x}_3 - \bar{x}_1)^2 (b - \beta)^2 = t^2 (s_{yy} - 2\beta s_{xy} + \beta^2 s_{xx}),$$

onde k é o número de observações em cada um dos grupos extremos, N o número total de observações, $\bar{x}_i$ a média de x no grupo i, t o valor da distribuição de Student para o nível de probabilidade fixado e com N-3 graus de liberdade e s_{yy}, s_{yx} e s_{xx} são as somas de S_{yy}, S_{yx} e S_{xx}, obtidos dentro de cada grupo. No nosso caso, temos $N = 10$, $k = 3$, $\bar{x}_3 = 99,5$, $\bar{x}_1 = 58,4$, $b = -0,0681$, $t = 2,365$ e $s_{xx} = 218,00$, $s_{xy} = -9,13$ e $s_{yy} = 1,29$. Resolvendo-se a equação, encontramos

$$-0,0700 \pm 0,0200,$$

o que mostra que o intervalo de confiança de 95% para β é dado por (–0,09; –0,05), ligeiramente superior ao obtido anteriormente.

O objetivo da análise da procura, entretanto, não é estimar-se o coeficiente de regressão, mas sim o coeficiente de elasticidade.

$$n_0 = - (\frac{dq}{dp})_0 \frac{p_0}{q_0},$$

onde, de acordo com Marshall (1952), utilizamos o sinal negativo para tornar aquele coeficiente um número positivo. Essa afirmação não deve ser entendida no sentido de que somente a construção da regressão permite o cálculo do coeficiente de elasticidade (Delfim Netto, 1955a).

No caso da regressão múltipla comum, Girshick (1942) mostrou que é possível obter-se a distribuição exata do coeficiente de elasticidade a partir das provas de hipóteses lineares. No caso que estamos tratando, a construção de intervalos de confiança para o coeficiente de elasticidade é relativamente simples.

Consideremos $Y = \alpha + \beta (X-\bar{X})$ e suponhamos que desejamos testar a hipótese H_0: quando $X = X_0$, o coeficiente de elasticidade é dado por n_0. Se a hipótese vale, temos que

$$\alpha + \beta [X_0 (1 + n_0/n_0) - \bar{X}] = 0.$$

Podemos definir uma variável z onde os parâmetros são substituídos pelas suas estimativas na equação acima e temos

$$z = a + b [X_0 (1 + n_0/n_0) - \bar{X}].$$

Como a e b são variáveis normais, a variável z é, também, uma variável normal com

$$med(z) = 0$$

$$var(z) = o^2 [\frac{1}{B} + \frac{1}{S_{xx}} (X_0 (1 + n_0/n_0) - \bar{X})^2]$$

Porque z é uma combinação linear de a e de b, ele também é distribuído independentemente de s^2. Podemos, portanto, construir uma variável "studentizada" com $(N-2)$ graus de liberdade. Se chamarmos

$$u = X_0 (1 + n_0/n_0) - \bar{X},$$

temos que os limites de confiança de n_0 no nível de probabilidade fixado serão dados pela solução de

$$(b^2 - \frac{t^2 s^2}{S_{xx}})u^2 + 2abu + (a^2 - \frac{t^2 s^2}{N}) = 0,$$

combinada com a anterior. É óbvio que a hipótese $n = n_0$ pode ser testada por esse caminho, mas ele somente se justifica (pela quantidade de cálculos) quando desejamos construir um intervalo de confiança para o coeficiente de elasticidade. Para testar-se a hipótese $n = n_0$, utilizamos diretamente a variável "studentizada" contra a tabela de t.

Aplicando-se a fórmula da elasticidade para $X_0 = 80$ cents por libra-peso (mais ou menos o preço agora vigorante), encontramos as seguintes estimativas:

a) na regressão simples: $n_0 = 0,299$;

b) na regressão com erro: $n'_0 = 0,322$.

O intervalo de confiança de 95% para o coeficiente de elasticidade é dado por (0,212; 0,386), simétrico em torno da estimativa.

Não conhecemos a distribuição exata do coeficiente de elasticidade no caso de erro nas duas variáveis, mesmo porque a distribuição do coeficiente de regressão, nesse caso, não é rigorosamente normal (como no caso simples de mínimos quadrados), mas tende para a normalidade à medida que aumenta o número de observações. O problema de encontrar-se a distribuição exata do coeficiente de elasticidade nesse caso é muito complicado, pois se trata de encontrar-se a distribuição de um quociente, em que o numerador é o produto de uma variável normal por uma variável que tende à normalidade, e o denominador é uma variável normal. Os limites que encontramos anteriormente, entretanto, nos fornecem uma espécie de limite inferior para o intervalo de confiança do coeficiente de elasticidade e podem ser úteis, porque é improvável que o intervalo verdadeiro seja muito maior do que o obtido dentro das hipóteses mais simples.

Esses resultados mostram que a procura de café do consumidor norte-americano é inelástica dentro da faixa de preços que analisamos. Pensamos que é possível afirmar-se com segurança que um aumento de 10% nos preços do café no varejo deve produzir uma diminuição do consumo não superior a 5%. É preciso, entretanto, evidenciar-se bem as hipóteses dentro das quais essa conclusão foi construída:

a) trata-se da procura dos consumidores;
b) refere-se ao mercado norte-americano;
c) refere-se a níveis de preço não muito discrepantes dos atuais;
d) é válida a curto prazo.

A PROCURA DOS CONSUMIDORES E DOS OPERADORES

O primeiro ponto nem sempre tem sido suficientemente entendido e frequentemente tem sido afirmado que a procura dos torradores é inelástica. É muito possível que assim seja, mas esse fato não pode ser deduzido do anterior, pois, como vimos, a procura dos torradores e dos importadores tem a mais a componente "especulação", determinada por suas expectativas com relação aos preços futuros. A observação do comportamento dos homens de negócios mostra que não existe muita estabilidade nessa curva de procura e que ela está constantemente se alterando à medida que o operador recebe novas informações (verdadeiras ou não) sobre a situação do mercado.

Em nosso estudo da procura, chegamos à conclusão de que uma função do tipo

$$D_t = a + bp_t + ker\,(p_t - p_{t-1}) + cR_t + dN_t$$

deve representar, com bastante aproximação, a procura global de café. Nessa função, os parâmetros k (procura de especulação), e (expectativa dos empresários) e r (curva de transformação) estão ligados ao comportamento dos operadores. Deixando-se de lado as componentes devidas a R_t e N_t, a primeira por sua pequena influência a curto prazo e a segunda porque podemos trabalhar com D_t/N_t, temos que a curva de procura dos importadores seria dada por

$$D_t = a + bp_t + h\Delta p_{t-1},$$

onde $h = ker$. O conceito de elasticidade pode ainda ser aplicado a essa função com cuidados especiais.

Observemos inicialmente que, se $p_t = p_{t-1}$, isto é, se os preços não se alteram, $\Delta p_{t-1} = 0$ e a curva de procura dos torradores e importadores é a mesma que a dos consumidores, mas no caso não se pode falar em elasticidade da procura. Chamamos novamente a atenção para o fato de que o coeficiente determinado anteriormente se refere à procura dentro do mercado consumidor, isto é, à reação do consumidor final às variações do preço do café no varejo. É legítimo, portanto, falar-se em elasticidade da curva de procura dos consumidores (onde o fator "especulação" é desprezível), mas nesse caso não é legítimo falar-se em elasticidade da procura dos importadores e torradores.

Para construir-se a elasticidade, temos que supor uma variação de preços a partir de p_{t-1} e verificar o que acontece com a procura. Vemos que, quando p_t é maior do que p_{t-1}, isto é, quando Δp_{t-1} é positivo, o comportamento do operador é o de aumentar as suas compras, porque, pela inércia de sua expectativa, ele espera novas altas. Temos que o consumo diminui pelo aumento dos preços, mas os estoques aumentam a curto prazo pela expectativa de novos aumentos. Portanto, quando os preços se elevam, a elasticidade da procura global (ou da absorção) é menor do que a procura do consumidor. Quando Δp_{t-1} é negativo, isto é, quando p_t é menor do que p_{t-1}, o consumo aumenta pela redução dos preços, mas os estoques diminuem pela expectativa de novas baixas e, portanto, também a elasticidade da absorção é menor do que a do consumo.

Esses resultados podem, aliás, ser obtidos da seguinte maneira. Se supusermos $p_t = p_{t-1} + \delta p_{t-1}$, temos que $\delta D_{t-1} = \delta (b + h) p_{t-1}$. Como h é um número positivo, $|b + h|$ é menor do que b e, portanto, construindo-se a definição clássica, verificamos que aparentemente a elasticidade da procura dos importadores e dos torradores é menor do que a dos consumidores.

O problema, entretanto, modifica-se substancialmente quando consideramos as possibilidades de estocagem do café.

As dificuldades, criadas por um excedente de produção e as consequentes baixas de preços necessárias para induzir os operadores do mercado a absorverem o excesso, podem ser apreciadas mais facilmente quando são destacadas as espécies de custos que se tem que incorrer na realização dessa espécie de negócio:

a) é preciso que os operadores tomem conhecimento do risco de deterioração do produto. No caso do café, a situação não é muito grave, pois, inclusive, existem alguns cafés que, com o decorrer do tempo, têm a sua bebida melhorada e é comum a combinação, num mesmo *blend*, de cafés velhos e novos, para equilibrar-se a bebida;

b) existe um custo apreciável de armazenamento e seguro;

c) é preciso que o operador se cubra, não somente do juro do capital imobilizado na operação, como das eventuais modificações dos preços do produto no futuro.

Esses custos mostram que, quando a oferta excede a procura, o preço atual tem que cair suficientemente para cobrir todos esses riscos, a fim de induzir os operadores a aumentarem os seus estoques. O fator c), antes citado, mostra por que razão o preço do café tende a cair violentamente quando se verifica um excesso de produção, uma vez que, mesmo quando esse excesso se deve simplesmente a uma colheita excepcional, ele tende, em geral, a ser de grande magnitude.

A situação é muito mais grave no café do que no caso das culturas anuais, como o trigo ou o algodão, cuja produção responde mais ou menos substancialmente às variações de preços nos anos anteriores, pois, no caso do café, quando se manifesta um excesso de capacidade, a produção pode continuar crescendo mesmo depois de os preços terem começado a baixar.

Uma análise das grandes flutuações de preço, necessárias para induzir os especuladores a absorverem um excedente de produção, pode ser feita nos seguintes termos. Suponhamos que o mercado se encontre em equilíbrio, com uma produção anual e uma procura anual q a um nível de preço p. Em determinado momento, por motivos de ordem climática, suponhamos que a oferta apresenta um excedente de m sobre o que o consumo pode absorver no ano ao preço p. Qual deve ser a redução percentual de preços para induzir os especuladores a comprarem m? Esse problema foi resolvido por Keynes (1950). Damos, a seguir, uma solução um pouco mais geral, para se poder aplicar os resultados a um produto da natureza do café. Seja a, na unidade de tempo, o custo de armazenamento, seguro, juros e uma previsão para deterioração de uma unidade do bem, como percentagem do seu preço. Suponhamos, ainda, que a absorção completa do estoque, por parte dos consumidores, somente se processará no período de tempo t. É claro, então, que, para induzir-se um especulador a comprar café e armazená-lo, é preciso que, no mínimo, $dp = apt$, isto é, é necessário que o preço no disponível caia o suficiente para cobrir pelo menos as despesas decorrentes da conservação da mercadoria.

Por outro lado, quando o preço cai de p para $p-dp$, temos duas repercussões: a) a procura passa de D para $D + dD$, e b) a oferta diminui de S para $S-dS$. Para induzir-se os especuladores a entrarem no mercado, é preciso permitir-se a queda máxima (imediata) dos preços de p para $p-dp$, mas os especuladores entram com a esperança de que, uma vez retirado do mercado o excedente, o preço volte ao seu nível anterior e eles possam ir colocando o seu estoque a preços remuneradores. Suponhamos que, a partir do limite inferior $p-dp$, o preço volte uniformemente ao ponto de equilíbrio. Então, a redução máxima do estoque na unidade de tempo se verifica quando os preços atingem o seu mínimo. Nesse ponto, o estoque reduz-se de dD devido ao acréscimo de consumo e de dS devido à redução da produção. Quando o preço atingir de novo o seu equilíbrio, a redução do estoque será nula. Logo, a redução média do estoque na unidade de tempo é dada por $(dD + dS)/2$. No tempo t a soma dessas reduções tem que ser igual ao excedente. Temos, então (porque $S = D$):

$$S/2\ (dD/D + dS/S)\ t = m.$$

Da equação anterior e de $dp = apt$ pode-se eliminar t e encontrar-se a redução máxima imediata dos preços para induzir os especuladores a absorverem o excedente m:

$$dp/p = a\ (m/S)\ [2/(dD/D + dS/S)]$$

Essa equação contém, como caso particular, a dada por Keynes. Se $dD/D = dS/S$, então temos que

$$(dS/S)(dp/p) = am/S,$$

que é a equação de Keynes. Para pequenos acréscimos, podemos escrever

$$dp/p = [2ma/(n + e)q]^{1/2},$$

onde n é a elasticidade da procura e e a elasticidade da oferta no ponto de equilíbrio.

No caso do café, sabemos que a oferta é pouco influenciada pelos preços correntes e que mesmo uma baixa substancial de preços pode conservar, a curto prazo, o mesmo volume de produção. Daqui decorre que e é aproximadamente nulo. Por outro lado, a elasticidade da procura deve ser algum número entre 0,2 e 0,4. O custo de conservação de uma saca de café durante um ano nos Estados Unidos não deve andar longe de 8 ou 10% do nível de preços. Temos, portanto, para que os especuladores absorvam um excedente de produção mundial da ordem de 30% (que é mais ou menos o excedente atual), seria necessária uma baixa de preços da ordem de 40%. Os especuladores absorveriam todo o excedente, que seria colocado durante o prazo de cerca de 4 anos, com os preços elevando-se de 10% ao ano. No primeiro ano, tendo comprado com um desconto de 40%, mas tendo que pagar 10% de custo de conservação da mercadoria, o produto seria vendido a 35% abaixo do preço de equilíbrio (porque o custo médio seria de 5%), o que, com a elasticidade de 0,4, provocaria um aumento de consumo da ordem de 14%; no segundo ano, o produto seria vendido a 25% abaixo do preço de equilíbrio, o que provocaria um aumento de 10% no consumo; no terceiro ano, a 15% abaixo do preço de equilíbrio, com um aumento de consumo de 6%, e, finalmente, no quarto ano (antes do fim do qual o excedente estaria colocado), o preço voltaria ao nível de equilíbrio.

A fórmula que obtivemos permite uma apreciação mais correta dos efeitos de um excedente sobre o nível de preços. Em particular, ela mostra que todas as aplicações correntes que têm sido feitas para estimar-se a magnitude da diminuição de preços, necessária para induzir os especuladores a adquirirem um determinado excedente, e que se baseiam na fórmula da elasticidade da procura (o método comum é dividir-se o excedente em termos de porcentagem sobre a absorção normal pelo coeficiente de elasticidade), dão resultados muito incorretos. Frequentemente se tem visto, inclusive em publicações de organismos internacionais, a afirmação de que um excedente de 30% na produção mundial de café deveria provocar uma baixa de preços da ordem de 60% (porque se divide 30% por 0,5, considerada a elasticidade média da procura do café). É possível que isso aconteça, mas essa afirmação não pode ser logicamente deduzida das elasticidades estimadas.

Não estamos afirmando que não se verificará essa redução de preços, mas simplesmente mostrando que os resultados obtidos com esse raciocínio não resistem a uma análise mais cuidadosa.

No caso concreto do café, é muito possível que a baixa de preços tenha que ser bem maior do que a estimada pela fórmula anterior, devido a duas razões: a) a aquisição de um excedente de 30% sobre o consumo mundial implica a imobilização de um volume enorme de capital circulante, que os especuladores dificilmente poderão conseguir. Mesmo a preços baixos (30 cents a libra-peso), uma saca de café representa cerca de 40 dólares e para retirar-se do mercado 10 ou 12 milhões de sacas, seria necessário imobilizar-se nada menos do que 400 ou 500 milhões de dólares, importância que seria liberada em parcelas anuais. Dificilmente os especuladores poderiam dispor de um tal capital de movimento, mesmo porque o sistema bancário não estaria disposto a financiar uma operação de tamanho risco e de tão longo prazo; b) a produção de café é altamente variável e não é possível garantir-se que, antes mesmo de terminada a operação, não se apresente outro excedente, arruinando os operadores.

Nessas circunstâncias, é muito possível que os especuladores deem uma muito alta margem efetiva de desconto ao preço atual, para obterem a antecipação de um preço de equilíbrio. É óbvio que se trata aqui de um preço estimado e sujeito a determinado grau de incerteza, o que mostra que o especulador tem, de fato, que assumir um risco bastante grande quando se dispõe a realizar tal tipo de operação. Essa taxa de desconto pode ser facilmente introduzida na equação anterior, bastando para isso utilizarmos como preço de equilíbrio o preço esperado. O efeito dessa modificação é, de um lado, depreciar ainda mais o preço atual de equilíbrio e, de outro, apressar o término da operação.

Esses resultados sugerem duas observações importantes do ponto de vista da política econômica do café. Em primeiro lugar, vemos que, diante de um excedente considerável da oferta sobre a procura, dificilmente os próprios especuladores poderão agir com bom êxito, e é possível que os preços do produto atinjam níveis muito mais baixos do que seria necessário para o mercado encontrar o seu equilíbrio. Esse fato recomenda fortemente uma ação do Estado para facilitar a ação dos especuladores. Em segundo lugar, ele mostra que, a não ser que os preços caiam, nenhum operador terá interesse de correr o risco de aumentar os seus estoques, de forma que, se o governo tomar o lugar dos especuladores, o mercado tende a permanecer desorganizado, pois não se criarão os incentivos para a absorção dos excedentes.

O parágrafo anterior pode, à primeira vista, parecer contraditório, pois recomenda, de um lado, a intervenção do Estado, e a repudia, de outro. Não é assim, entretanto. O que se recomenda é que, quando se verifiquem excedentes consideráveis, o Estado absorva uma parcela para que os operadores normais de mercado tenham liquidez e confiança suficientes para operar. Uma implicação clara dessas conclusões, por outro lado, é que se deve permitir uma baixa suficiente de preços para induzir-se os operadores a entrarem no mercado. É certo que as compras do governo, mesmo depois de retiradas do mercado, continuam a exercer pressão sobre as cotações, mas pensamos que será possível encontrar-se fórmulas administrativas capazes de dar aos operadores confiança na ação governamental e impedir-se, portanto, flutuações desnecessárias nos preços do café.

Esses resultados parecem confirmar ainda mais a hipótese da inelasticidade da procura do café na escala mundial. Há, ainda, um fato muito importante para os países fornecedores, pois as conclusões acima foram tiradas raciocinando-se com os preços no nível do varejo e sabe-se que a elasticidade diminui quando se passa para os estágios anteriores. De fato. Suponhamos a seguinte curva de procura no varejo: $Lq = a + bLp$, onde L é o logaritmo neperiano e cuja elasticidade é $-b$. Se os intermediários calculam os seus preços por $p = m + nP$, onde m e n são positivos e P é o preço pago ao produtor, a curva de procura com que se defronta o produtor é

$$Lq = a + bL(m + nP),$$

cuja elasticidade é dada por $-b\,(nP/m + nP)$, que é necessariamente menor do que b. É claro que o resultado não depende da forma particular que demos à curva de procura. Ele vale em geral, como se vê a seguir. Seja $q = f(p)$ a curva de procura dos consumidores e seja $p = m + nP$ a curva de transformação, onde P é o preço do produtor. Para simplificar-se, suponhamos um intermediário que funciona sem alterar seus estoques. Temos, então, que

$$dq/dP = (dq/dp)\,(dp/dP),$$

de onde tiramos

$$n^+ = n\,(nP/m + nP),$$

onde n^+ é a elasticidade da procura com que se defronta o produtor e n é a elasticidade da procura dos consumidores. Essa equação mostra que sempre n^+ é menor do que n. Dessa circunstância, conclui-se que a elasticidade da procura aos preços FOB é menor do que a elasticidade da procura no varejo. Não é, portanto, de se estranhar que desde muito cedo na história do café os operadores nacionais se convencessem de que a procura era relativamente inelástica com relação às flutuações dos preços.

Notemos que os argumentos anteriores se aplicam sempre à procura global de café e não à procura de um determinado país. Encontramos, aqui, o primeiro fator que trabalha no sentido do aumento da elasticidade. É perfeitamente possível que, mesmo sendo inelástica a procura global de café, a procura de um particular país seja elástica, como se vê pelo seguinte raciocínio, devido a Horner (1952). Chamemos de Db a procura de café do Brasil, de Dt a procura global de café e de So a oferta de todos os demais concorrentes. Podemos, então, escrever $Db = Dt - So$. Supondo-se os cafés não discriminados por qualidade e preços, tiramos da equação anterior que

$$n_b = \phi n_t + (\phi - 1)e_0,$$

onde $\phi = Dt/Db$, n_b é a elasticidade da procura do Brasil, n_t é a elasticidade da procura global e e_0 é a elasticidade da oferta dos nossos concorrentes. A interpretação dessa equação é óbvia. Se a elasticidade da oferta estrangeira for nula, temos que n_b é igual à elasticidade da procura global dividida pela percentagem do fornecimento do país no consumo total do produto ($1/\phi$).

Esse é, evidentemente, o resultado que produz a menor elasticidade. Se a elasticidade da oferta dos concorrentes é diferente de zero, temos que, para um dado aumento de preços, a sua oferta cresce e o país vê diminuídas as suas exportações dessa quantidade adicional; se o preço diminui, a oferta dos concorrentes se contrai e o país coloca uma quantidade adicional. Suponhamos, para exemplificar, que $\phi = 2$, $n_t = 0,50$ e $e_0 = 0,10$. Então, temos $n_b = 1,1$. Mesmo com a procura global inelástica é possível, portanto, obter-se elástica a procura de um país.

Esse resultado tem levado muitos economistas a pensarem que, de fato, a procura do café é elástica. É esse o caso, por exemplo, de Harberger (1957). O erro nessa dedução consiste em supor-se que existe um mercado cafeeiro homogêneo, com um único preço. O exemplo dado nas conclusões de Harberger é uma simples aplicação da fórmula de Horner, que vimos há pouco. De fato, se fizermos com ele $n_t = 0{,}5$, $e_0 = 1{,}0$ e $\phi = 2$, encontramos $n_b = 2{,}0$.

É fácil compreender-se o problema mesmo aritmeticamente. Um aumento de 1% no *preço do café brasileiro* (não seguido pelos concorrentes), não causa um aumento de *1% no preço do café no mercado internacional*, mas de *1/2%*, porque o Brasil fornece metade do consumo. Com um aumento de 1/2%, o consumo cai (dentro da hipótese de Harberger) 1/4% e a oferta estrangeira aumenta 1%, ou seja, 1/2% do total mundial. Logo, a procura do Brasil cai (1/4 + 1/2)% = 3/4% e temos $n_b = 0{,}75$ e não 2. Aliás, nem mesmo esse resultado é correto, como vamos demonstrar, porque os nossos concorrentes também modificam os seus preços.

A ELASTICIDADE DENTRO DO MODELO

Suponhamos a curva de reação $p_2 = p_2(p_1, p_3)$, cuja interpretação é a seguinte: a Colômbia (representando todos os latino-americanos produtores de *mild*) fixa o seu preço em atenção ao preço fixado pelo Brasil e pela África. Por outro lado, $p_3 = p_3(p_1, p_2)$. Quando o Brasil fixa o seu preço, colombianos e africanos fixam o seu em atenção às suas curvas de reação.

Fixados os preços p_1, p_2 e p_3, os importadores e torradores procurarão importar as quantidades q_1 (do Brasil), q_2 (da Colômbia) e q_3 (da África), de forma a obterem o lucro máximo. O preço de importação será dado por

$$p_i = \frac{p_1 q_1 + p_2 q_2 + p_3 q_3}{q_1 + q_2 + q_3},$$

ou seja, pela média aritmética ponderada de p_1, p_2 e p_3. Por outro lado, sabemos que o preço no varejo é obtido por $p = f + g p_i$, que fornece a quantidade total absorvida pela equação da procura $q = f(p)$. O torrador procura, portanto, fixar as quantidades q_1, q_2 e q_3, tendo em vista maximizar o seu lucro (ou melhor, a sua margem de comercialização) dentro das condições impostas. A margem do torrador é dada por $(p-p_i) = f + (g-1) p_i$. A sua margem total máxima é dada pelas quantidades q_1, q_2 e q_3, que maximizam

$$M = (p - p_i)(q_1 + q_2 + q_3) \tag{1}$$

sujeita às seguintes condições:

$$q_1 + q_2 + q_3 = f(p) \tag{2}$$

$$p = f + gp_i \qquad (3)$$

$$p_i = (p_1q_1 + p_2q_2 + p_3q_3)/(q_1 + q_2 + q_3) \qquad (4)$$

q_1 menor ou igual a uma porcentagem de q

$$\text{ou } q_1 \leq s_1 q \qquad (5)$$

q_3 menor ou igual a uma porcentagem de q

$$\text{ou } q_3 \leq s_3 q \qquad (6)$$

As duas últimas condições se referem às porcentagens máximas de café brasileiro e africano que podem ser adicionadas aos "blends", sem que o consumidor tenha capacidade para discriminar a bebida. A solução desse problema nos dá as curvas de procura do café brasileiro, colombiano e africano. Notemos que o problema não pode ser simplesmente resolvido pela aplicação do cálculo diferencial, devido às restrições (5) e (6). É possível, entretanto, colocar-se o problema em termos da programação linear.

Podemos eliminar a restrição (3), substituindo-a em (1) e em (2). Supondo-se, ainda, que a curva de procura é $q = a + bp$, ficamos com o problema: maximizar

$$M = (p - p_1)q_1 + (p - p_2)q_2 + (p - p_3)q_3$$

sujeita às condições:

$$(p - f - gp_1)q_1 + (p - f - gp_2)q_2 + (p - f - gp_3)q_3 = 0$$
$$q_1 + q_2 + q_3 = a + bp$$
$$(1 - s_1)q_1 - s_1q_2 - s_1q_3 \leq 0$$
$$-s_3q_1 - s_3q_2 + (1 - s_3)q_3 \leq 0.$$

Estamos diante de um problema de programação paramétrica, pois, para cada p, p_1, p_2 e p_3 fixados, obteríamos a solução de q_1, q_2 e q_3. Para conseguirmos o resultado que desejamos, não é preciso, entretanto, resolver-se esse problema, mas simplesmente notar-se que as curvas de procura de cada país são função dos quatro parâmetros, isto é:

$$q_1 = q_1(p, p_1, p_2, p_3)$$
$$q_2 = q_2(p, p_1, p_2, p_3)$$
$$q_3 = q_3(p, p_1, p_2, p_3)$$

É preciso interpretar-se com cuidado essas equações. Elas mostram quanto os torradores comprarão do Brasil, da Colômbia e da África, para cada p que fixarem (uma vez que p_1, p_2 e p_3 são fixados pelos fornecedores). No equilíbrio, os torradores fixarão p de maneira a maximizar a diferença total entre o preço de compra e o preço de venda, isto é, a margem de comercialização. A margem é dada por

$$p - p_i = f + (g - 1)p_i.$$

Por outro lado, temos que

$$q_1 + q_2 + q_3 = F(p, p_1, p_2, p_3) = G(p_i, p_1, p_2, p_3).$$

A margem total dos torradores é, portanto, dada por

$$M = [f + (g - 1)p_i] \, G(p_i, p_1, p_2, p_3),$$

que nos fornecerá, para cada conjunto de preços p_1, p_2 e p_3, a margem que os torradores terão, fixando o preço médio de importação em p_i. Os torradores procurarão fixar p_i de maneira a obter a margem máxima. Derivando-se a expressão anterior com relação a p_i e igualando-se a zero o resultado, encontramos uma solução do tipo

$$p_i = p_i(p_1, p_2, p_3),$$

que nos fornecerá o ponto de máximo se, substituída na segunda derivada, der sinal negativo.

Observemos que, por construção, as curvas de procura do café brasileiro, colombiano e africano satisfazem todas as restrições e produzem sempre as quantidades que proporcionam aos torradores o lucro máximo. De fato, o modelo do mercado é o seguinte:

$$q_1 = q_1(p, p_1, p_2, p_3) \qquad (1')$$
$$q_2 = q_2(p, p_1, p_2, p_3) \qquad (2')$$
$$q_3 = q_3(p, p_1, p_2, p_3) \qquad (3')$$
$$p_i = p_i(p_1, p_2, p_3) \qquad (4')$$
$$p_2 = p_2(p_1, p_3) \qquad (5')$$
$$p_3 = p_3(p_1, p_3) \qquad (6')$$
$$q_3 + q_2 + q_1 = f(p) \qquad (7')$$
$$p = f + qp_i \qquad (8')$$
$$p_i(q_1 + q_2 + q_3) = p_1 q_1 + p_2 q_2 + p_3 q_3 \qquad (9')$$
$$q_1 \leq s_1 q \qquad (10')$$

$$q_3 \leq s_3 q \qquad (11')$$

Por construção de (1'), (2') e (3'), os valores de p, p_1, p_2, p_3, q_1, q_2 e q_3 que as satisfazem obedecem necessariamente às condições de (7') a (11'). Vemos que, uma vez fixados p_1, p_2 e p_3 (p_1 é o parâmetro de que dispõe o Brasil para a realização de sua política e p_2 e p_3 são determinados por (5') e (6'), as curvas de reação), as demais variáveis estão determinadas.

Atentemos para o fato de que o mercado pode ser descrito por um número menor de equações do que as que enumeramos de (1') a (11'), pois as equações de (7') a (11') estão, de fato, incluídas nas de (1') a (3'), por construção. Pela equação (4'), temos $p_i = p_i(p_1, p_2, p_3)$, o que, juntamente com (8'), nos permite construir $p = p(p_1, p_2, p_3)$. Essa equação, levada a (1'), (2') e (3'), nos permite dar ao mercado cafeeiro a sua expressão mais simples:

$$q_1 = q_1(p_1, p_2, p_3)$$
$$q_2 = q_2(p_1, p_2, p_3)$$
$$q_3 = q_3(p_1, p_2, p_3)$$
$$p_2 = p_2(p_1, p_3)$$
$$p_3 = p_3(p_1, p_2)$$

Essas conclusões mostram o fato fundamental tantas vezes esquecido de que a procura do café do Brasil depende, não somente do seu preço, mas também dos preços de seus concorrentes. Quando se fala, portanto, em elasticidade da procura de café brasileiro, é preciso distinguir-se muito bem duas situações: se nossas modificações de preços são acompanhadas pelos demais concorrentes ou se eles não nos acompanham. É preciso chamar-se a atenção para o fato de que essa última hipótese pode ser pensada e não realizada, porque os demais produtores seguem muito de perto a política brasileira (Delfim Netto, 1958). É, assim, quase impossível baixarmos os preços sem sermos acompanhados pelos produtores de "suaves" e de "robustas". Dada a importância do Brasil no mercado, qualquer modificação do preço brasileiro arrasta consigo o preço dos outros cafés. Aos países de menor importância é dada a faculdade de manipular os seus preços sem serem imediatamente acompanhados pelo Brasil e pela Colômbia, pois o peso do seu fornecimento é relativamente pequeno para forçar uma variação sensível nos preços brasileiros e colombianos. A situação entre os grandes e os pequenos produtores não é, portanto, simétrica, e é essa a razão pela qual a procura de café brasileiro continua inelástica, pois uma baixa dos nossos preços produz uma baixa em todos os preços sem alterar a posição relativa entre eles e a procura não sofre estímulo muito maior do que o derivado dos acréscimos de consumo.

Não tem, portanto, nenhum sentido falar-se de elasticidade da procura do café brasileiro, a não ser dentro de hipóteses sobre p, p_2 e p_3. A definição clássica de elasticidade não tem sentido, porque supõe a condição *ceteris paribus*, que não se verifica. Vemos que a procura de café brasileiro por parte dos torradores é uma procura derivada da dos consumidores, mas o fato mais importante a notar-se é que existe uma *elasticidade de substituição* do café brasileiro pelos "suaves", de um lado, e pelos "robustas" de outro (Delfim Netto, 1954). Isso significa que, mesmo quando o consumidor não reage às modificações dos preços, o torrador o faz, substituindo os cafés brasileiros pelos de outras procedências, sempre que isso possa trazer-lhe maiores lucros.

Para falar-se em elasticidade da procura do café brasileiro, temos, portanto, que distinguir muito bem duas situações: se nossa modificação de preço é seguida por nossos concorrentes, as relações entre os nossos preços e os deles não se alteram e, portanto, todos os produtores recebem o mesmo impacto derivado da procura dos consumidores; se, por outro lado, nossa modificação de preço não for acompanhada, por uma razão qualquer, por nossos concorrentes, então é certo que a procura dos cafés brasileiros se alterará mais intensamente do que a procura dos consumidores.

É possível construir-se o coeficiente de elasticidade da procura de cafés brasileiros levando-se em conta as curvas de reação.

Consideremos $q_1 = q_1(p_1, p_2, p_3)$, que é a curva de procura de café brasileiro e as duas curvas de reação $p_2 = p_2(p_1, p_3)$ e $p_3 = p_3(p_1, p_2)$. Para construir-se a elasticidade da procura do café brasileiro, temos que encontrar como se altera q_1 quando p_1 sofre uma pequena modificação. Nosso problema inicial, portanto, é construir a derivada dq_1/dq_1. Notemos que o sistema define q_1 como função de p_1, pois, para cada valor dessa variável, as curvas de reação determinam um par (p_2, p_3) que, substituído juntamente com p_1 na curva de procura, determina um valor de q_1. Estamos diante de um problema típico de análise estática comparativa, pois desejamos conhecer como se altera a posição de equilíbrio do sistema quando o parâmetro p_1 sofre um pequeno deslocamento. No caso, o problema é simples. Reconsideremos o sistema

$$q_1 - q_1(p_1, p_2, p_3) = 0$$
$$p_2 - p_2(p_1, p_3) = 0$$

$$p_3 - p_3(p_1, p_2) = 0$$

Derivando-se cada uma das equações com relação a p_1, encontramos o sistema de três equações a três incógnitas

$$\begin{bmatrix} 1 - \partial q_1/\partial p_2 & - \partial q_1/\partial p_3 \\ 0 & 1 & - \partial q_2/\partial p_3 \\ 0 - \partial q_3/\partial p_2 & 1 \end{bmatrix} \begin{bmatrix} dp_1/dp_1 \\ dp_2/dp_1 \\ dp_3/dp_1 \end{bmatrix} = \begin{bmatrix} \partial q_1/\partial p_1 \\ \partial p_2/\partial p_1 \\ \partial p_3/\partial p_1 \end{bmatrix}$$

que nos permite calcular facilmente o valor de dq_1/dp_1.

Temos

$$\frac{dp_1}{dp_1} = \frac{\partial q_1}{\partial p_1} + \frac{\partial q_1}{\partial p_2} \left[\frac{\frac{\partial p_2}{\partial p_1} + \frac{\partial p_2}{\partial p_3} \frac{\partial p_3}{\partial p_1}}{1 - \frac{\partial p_2}{\partial p_3} \frac{\partial p_3}{\partial p_2}} \right] +$$

$$+ \frac{\partial q_1}{\partial p_3} \left[\frac{\frac{\partial p_3}{\partial p_1} + \frac{\partial p_3}{\partial p_2} \frac{\partial p_2}{\partial p_1}}{1 - \frac{\partial p_2}{\partial p_3} \frac{\partial p_3}{\partial p_2}} \right]$$

de onde calculamos a elasticidade da procura do café brasileiro. Essa expressão, apesar de aparentemente complicada, possui uma interpretação econômica muito simples e intuitiva, pois os termos entre parênteses são as modificações causadas pelas variações de p_1 no sistema de curvas de reação. Isso quer dizer que os parênteses associados a q_1/q_2 são precisamente dp_2/dp_1, ou seja, a modificação causada em p_2 por uma alteração de p_1. Analogamente, se interpreta o outro parêntese. Em termos econômicos, portanto, a equação anterior nos diz que o efeito de uma modificação dos preços do Brasil, na procura do Brasil, deve ser calculado levando-se em conta as repercussões que produz sobre os preços da Colômbia e da África. Para se dar um exemplo concreto, suponhamos que a curva de procura de café brasileiro possa ser aproximada por $q_1 = a_0 + a_1 p_1 + a_2 p_2 + a_3 p_3$ e que a Colômbia e a África adotem a seguinte estratégia: $p_2 = k_2 p_1$ e $p_3 = k_3 p_1$, onde k_2 é um número maior do que um e k_3 um número menor do que um.

Pela natureza da curva de procura, temos que a_1 deverá ser um número negativo, enquanto a_2 e a_3 serão números positivos. A elasticidade da procura brasileira, neste caso, será dada por

$$(p_1/q_1)(dp_1/dp_1) = (a_1 + k_2 a_2 + k_3 a_3)(p_1/q_1).$$

É fácil compreender-se agora por que, quando não se leva em conta as curvas de reação, a elasticidade se apresenta muito maior do que ela é na realidade. Sem levar-se em conta as alterações causadas em p_2 e p_3 pela modificação de p_1, teríamos o coeficiente de elasticidade $a_1 (p_1/q_1)$. Ora, $|a_1|$ é, certamente, maior do que $|a_1 + k_2 a_2 + k_3 a_3|$.

Essas conclusões explicam, portanto, por que a procura do café brasileiro continua inelástica. Esse fato deriva da sua importância no mercado, não somente quantitativa, mas também psicológica. Enquanto os concorrentes aceitarem a liderança do Brasil em matéria de preços (isto é, enquanto eles fixarem a sua política de preços depois que o Brasil fixou a dele), é improvável que a procura de cafés brasileiros se torne elástica.

O MERCADO EUROPEU

Outro ponto importante que precisa ser considerado refere-se ao fato de que as estimativas anteriores e quase toda a experiência adquirida em matéria de elasticidade da procura liga-se ao mercado consumidor norte-americano. É preciso considerar-se, entretanto, que, apesar da sua grande importância, esse mercado não representa todo o consumo mundial do produto e que existe um amplo mercado na Europa, como se verifica pela tabela abaixo, em que damos as percentagens médias de absorção sobre o total mundial nos anos 1955 e 1956:

QUADRO 46

Países ou regiões	Percentagem sobre o total mundial
Estados Unidos	58
Outros países americanos	4
Europa	35
África	2
Ásia	1

Fonte: Bureau Pan-Americano do Café, *Relatório*, 1956.

A Europa representa, portanto, nada menos do que 1/3 do consumo mundial do produto e importa analisar-se as suas possíveis reações às modificações dos preços. Conforme mostramos no capítulo 4, em que tratamos do crescimento da concorrência africana, o mercado europeu pode dividir-se em dois: um, constituído por aqueles países que possuem colônias, e outros, que não as possuem. Nos países metropolitanos, a penetração do café brasileiro é mais difícil, porque, quando a barreira dos preços é insuficiente, eles lançam mão do contingentamento. Pode-se mesmo dizer que eles continuam a permitir a entrada de certa quantidade de cafés brasileiros para poderem nos exportar seus produtos.

Nos países europeus, o problema dos preços é muito mais sério do que nos Estados Unidos, porque se trata de populações com níveis de rendimento muito inferiores aos dos norte-americanos. Paradoxalmente, entretanto, a capacidade de os produtores influírem nos níveis internos de preços é relativamente pequena, devido à existência de tarifas específicas e pesados ônus tributários internos. Para se ter uma ideia mais precisa da altura dessas barreiras, basta considerar-se o que se passava nos cinco principais países consumidores em 1956. Damos, abaixo, uma tabela da absorção de cada país com relação ao total europeu, as suas tarifas alfandegárias, as suas taxas internas e o seu consumo *per capita* de café verde:

QUADRO 47

Países	Percentagem do consumo europeu	Tarifa alfandegária cents/libra-peso	Taxas internas cents/libra-peso	Consumo *per capita* em libras/peso
França	25%	20,0%	34,2	9,8
Alemanha	18%	49,7	4,0%	5,8
Itália	10%	5,1	44,5	3,5
Suécia	8%	3,9	2,2	17,5
Finlândia	4%	59,0	20,0%	16,8

Fonte: Bureau Pan-Americano do Café, *Relatório*, 1956.

Como se verifica, esses países representam cerca de 2/3 do consumo total da Europa. O outro 1/3 do consumo é realizado por países onde as barreiras alfandegárias não têm grande importância. Nesses países, bem como nos três primeiros do grupo anterior, a média de consumo *per capita* é extremamente baixa, o que mostra que, pelo menos potencialmente, existe a possibilidade de se ampliar de maneira muito ponderável o mercado europeu.

Em 1956, o preço médio do café importado foi da ordem de 48 cents/libra-peso. Supondo-se uma taxa média de comercialização de 10% para o importador e de 20% para o varejista, encontramos as seguintes percentagens que representam a importância do preço de importação sobre o preço no varejo:

QUADRO 48

Países	Percentagem do preço de importação s/ o preço no varejo em 1956
França	41%
Alemanha	36%
Itália	39%
Suécia	68%
Finlândia	28%
Outros países	76%

Calculando-se uma média ponderada dos cinco primeiros países, encontramos 42%. Temos, portanto, que na Europa uma redução de 10% nos preços CIF produz:

a) uma redução de aproximadamente 4% nos preços de varejo de 65% do mercado consumidor;
b) uma redução de aproximadamente 8% nos preços de varejo de 35% do mercado consumidor.

Esses cálculos mostram que uma diminuição de 10% nos preços do café se transmite, com muito menor intensidade, ao mercado interno.

É preciso considerar-se, por outro lado, que uma redução de 10% no nível tarifário de todos os países produziria uma redução média de preços da ordem de 5% nos cinco países que mencionamos na tabela. Esses cálculos mostram que, se fosse possível combinar-se uma redução de preços com um trabalho no sentido da redução do nível de tributação sobre o café, seria possível influir-se de maneira importante sobre o nível de preços. De fato, uma redução de 10% nos preços do café, combinada com uma redução de 10% no nível da incidência tarifária, reduziria, praticamente na mesma percentagem, os preços no varejo dos cinco principais consumidores.

A combinação dessas ações poderia abrir caminho para a utilização do grande mercado potencial existente na Europa. Não conhecemos as elasticidades das procuras naquele mercado (e não existem informações razoáveis para estimá-las), mas deve-se esperar que elas sejam superiores à norte-americana a longo prazo, principalmente devido aos altos níveis de preços atuais e ao baixo consumo *per capita*. Se supusermos, por exemplo, que essa elasticidade seja 0,8 nos cinco principais consumidores e 1,0 nos demais, uma redução de 10% nos preços de importação levaria a um aumento de consumo da ordem de 5%, com uma elasticidade média da ordem de 0,5 (porque a redução não se transmite integralmente ao consumidor). Ao contrário, se por gestões políticas e comerciais for possível conseguir-se, concomitantemente com uma redução de 10% nos preços de importação, uma redução de 10% no nível tarifário médio, a procura global deverá apresentar uma elasticidade bem próxima de 1.

De fato, é muito possível que, a longo prazo, os mercados europeus apresentem uma taxa de crescimento bastante acelerada se o nível de preços for substancialmente reduzido.

Níveis de preços e tempo da procura

Uma terceira objeção que se pode levantar à aplicação dos coeficientes de elasticidade, calculados para a determinação da melhor política cafeeira a ser seguida, refere-se ao fato de que as curvas obtidas somente nos dão informações sobre uma faixa relativamente estreita de preços. No nosso caso, por exemplo, o modelo descreve bem o comportamento do consumo dentro de uma faixa de preços reais que vão de 50 cents a um dólar por libra-peso. Nada sabemos, entretanto, sobre a reação dos consumidores a um preço de 30 cents ou a um preço de dois dólares por libra-peso.

Uma observação cuidadosa do comportamento dos preços em torno da curva de procura que ajustamos anteriormente, revela o seguinte: quando os preços sobem violentamente, os consumidores tendem a consumir menos do que seria estimado pela curva de procura. À medida, entretanto, que se habituam com o novo nível de preços e ele permanece mais ou menos constante, o consumo volta a crescer e tende a superar o consumo estimado pela curva ajustada. A curto prazo, portanto, a elasticidade é, de fato, maior do que a estimada pela curva de procura construída.

Há, entretanto, outro fator que não recebeu até o presente a atenção que merece. Como vimos nos primeiros capítulos deste trabalho, o consumo global de café tem se mantido em ascensão, pelo menos desde 1850, quer em períodos de preços baixos, quer em períodos de preços altos. A observação mostra, entretanto, que, quando se registram períodos de preços baixos, a *taxa de crescimento anual do consumo* é mais elevada. Esse problema não se confunde, como é óbvio, com o problema da elasticidade da procura, que é essencialmente estático. Para exemplificar: vimos que uma redução de 10% nos preços do café deve levar a um aumento do consumo da ordem de 3 ou 4%, fenômeno que se processa *sobre uma curva de procura*. Ao novo nível de preço, entretanto, *a curva de procura* se desloca mais rapidamente para a direita do que antes. Afirmamos, em essência, que, se com os preços a 80 cents por libra-peso no varejo a procura cresce anualmente 3%, com preços a 50 ou 60 cents, ela se deslocará, no tempo, a uma taxa de 4 ou 5%.

A reação da procura a uma baixa de preços é, portanto, mais acentuada a longo prazo do que a curto prazo e é essa uma das mais sérias limitações à utilização das baixas elasticidades estimadas para a determinação da política cafeeira. Mostramos, nos três primeiros capítulos deste trabalho, que a receita global de divisas proveniente do café registrou um crescimento por degraus. Dentro de cada um deles, a inelasticidade da procura era manifesta, mas entre eles verificávamos que a procura crescia consideravelmente, estimulada, principalmente, pelos baixos preços dos períodos de depressão do mercado.

A diferença entre o que podemos chamar de elasticidade a curto prazo (determinada sobre a curva de procura) e a elasticidade a longo prazo (em que levamos em conta as taxas de crescimento da procura no tempo) pode ser mais substancial do que parece à primeira vista, porque um aumento do consumo envolve uma elevação da procura de café em todo o processo de comercialização, uma vez que os estoques de trabalho têm que ser reajustados.

Este capítulo mostrou que o problema da determinação da elasticidade da procura do café brasileiro é muito mais complexo do que pode parecer à primeira vista e que a simples aplicação do método estatístico é incapaz de resolvê-los. A despeito, entretanto, de todas as limitações e qualificações que fizemos, pensamos que um fato subsiste: *considerado o mercado em sua configuração global, a procura do café brasileiro se comporta como se fosse relativamente inelástica*. Esse fato é evidenciado pela alta correlação positiva encontrada entre o nível de preço do café e a receita total de divisas (Delfim Netto, 1957), que se nota claramente no gráfico 5 (p. 112).

A mesma conclusão é, aliás, sugerida pelos resultados da própria política de valorização. Se a procura do nosso café fosse elástica, a política de valorização teria fatalmente de redundar numa diminuição da receita de divisas e, consequentemente, numa elevação da taxa cambial. Os preços do café em moeda nacional subiriam então violentamente. Não foi isso o que se verificou. Com a valorização, a receita de divisas crescia e consequentemente a taxa cambial baixava e a única maneira de melhorar-se a remuneração dos cafeicultores em moeda nacional residia na fixação da taxa cambial, como se fez com a Caixa de Conversão e depois com a Caixa de Estabilização.

Essa inelasticidade, entretanto, tem diminuído e continuará a diminuir na medida em que o Brasil perde a sua posição no mercado. Por outro lado, é um fato inteiramente evidente que daquela inelasticidade não é possível extrair-se as conclusões que têm sido utilizadas na determinação da política cafeeira do Brasil. Essa política, como vimos nos capítulos anteriores, redundou no enfraquecimento da posição brasileira no mercado internacional do produto.

CAPÍTULO 9

O PROBLEMA DOS ACORDOS INTERNACIONAIS

Introdução

Pensamos que a análise anterior conseguiu colocar em evidência os principais problemas do mercado cafeeiro. Mostramos, em particular, que o mercado cafeeiro é inerentemente instável e que, tanto em plena liberdade como controlado pelas políticas até agora postas em execução, ele tende a oscilar. Infelizmente, não é possível, por enquanto, ter-se uma ideia do período e da amplitude (variáveis) dos ciclos do mercado dentro de cada política, para poder-se ordená-las em termos dessa instabilidade.

Aparentemente, a principal conclusão deste trabalho seria que só uma política de entendimento internacional entre os vários produtores poderia eventualmente reduzir a instabilidade do mercado.

A tentativa de controlar-se o comportamento dos preços de determinados produtos é certamente muito antiga. No passado, entretanto, essas tentativas estiveram quase sempre ligadas à exploração de determinados monopólios naturais, destruídos posteriormente pelos progressos tecnológicos ou pelas modificações dos hábitos dos consumidores. Podem ser citados como exemplos mais característicos desse período o monopólio russo da potassa (1858); as elevadas taxas de exportação sobre o nitrato chileno (1879); o monopólio canadense da madeira (1891); o acordo entre produtores alemães e holandeses de quinina (1892); as leis de restrições da exportação de passas, na Grécia (1895); o monopólio japonês de cânfora

(1899); o Convênio de Taubaté (1906); o monopólio espanhol do mercúrio (1916); o plano Stevenson para a borracha (1922) etc.

Os planos internacionais destinados a estabilizar os preços começaram a realmente tomar forma apenas a partir do acordo internacional do açúcar, de 1931 (Plano Chadborne). No mesmo ano chegou-se ao acordo do estanho e, logo depois, ao acordo do chá (1933) e ao acordo da borracha (1934). Ainda nos anos 1930 encontramos os primeiros exemplos da participação ativa, também dos consumidores, nesses planos internacionais, como se vê no acordo do trigo, de 1933, e no acordo do açúcar, de 1937. Pode-se dizer, sem violar-se muito a realidade, que esses planos, como uma série de outras instituições, tiveram a sua origem nas grandes dificuldades que se seguiram à crise de 1929.

Depois da II Guerra Mundial, com a criação da ONU e, como consequência das conclusões do seu volume *Measures of international economic stability* (1951), no qual se afirma que "we know of no practicable method of reducing the international impact of short-run fluctuations in the prices and terms of trade of primary products other than a direct and detailed attack on the problem through the negotiation of international commodity agreements", os estudos sobre a possibilidade de acordos internacionais se desenvolveram e foram, de fato, realizados alguns acordos, como o do açúcar e o do trigo.

Outro fator muito importante e que colocou os países subdesenvolvidos exportadores de matérias-primas dentro desse movimento, foi o fato de que, depois da II Guerra Mundial, o desejo de desenvolvimento generalizou-se e aqueles países compreenderam que, para financiar uma taxa razoável de crescimento, era preciso contar-se com uma entrada substancial e constante de divisas.

Não é, portanto, de se estranhar que, desde o começo do século, tenham sido despendidos esforços para a concretização de um acordo do café em escala mundial, como se pode ver pela lista de conferências já realizadas sobre o assunto:

1. Conferência para o Estudo da Produção e Consumo do Café, realizada em Nova Iorque, em 1902.
2. Congresso Internacional de Agricultura Tropical, Subtropical e de Café, realizado em Sevilha, em 1929, onde se propôs, inclusive, a instalação do Bureau Internacional do Café.
3. Congresso Internacional do Café, de São Paulo, em 1931, com o objetivo de restringir a produção mundial do produto.

4. Conferência Pan-Americana de Café, em Bogotá, 1936, onde, inclusive, chegou-se a um acordo quanto à manipulação dos preços, o qual nunca foi executado, e criou-se o Bureau Pan-Americano do Café.
5. Conferência Pan-Americana de Café, em Havana, em 1937, onde o Brasil propôs pontos concretos de acordo, aceitos em princípio, mas não executados por nossos concorrentes, o que, juntamente com razões políticas de ordem interna, forçou-nos a uma política agressiva a partir de novembro desse ano.
6. Conferência Pan-Americana do Café em Nova Iorque, 1940, logo seguida pelo Inter-American Coffee Agreement, no mesmo ano, que foi, de fato, um acordo internacional, realizado sob os auspícios dos Estados Unidos, para regularizar a situação dos produtores diante da guerra, que já se desenrolava na Europa.

Quando a situação, depois de 1949, tornou-se favorável aos produtores, o problema dos acordos permaneceu mais ou menos esquecido, para renascer somente em 1954. Durante os últimos quatro anos, o Brasil tem feito esforços consideráveis para convencer seus concorrentes sobre as vantagens de tal medida e, quando parecia que o havia logrado, mudanças políticas internas inutilizaram aqueles esforços. Em 1957, chegou-se a um acordo parcial entre os principais produtores latino-americanos e assinou-se um documento conhecido por Convênio do México, o qual simplesmente fazia referência a quantidades a serem exportadas. Para a safra presente (1958/59) continua em vigor um acordo do mesmo gênero, pelo qual o Brasil se comprometeu a retirar do mercado cerca de 85% dos excedentes mundiais.

Observemos que nossas conclusões sugerem que uma política de entendimento internacional seria a única maneira de reduzir-se a instabilidade do mercado, mas não sugerem que ela seria a melhor política para cada um dos países e, em particular, para o Brasil. Antes de podermos julgar definitivamente, temos que explorar dois problemas:
1. Se um acordo internacional é, de fato, capaz de eliminar as flutuações de curto e longo prazo do mercado e se não desenvolve forças que o destruirão, com resultados ainda mais graves.
2. Se a política de acordo poderia ser aceita por todos os países, grandes e pequenos, e ser, portanto, ela mesma estável.

É muito difícil falar-se de um acordo internacional em termos abstratos, justamente porque já foram imaginados vários tipos de acordo, cada qual com o objetivo de suprir determinadas deficiências do sistema de preços.

Em linhas gerais, entretanto, todo tipo de acordo internacional procura diminuir o mais possível os limites de flutuações dos preços.

OS TIPOS DE ACORDO

Existem pelo menos três tipos importantes de acordos internacionais já estudados e com eles podem ser imaginadas combinações de dois a dois, o que nos deixaria, teoricamente, com pelo menos seis tipos de acordos com características específicas. Os três tipos originais são:
1. Estoques reguladores (*buffer stocks*).
2. Acordo multilateral de compra e venda (*flexible multilateral bulk purchase*).
3. Acordo de quotas (*quota agreement*).

Pode-se falar num outro tipo original, que envolveria a compra e venda, não de um produto, mas de um grande número deles, e cujo objetivo seria a estabilidade do nível geral de preços. Esse tipo de acordo (como o de Lewis, o de Granam etc.) têm, entretanto, objetivos monetários e não nos interessam aqui. Para fins de discussão, é conveniente resumir as características principais de cada um desses acordos:

1. *Estoques reguladores* – nesse tipo de acordo, fixam-se dois limites dentro dos quais o mercado pode operar livremente. Se, por excesso de oferta, os preços caem abaixo do limite inferior, o mecanismo de estabilização ia comprando e faz estoque do excedente; se os preços superam o limite superior, o mecanismo entra vendendo o seu estoque. Enquanto os preços se mantêm dentro dos limites fixados, o mecanismo regulador permanece inativo.

2. *Acordo multilateral de compra e venda* – nesse tipo de acordo, estabelecem-se quotas básicas de exportações e de importações, que se tornam efetivas quando os preços ultrapassam os limites máximo e mínimo fixados. Os produtores se comprometem a entregar aos consumidores determinadas quotas (as quotas básicas) pelo preço máximo do acordo; reciprocamente, os consumidores se comprometem a receber as quotas básicas dos exportadores ao preço mínimo fixado pelo acordo. O contrato deve abranger uma importante parcela do comércio mundial do produto (mais de 50%), mas não todo o comércio. Todo o comércio realizado pelos países contratantes a preços situados entre os limites mínimo e máximo é considerado como atendimento dos compromissos criados pelo acordo.

3. *Acordo de quotas* – nesse tipo de acordo, são estabelecidas quotas básicas de exportação. Não se faz nenhuma previsão quanto ao nível dos preços. A diferença fundamental entre este tipo e o anterior é que, no acordo de quotas, estabelece-se realmente restrições físicas ao comércio. O Inter-American Coffee Agreement, mencionado há pouco, baseava-se nesse tipo de acordo.

Os efeitos estabilizadores dos acordos
Como o problema principal se refere aos efeitos estabilizadores do acordo, é interessante analisar-se com maior cuidado essa questão e depois estudar-se as demais.

Nos acordos do tipo estoques-reguladores
Nesse tipo de acordo, fixam-se dois preços: o preço de compra dos reguladores e o preço de venda. Como é evidente, o problema mais grave que se coloca no caso é o estabelecimento desses dois limites, pois deles dependerá o bom êxito ou o fracasso da operação. Se o preço de compra for suficiente para cobrir todos os custos de produção e deixar um lucro aos produtores, então é certo que o volume das safras aumentará de ano para ano e em breve os reguladores não terão capacidade financeira para continuar na operação.

Por hipótese, os reguladores entram no mercado comprando quando o preço cai abaixo de P_c e vendendo quando o preço ultrapassa P_v. É claro, então, que para o sistema funcionar regularmente (isto é, estabilizar os preços entre P_c e P_v) sem criar problemas secundários, é preciso que, em média, as safras maiores do que Q_c e as menores do que Q_v satisfaçam a seguinte condição

$$S(Q_v - Q) = S(Q - Q_c),$$

onde S significa somatório. De fato, se $S(Q_v - Q)$ for maior do que $S(Q - Q_c)$, os reguladores terão que vender mais do que compram e, se o efeito persistir, em breve eles não terão mercadoria para continuar a operação e o sistema fracassará; por outro lado, se $S(Q - Q_c)$ for maior do que $S(Q_v - Q)$, os reguladores compram mais do que vendem e, se o efeito persistir, em breve eles não terão recursos para continuar a operação.

Dada a curva de procura, é claro que é sempre possível, em princípio, encontrar-se os limites certos, mesmo que para isso seja preciso levar-se em conta a frequência das safras de determinada magnitude. Em princípio, portanto, o sistema de estoques-reguladores é capaz de manter os preços dentro de determinados limites, em torno de um ponto de equilíbrio de longa duração.

Seria possível levantar-se um grande número de problemas, mas pensamos que existem dois, cuja substância são capazes de eliminar o interesse de um país como o Brasil por um acordo cafeeiro desse tipo. Consideremos, em primeiro lugar, que o objetivo principal da política cafeeira do Brasil é manter a sua receita de divisas: o Brasil somente se interessa hoje pelo preço do café porque a variação desse preço causa variações, no mesmo sentido, na sua receita de divisas. O problema a investigar, portanto, é saber se a estabilidade de preços proporcionada pelos estoques reguladores significa a mesma coisa que estabilidade da receita de divisas de cada país participante do acordo.

Suponhamos, para raciocinar, que os estoques reguladores fixem o intervalo ± 15% em torno do preço de equilíbrio de longa duração como os limites de compra e de venda. Uma flutuação da safra brasileira de 30% (sobre a média de longa duração) é relativamente comum e a receita de divisas oscilaria, então, entre os limites:
a) safra normal e preço normal: $1,0 \times 1,0 = 1,0$;
b) safra pequena e preço alto: $0,7 \times 1,15 = 0,8$;
c) safra grande e preço baixo: $1,3 \times 0,85 = 1,1$.

Esse quadro mostra com clareza que, com a introdução dos reguladores, o Brasil receberá menos dólares quando sua safra é pequena do que recebe hoje e que a melhoria de receita nas safras grandes não é tão substancial como pode parecer à primeira vista. No caso de uma flutuação de 50% na safra, a situação ainda é mais dramática, pois os limites são:
a) safra pequena e preço alto: 0,575;
b) safra grande e preço baixo: 1,275.

No que se refere à estabilização da receita de divisas, portanto, o acordo do tipo estoques-reguladores é muito insatisfatório e é mesmo possível que leve desvantagens sobre o livre funcionamento do sistema de preços.

Em segundo lugar, esse tipo de acordo, como todo compromisso internacional, é necessariamente moroso em suas respostas às modificações do mercado e as alterações havidas na própria curva de procura somente são percebidas depois de criarem problemas. Os problemas administrativos para a execução de tal tipo de acordo são realmente impressionantes (como se pode ver nos esquemas de acordo elaborados pelo International Cotton Advisory Committee) e, depois que se criam determinados interesses, é muito difícil dar-se ao acordo a maleabilidade de que ele precisa para sobreviver com bom êxito.

Finalmente, no caso de um produto como o café, em que qualquer desvio do preço de equilíbrio pode criar um problema de excesso de capacidade que se manifesta muito tarde, pequenos erros de cálculo darão um rápido fim a esse tipo de acordo. Como a oferta só responde com muita lentidão aos estímulos dos preços, a execução de tal acordo deveria, no fim, abranger inclusive o controle da produção.

Esse problema é, aliás, francamente reconhecido por Porter (1950), no mais perfeito estudo sobre a economia dos estoques-reguladores que conhecemos, quando diz que "for plantation crops, where the growing period is very long, our formula (para a determinação do preço) may be inadequate. It is essential that a close watch be kept upon the volume of new planting, the production from which will not affect prices until many years have passed. With these crops there is a case for some control over new planting which will prevent the development of excess capacity..." e, mais adiante, completa o seu raciocínio, afirmando que "the important point is that buffer stocks alone may not be the complete solution to the problems of these industries".

Essas considerações mostram que dificilmente um acordo do tipo de estoques-reguladores será capaz de estabilizar o mercado cafeeiro em longa duração e que a sua utilização num período de excesso de capacidade, como o atual, está, mais cedo ou mais tarde, fadada ao fracasso.

Nos acordos do tipo multilateral de compra e venda

Como vimos nos capítulos anteriores, as flutuações dos preços no mercado cafeeiro não são devidas simplesmente à inelasticidade da oferta e da procura, mas também, e principalmente, ao "tempo" da resposta da oferta aos estímulos derivados das flutuações dos preços. Nessas circunstâncias, mesmo que um acordo internacional tendesse a tornar mais elástica a procura, as flutuações não seriam eliminadas. É claro, por outro lado, que um acordo que tendesse a diminuir a elasticidade da procura produziria, a longo prazo, uma instabilidade ainda maior do mercado.

É possível, portanto, realizar-se um primeiro teste sobre a adequação de determinado tipo de acordo para estabilizar o mercado cafeeiro, analisando-se os seus efeitos sobre a elasticidade da procura. Seguindo essa ideia, Johnson (1950) demonstrou que os acordos do tipo multilateral de compra e venda devem introduzir flutuações ainda maiores no mercado.

A aplicação das conclusões de Johnson ao problema do trigo (por ele tratado) não parece ser válida, principalmente porque a elasticidade-renda daquele produto é relativamente pequena nos países já desenvolvidos e pode tornar-se, inclusive, negativa. Para o café, entretanto, pensamos que elas se aplicam integralmente.

O argumento exposto por Johnson é facilmente compreensível. Num acordo em que se estabeleçam preços máximos e mínimos para o fornecimento e a absorção obrigatória de determinada quantidade (menor que o total absorvido por todo o mercado), como é o caso do acordo do trigo e como, eventualmente, poderia ser um acordo cafeeiro, elimina-se uma parte do efeito-renda fora do intervalo dos preços fixados e torna-se a procura mais inelástica. Suponhamos, de fato, que as condições de mercado determinem um preço de equilíbrio acima do preço máximo fixado pelo acordo. Nessas circunstâncias, os fornecedores terão que entregar aos consumidores, pelo preço máximo, a quantidade estipulada no acordo. Tudo se passa, então, como se os consumidores recebessem um subsídio. O seu rendimento real cresce, o que os induz a procurar no mercado (fora do acordo) uma quantidade maior do produto do que o fariam se tivessem que comprar toda a quantidade consumida a preços mais elevados. Pode-se afirmar, portanto, que, para qualquer preço acima do preço máximo, a procura, quando existe o acordo, é maior do que seria sem ele.

O mesmo raciocínio vale para os preços abaixo do preço mínimo. Nesse caso, são os consumidores que têm que pagar uma espécie de subsídio aos produtores (porque têm que comprar uma parte a preços mais elevados) e, portanto, o seu rendimento real diminui, o que os induz a consumir menos. Pode-se afirmar, portanto, que, para qualquer preço abaixo do mínimo, a procura, quando existe o acordo, é menor do que sem ele.

O acordo reduz, portanto, o efeito-renda fora dos limites de preço fixados e tende a tornar a procura mais inelástica fora daqueles limites. É claro que os efeitos desestabilizadores do acordo serão maiores quanto maior for a elasticidade-renda do produto, quanto maior for a importância dos gastos com o produto dentro dos gastos totais e quanto maior for a quantidade garantida pelo acordo.

A análise de Johnson se aplica mais fortemente, portanto, aos produtos de elasticidade-renda positiva, como é o caso do café, e menos ao do trigo, para o qual o argumento foi originalmente concebido. No caso do café há, entretanto, outro fator muito importante, pois, sendo perene a cultura, os desequilíbrios podem assumir maior gravidade.

Se, por exemplo, os preços caem fora do intervalo fixado pelo acordo, digamos, acima do preço máximo, o mercado fixará, na realidade, um preço superior ao que seria preciso, num mercado livre, para igualar oferta e procura, o que induziria um aumento da oferta (novas plantações) ainda maior. Quando esse aumento se concretizasse, é muito possível que a situação se invertesse e os preços caíssem abaixo do mínimo fixado pelo acordo. O preço seria, portanto, mais baixo do que num mercado livre, para a parte negociada fora do acordo.

A ação dos especuladores, por outro lado, tenderia a acentuar ainda mais as flutuações de preço fora do intervalo do acordo, pois a perspectiva de uma safra menor facilitaria a manipulação da parcela do mercado que ficou fora do acordo. Esse aspecto pode ser esclarecido com um exemplo. Suponhamos que o acordo inclua 80% da produção e do consumo mundiais num período normal. Uma redução de 10% na oferta mundial produz uma redução de 50% na oferta do mercado livre.

Esses fatos mostram que não se deve esperar resultados muito satisfatórios, a longo prazo, de um acordo internacional baseado no tipo dos contratos multilaterais de compra e venda.

Nos acordos de quotas
É mais difícil uma análise da estabilidade nos acordos por quotas, principalmente porque o bom êxito desse tipo de acordo repousa na determinação dos seus participantes de cumpri-lo à risca.

A instabilidade desse tipo de acordo, a longo prazo, deriva do fato de que os consumidores, para se livrarem da pressão monopolista exercida pelos principais produtores (por definição reunidos no acordo), procuram diversificar as suas importações, estimulando o desenvolvimento dos pequenos produtores que permaneceram fora do entendimento. Dentro desse tipo de acordo, os produtores que se recusam a colaborar com seus concorrentes na escala mundial, tendem a se beneficiar dos aumentos de consumo. Por outro lado, a determinação dos próprios países participantes vai-se alterando à medida que percebem que estão entregando os acréscimos de consumo aos que estão fora do acordo, o que prejudicará a continuação do mesmo.

O controle rígido das exportações não pode, por outro lado, ser executado sem um concomitante controle interno da produção. Mesmo quando esse controle é executado, uma safra excepcionalmente grande pode criar pressões muito fortes e induzir o país a abandonar o acordo para resolver a sua situação momentânea.

É óbvio que, quando o governo estabelece quotas de exportação, ele implicitamente se compromete a adquirir os excedentes. Isso o coloca na contingência de ter que adquirir safras cada vez maiores à custa da sua estabilidade monetária, principalmente se se tratar do país de menor custo. Essa circunstância mostra que os países de melhor produtividade podem aceitar o acordo como alguma coisa inevitável diante de certa situação do mercado, mas que o seu funcionamento tende a criar condições dentro das quais é impossível manter-se a estabilidade monetária interna.

Conforme mostrou Mason (1946), os principais argumentos contra este tipo de acordo são os seguintes: a) ele tende a congelar o comércio dentro dos canais existentes quando foi instituído e a sustentar um nível de preços que não consulta os interesses dos consumidores; b) ele produz uma distribuição das exportações com referência a um determinado período-base e, uma vez fixadas as quotas, dificilmente podem ser modificadas. Isso significa que o custo de produção não pode ser levado em conta e que os progressos tecnológicos não podem ser facilmente assimilados.

Pensamos que um acordo desse tipo, ainda quando seja capaz de produzir algum resultado em curta duração, é incapaz de sustentar-se, a não ser por meio de um rígido controle da produção.

Apreciação final dos efeitos estabilizadores dos acordos internacionais

A discussão anterior foi necessariamente esquemática, pois um estudo cuidadoso dos problemas econômicos levantados por cada tipo de acordo somente poderia ser feito num trabalho especial sobre esse tema. Essa análise, entretanto, foi suficiente para mostrar que, além dos problemas administrativos suscitados por cada tipo de acordo, todos eles possuem uma certa instabilidade a longo prazo e não é possível esperar eliminar-se as flutuações, quer dos preços, quer dos níveis de rendimento de divisas do café de cada país, por seu intermédio.

É certo que qualquer tipo de acordo (com a possível exceção do contrato multilateral de compra e venda) deve produzir uma diminuição das flutuações de curto prazo dos preços, mas não é correto esperar-se uma solução razoável para o problema a longo prazo.

O problema principal num acordo internacional destinado a sustentar os preços do café reside nas dificuldades futuras de ajustar-se o mercado às novas condições que se vão criando. À medida que a organização internacional toma corpo, consolidam-se dois tipos de interesses, que acabam impedindo o seu funcionamento.

De um lado, criam-se interesses nacionais e os países de produção menos eficiente procuram defender os preços e, de fato, precisam defender os preços em níveis mais altos. Mesmo quando esse fato não tenha importância no momento em que o acordo é celebrado, ele deve gerar uma grande inércia nos preços, para impedir que os países de custo mais elevado sejam eliminados do mercado. É claro que esse ponto não constitui uma objeção ao acordo em si mesmo, mas à maneira pela qual o acordo tem que, inevitavelmente, ser conduzido. Apesar de ser possível, pelo menos em teoria, determinar-se uma faixa para as variações de preços de curto prazo, sabemos que a realização efetiva de um acordo depende de compromissos políticos de toda espécie e é certo que os problemas econômicos (dos quais depende a estabilidade do acordo a longo prazo) são relegados para segundo plano.

Essa objeção é ainda mais válida quando se trata de um produto como o café, cujas exportações representam, para a grande maioria dos países importantes do mercado, a fonte principal e quase exclusiva de divisas.

De outro lado, não devemos esquecer que o acordo não se faz abstratamente entre os países, mas entre as classes interessadas de todos os países, sob a tutela dos seus governos. A pressão dos produtores de custo mais alto na escala mundial tem a sua simétrica na escala nacional. Como o acordo se faz, de fato, entre as classes interessadas, é evidente que os produtores de custo mais alto dentro de cada país conseguem sempre forçar, numa medida maior ou menor, o compromisso a seu favor.

A ação dos produtores de alto custo, tanto na escala mundial como na escala nacional, é facilitada pelo desejo de maiores lucros dos demais participantes, que se apresenta na forma de transigência com os princípios econômicos. O problema é muito mais grave quando consideramos que, sendo o café o principal produto de exportação de quase todos os países produtores e sendo ele a principal fonte de rendimento interno, nenhum país reconhece, com facilidade, a sua situação de produtor de alto custo e a necessidade de transferir seus recursos para outras atividades. Esse problema poderia ser contornado baixando-se os preços e forçando-se o país de alto custo a permanecer fora do acordo. Acontece, entretanto, que pode ocorrer que algum país de alto custo seja importante no mercado ou que a reunião daqueles países represente uma parcela ponderável dos fornecimentos, caso em que o acordo se torna inoperante.

Na medida, entretanto, em que os países de alto custo resistem em sua posição, eles criam as condições para maiores complicações futuras, porque os concorrentes de maior eficiência podem ir expandindo a sua produção. Desse fato, decorre que a única maneira de impedir-se que o acordo se destrua a longo prazo é controlando-se a produção.

Do ponto de vista social, essa inércia dos preços é muito prejudicial, pois, de um lado, impede que os fatores de produção se encaminhem para os setores onde tenham maior produtividade nos países de alto custo e, de outro, desestimula as aplicações imediatas dos ganhos tecnológicos que a atividade vai conseguindo. Temos, então, um duplo prejuízo: o não aproveitamento dos ganhos de produtividade significa que a coletividade tem que se contentar com um nível de rendimento menor do que o que poderia obter, quer internamente, quer no regime de trocas internacionais (porque os países de alto custo deixam de produzir produtos nos quais a sua vantagem relativa é maior).

As conclusões claras das considerações anteriores é que os países participantes não devem esperar mais do que os acordos podem dar, que é uma diminuição das flutuações de curto prazo dos preços dos produtos primários. Não há a menor possibilidade de o acordo defender os preços do produto a longo prazo sem terminar espetacularmente, como ocorreu com a defesa permanente do café, pois as diferenças de produtividade entre os países criará, mais cedo ou mais tarde, um volume de produção incapaz de ser absorvido aos níveis de preço defendidos. A única maneira de superar esse fato seria estabelecendo-se rígidos controles à produção em cada país. Mesmo assim, entretanto, como há liberdade de entrada, nada garante que não surgissem novos concorrentes para se aproveitar dos ganhos de monopólio, conferidos pelo acordo aos participantes.

A ACEITAÇÃO DA POLÍTICA DE ACORDO PELOS PRODUTORES

Como vimos no capítulo em que estudamos o desenvolvimento da concorrência, é muito improvável que os pequenos produtores, que ainda possuem grande capacidade de desenvolvimento, concordem em firmar um acordo em que, de um lado, se congele os canais de comercialização e, de outro, se estabeleçam limites à expansão da produção. Esse ponto ficou, aliás, evidenciado nas recentes discussões entre os países produtores. A oposição mais forte ao acordo (e à qual se deveu, afinal, a sua não realiza-

ção) derivou de países com as seguintes características:
a) eram pouco importantes para influenciar o nível de preços no mercado internacional do produto;
b) possuíam fatores de produção disponíveis para a ampliação da cultura;
c) a receita de divisas proveniente do café era relativamente pouco importante dentro do valor total das suas exportações.

Compreende-se perfeitamente por que aqueles países não concordaram com o acordo. Em primeiro lugar, sendo pequenos produtores, o preço internacional do produto não responde mesmo a aumentos ponderáveis de sua produção, de forma que eles podem aumentar a sua capacidade de compra no exterior simplesmente produzindo mais café.

Em segundo lugar, é evidente que os pequenos produtores, que não possuem fatores de produção disponíveis em escala apreciável, não podem, por limitações de ordem física, expandir a sua cultura. A única maneira, portanto, de elevarem o seu poder de compra derivado do café é aderindo a um sistema de defesa dos preços.

Finalmente, para que não interesse vitalmente ao país a sustentação dos preços do café, mas a ampliação do volume das exportações (que representa maior receita no futuro), é preciso que o café seja relativamente pouco importante dentro do seu balanço de pagamentos. Nesse caso, mesmo uma diminuição sensível da receita no café a curto prazo não causará perturbações maiores em sua economia e eles preferirão vender o seu café a preço mais baixo, desde que consigam ampliar o volume das suas exportações.

É de fato a concomitância dessas três condições que torna interessante a quase todos os países africanos e a uma boa parte dos latino-americanos permanecerem fora de um acordo internacional do café, pois, à medida que os produtores importantes defenderem os preços do produto, eles poderão facilmente ampliar o volume de suas exportações e lucrar duplamente: vendendo mais e a preços mais elevados.

É por essa razão que pensamos que dificilmente será possível realizar-se um acordo internacional do produto. Somente razões de ordem política poderão determinar, no futuro, o interesse dos pequenos produtores por essa espécie de entendimento. As discussões desses motivos escapam, entretanto, aos objetivos do presente trabalho.

CAPÍTULO 10

AS POSSIBILIDADES DO BRASIL DENTRO DO MERCADO CAFEEIRO INTERNACIONAL

Introdução

Nos capítulos anteriores mostramos que não existe possibilidade de se conseguir uma completa estabilização do mercado cafeeiro e que, de fato, mesmo que essa estabilização fosse conseguida, ela não significaria, necessariamente, uma estabilização da receita de divisas do país. A principal conclusão deste trabalho é a de que o mercado cafeeiro é inerentemente instável e que temos que nos conformar com as suas oscilações, se quisermos continuar a ser os principais produtores de café.

Restaria, finalmente, estudar-se a posição do Brasil dentro do mercado mundial e as suas perspectivas no futuro. A parcela mais importante das atuais dificuldades do nosso mercado cafeeiro decorre do fato de existir uma contradição entre os objetivos que procuramos atingir a curto e a longo prazo. As circunstâncias acabaram por colocar enormes sobrecargas do nosso processo de desenvolvimento econômico sobre o café, de tal maneira que deixou de ser possível pensar-se numa política cafeeira a longo prazo.

Café e desenvolvimento econômico

O nosso desenvolvimento realizou-se por uma ampliação descompassada entre setores que são essencialmente interdependentes e devem crescer simultaneamente. A aceleração do nosso ritmo de industrialização se fez à custa de uma transferência de mão de obra do setor agrícola — produtor de alimentos, de matérias-primas e de produtos de exportação — para o setor industrial, sem um concomitante aumento da produtividade. A nossa produção somente nos deixou de crescer porque, possuindo o país amplas áreas de terras virgens, foi possível substituir-se, em larga medida, a mão de obra que abandonava o campo por maiores recursos naturais. Essa ampliação da agricultura para terras mais férteis, entretanto, criou toda uma série de novos problemas, que estão estrangulando uma parcela dos aumentos de produtividade obtidos pela utilização de terras mais férteis.

A elevação do nível de rendimento, que caracteriza o desenvolvimento, exige, entretanto, cada vez maiores quantidades de produtos agrícolas, não somente porque o nível de consumo é ainda muito baixo, como porque é preciso aumentar-se os fornecimentos de matérias-primas para o setor industrial e de produtos para o setor exportador, pressionado pelas maiores solicitações de importações.

Como todo o processo é voltado para dentro do país e como a criação de um enorme diferencial entre a taxa cambial de exportação e de importação é o instrumento promotor do desenvolvimento, aos poucos a exportação vai se tornando impossível. A velocidade com que os produtos de exportação se tornam "gravosos" depende de dois fatores: a) da diferença entre a rapidez com que se elevam os custos internos e se reajustam as taxas cambiais de exportação, e b) da importância do país no mercado internacional dos seus produtos de exportação.

A nossa importância em todos os mercados mundiais de produtos — com exceção do café e do cacau — é inteiramente desprezível, e podemos tomar o preço internacional como um dado do problema. Dessa maneira, se os custos internos sobem mais depressa do que a taxa cambial, em breve chega o momento em que é impossível exportar-se, porque o preço no mercado internacional, convertido à taxa cambial em vigor, é inferior ao custo do produto no país. Em geral, esse processo nem sequer chega a realizar-se automaticamente, pois o pequeno crescimento do setor agrícola exige uma proibição ou contingentamento das exportações, não só de alimentos como de matérias-primas, como acontece atualmente.

O mecanismo de desenvolvimento funciona, portanto, no sentido de eliminar-se da pauta das exportações todos os produtos sobre os quais não temos influência na formação de seus preços. Nos demais, principalmente no café, a nossa participação no mercado é muito importante e podemos ir impondo sucessivas elevações nos preços internacionais do produto, à medida que os custos internos se elevam. O mesmo vale em escala muito menor para o cacau.

À medida, portanto, que se amplia o mercado interno, ficamos cada vez mais à mercê da sorte de um só produto para financiar as divisas necessárias para manter em funcionamento o nosso parque produtor e para a aquisição de bens de capital. O fenômeno é ainda mais grave quando — como ocorre no Brasil — a mística do desenvolvimento acaba por assumir um aspecto agressivo com relação aos capitais estrangeiros, o que tende a reduzir a corrente de capitais para o país. Todas as poupanças formadas no país e destinadas à inversão em bens de capital precipitam-se no mercado cambial e aumentam ainda mais a discrepância entre a taxa cambial de exportação e de importação, o que gera novas pressões altistas no mercado internacional do produto exportado.

Por maior que seja a inelasticidade da procura do produto — como é o caso do café — os ganhos nas relações de troca são cada vez mais insuficientes para suprir as diminuições das quantidades exportadas e não é mais possível forçar-se um aumento da receita de divisas por esse caminho. Acontece, por outro lado, que as enormes elevações dos preços do café, quando comparadas com as dos outros produtos da agricultura tropical, acabam criando condições muito favoráveis a novas entradas no mercado e, em breve, a exploração monopolística de que nos beneficiamos se encontra ameaçada pelo crescimento da produção dos concorrentes. A partir desse momento, é impossível sustentar-se o nível de preços do produto sem pôr em risco a nossa posição no mercado.

Essa é a contradição existente entre os objetivos de curto e longo prazo de nossa política cafeeira. O fato de financiarmos nosso processo de desenvolvimento com a receita de divisas proveniente do café foi um dos elementos mais importantes para a manutenção dos seus preços nos níveis atuais, o que, vale dizer, foi o elemento mais importante para o crescimento da concorrência que agora ameaça tirar-nos do mercado. A política que parecia acertada a curto prazo, de explorar ao máximo nossa posição monopolística, acabou criando condições a longo prazo que tornam impossível a sua continuação, a não ser que queiramos imolar o café.

Para compreender-se as perspectivas do mercado cafeeiro, basta atentar-se para dois fatos. Em primeiro lugar, é inteiramente óbvio que a população do mundo está crescendo aceleradamente e que, à medida que os programas de desenvolvimento projetados por todos os países conseguem realizar alguns de seus objetivos, obtém-se, em geral, reduções substanciais das taxas de mortalidade, de maneira que se deve esperar para o futuro próximo aumentos demográficos ainda mais importantes.

No estudo, *The past and future population of the world and its continents*, realizado pela Population Division da ONU, verificamos que, mesmo dentro de hipóteses conservadoras, a população do mundo, por continentes, deverá ser, mais ou menos, a seguinte, em 1980:

QUADRO 49

Continentes	População estimada (em 1.000.000 de pessoas)		Crescimento em %
	1960*	1980	
Total	2.850	3.628	27
África	230	289	26
América do Norte[a]	185	223	20
América Latina	212	312	47
Ásia[b]	1.540	2.011	31
Europa[c]	650	776	19
Oceania	14,5	17,5	21

* Estimado pelo autor. [a] Sem o México. [b] Sem a parte asiática da URSS. [c] Com a parte asiática da URSS.

Esses números não pretendem ser exatos, mas dão uma ideia da magnitude provável das populações continentais em 1980. É muito possível que, com a aceleração do desenvolvimento econômico da Ásia, esse continente revele um crescimento ainda mais importante do que o previsto. Como se vê, a população do mundo crescerá cerca de 27% nos próximos 20 anos e a população dos grandes consumidores de café (Estados Unidos e Europa) cerca de 20%. Esses dados mostram que é possível esperar-se progressos extremamente rápidos no consumo do café desde que ele possa ser colocado em áreas que hoje não o conhecem. É ilusão pensar-se que os hábitos de consumo são fixos. De fato, a formação dos hábitos é condicionada ao problema de preços, de maneira que existe uma interação entre as duas variáveis. Na teoria do valor, consideramos os hábitos fixos (definidos pelas famílias de curvas de indiferença) e desses hábitos deduzimos as curvas de procura, que, no mercado, juntamente com as curvas de oferta, determinam a constelação de preços e quantidades de equilíbrio. É preciso considerar-se, entretanto, que esses preços de equilíbrio criam condições para modificar as próprias curvas de indiferença. Se, portanto, no início são os hábitos de consumo que determinam os preços, numa segunda etapa os preços modificam os hábitos de consumo e influenciam os preços futuros e assim por diante.

Conclusão

Essa visão dinâmica da teoria do valor é absolutamente necessária para compreender-se o comportamento do mercado cafeeiro. Todos sabem, por exemplo, que a Inglaterra já foi um grande consumidor de café e hoje não o é mais; que o café robusta nem sequer era considerado café ainda no começo da década de 1920 e que hoje é considerado, em várias partes da Europa, como o "café verdadeiro" etc. Esses fatos mostram que é perfeitamente possível introduzir-se paulatinamente o hábito de consumir-se café em regiões agora em pleno desenvolvimento. É certo que a ânsia de desenvolvimento que cresce em todos os países tende a considerar o café como "artigo de luxo" (da mesma maneira que nós classificamos assim as porcelanas chinesas, os vinhos europeus, o uísque escocês etc.) e a dificultar-lhe a penetração e que a inexistência de uma rede de pagamentos multilateral também cria problemas, mas pensamos que é possível ampliar-se muito o seu consumo, mesmo dentro de prazo relativamente curto, como cinco ou dez anos.

Não é possível esquecer-se, por outro lado, que o próprio desenvolvimento econômico deve elevar a potencialidade do consumo do café, que é um produto de elasticidade-renda positiva.

Cumpre perguntar-se, então: de que variável dependerá a concretização desse crescimento? Na primeira parte deste trabalho, mostramos que, mesmo quando não se deve esperar respostas muito acentuadas a curto prazo do consumo do café às modificações dos seus preços, amplos períodos de preços mais baixos tendem a aumentar bastante a taxa de acréscimo anual do consumo de café. Vimos, inclusive, como antes da intervenção do governo no mercado, as fases descendentes dos ciclos dos preços eram suficientes para elevar a exportação a níveis que faziam crescer a receita de divisas. Temos, assim, que um período relativamente longo de preços mais baixos deverá facilitar os aumentos do consumo do café, não somente nas regiões que já o conhecem, como também naquelas onde ele precisa ir sendo introduzido. A variável estratégica, portanto, que poderá ou não tornar atual o consumo potencial do café, é o seu nível de preços.

De fato, se as condições do comércio mundial permanecerem relativamente estáveis até 1980 e os preços do café se fixarem em nível razoável, não será surpresa alguma que o consumo de café tenha crescido 50 ou 60%, o que significa de 20 a 25 milhões de sacas. Há, portanto, a possibilidade de serem aumentadas, de maneira substancial, as exportações totais dos países produtores. Esses acréscimos de consumo serão claramente conquistados por aqueles que tiverem melhores condições de concorrência.

A situação do Brasil é particularmente favorável nesse sentido. Dispomos do mais aperfeiçoado sistema de transportes, armazenamento, financiamento e comercialização do produto. Todos os outros sistemas de comercialização são muito inferiores a tudo o que existe no Brasil (mesmo o colombiano, se bem que em menor escala), o que nos proporciona ganhos de produtividade muito pouco compreendidos. Nossa maior vantagem, entretanto, é tecnológica. O Brasil realizou pequenos mas persistentes investimentos anuais nas pesquisas cafeeiras e criou uma equipe de técnicos realmente competentes no que se refere não somente aos aspectos genéticos como agronômicos do problema. Temos hoje acumulada uma soma de conhecimentos tecnológicos que vão desde a seleção de variedades mais precoces, mais produtivas e mais resistentes até toda uma técnica de plantio e adubação que nos permite pelo menos triplicar a produtividade do parque cafeeiro em prazo relativamente curto. Os esforços desenvolvidos nesse sentido permitem que se pense, hoje, numa lavoura cafeeira altamente mecanizada, onde a pressão da procura da mão de obra só se apresenta na colheita.

Temos, assim, criada e já posta em execução, em vários pontos do Estado de São Paulo, uma lavoura que permite a liberação maciça de fatores de produção: de terras e de mão de obra para outras culturas e para alimentar o desenvolvimento industrial.

Esses progressos quantitativos têm, também, a sua contrapartida qualitativa. Além das técnicas superiores de cultivo, colheita e secagem no terreiro já proporcionarem melhoria substancial da qualidade, conhecemos hoje que, com uma colheita e uma secagem mais racionais, podemos produzir cafés de bebida igual ou superior às mais finas bebidas colombianas.

O Brasil tem portanto condições para produzir, a talvez 1/3 do seu custo atual, toda a gama de bebidas conhecidas no mundo e tem, portanto, potencialmente, uma extraordinária capacidade de concorrência.

A defesa dos preços precisa ser julgada contra essa visão panorâmica do problema cafeeiro. Na medida em que defendemos os preços, melhoramos, é certo, nossas relações de troca (mas não aumentamos necessariamente a nossa capacidade de comprar no exterior, porque a quantidade exportada não aumenta), mas perdemos esses ganhos de produtividade. Na medida em que a defesa de preços implica (e tem que implicar, necessariamente) a sobrevivência e a lucratividade mesmo das lavouras de mais baixa produtividade, perdemos internamente muito mais do que ganhamos externamente.

Diante desse quadro podemos responder à pergunta: qual a posição do Brasil dentro de um acordo internacional? A experiência tem mostrado que, sendo o Brasil o maior produtor, ele tem que arcar com os maiores custos do acordo e, paradoxalmente, assistimos a ganhos de posição dos concorrentes que permaneceram fora do acordo. O Brasil, portanto, é que tem pago mais e recebido menos em todos os entendimentos internacionais.

O acordo não pode mais interessar ao Brasil por duas razões: a) porque deixará os acréscimos de consumo para os concorrentes que permanecerem fora dele, que assim se beneficiarão duplamente, vendendo mais a preços mais elevados, e b) porque, dentro do acordo, será quase impossível aproveitar-se os ganhos de produtividade já acumulados.

Dessa circunstância, todavia, não decorre que o Brasil deva promover uma guerra de preços, que prejudicaria a todos os produtores. Com um grande estoque disponível, o Brasil tem condições para promover uma baixa substancial do preço do café e defendê-lo nesse ponto. Com isso, ele melhorará a sua posição relativa no mercado mesmo a curto prazo, pois a parcela maior dos acréscimos de consumo deverá ser suprida por cafés brasileiros e criará melhores condições para a colocação das volumosas safras que virão ainda nos próximos anos.

O grande problema nacional, entretanto, é interno. Temos que criar rapidamente as condições necessárias para a assimilação das técnicas de produção e secagem já desenvolvidas, para, dentro do menor prazo possível, estar-se em condições de reconquistar, pela redistribuição dos fatores de produção, os prejuízos que decorrerão da diminuição dos preços do produto.

Todo este trabalho mostrou que é pelo menos ingenuidade procurar-se defender a posição atual, pois a longo prazo isso significará a nossa eliminação do mercado e a acumulação de um estoque de café de proporções impossíveis de serem manejadas.

Chegou, portanto, o momento de se decidir se vamos tirar todo o proveito imediato do café, conservando os preços tão altos quanto seja possível nos próximos anos, até que nossos concorrentes supram uma parcela mais ponderável do mercado e a influência das restrições de nossa oferta sobre os preços mundiais não consiga mais sustentá-los, ou se pretendemos continuar no mercado como os seus condutores.

O café é um produto de amplas possibilidades no mercado internacional e já possuímos enorme soma de desenvolvimentos tecnológicos capazes de triplicar nossa produtividade, de maneira que é inteiramente absurdo sacrificarmos um produto que poderá, durante muito tempo ainda, fornecer uma ponderável quantidade de divisas para obter-se, a curto prazo, receitas anuais maiores. Desse fato decorre que *a política cafeeira que mais convém ao Brasil não é aquela que procura obter o máximo de dólares por saca a curto prazo, mas aquela que assegura a receita máxima de divisas a longo prazo.*

CAPÍTULO 11

RESUMO DAS CONCLUSÕES

1. Durante a segunda metade do século passado, os preços do café apresentaram um movimento oscilatório sem tendência secular, dentro do qual é possível isolar-se três ciclos que podem ser explicados pela interação das forças de oferta e procura.
2. Nessa época, apesar de se notar uma certa tendência à ampliação dos ciclos, o mercado funcionou razoavelmente bem, flutuando os preços internos no mesmo sentido que os externos e restabelecendo-se o equilíbrio pela ação das próprias forças de oferta e procura.
3. O Brasil obteve a maior parcela do consumo mundial do produto, conseguindo, nas fases de depressão dos ciclos, compensar a diminuição dos preços por uma ampliação da quantidade exportada. Dessa maneira, enquanto os preços oscilavam, a receita de divisas proveniente do café tendia a se elevar por patamares.
4. As valorizações se fizeram inicialmente para sustentar os preços internos do café e só posteriormente é que o seu objetivo se transformou na defesa da receita de divisas.
5. As operações de defesa foram bem-sucedidas enquanto contaram com a conjugação de um grande número de fatores favoráveis, mas, dada a sua natureza, elas continham elementos de alta instabilidade, que, mais cedo ou mais tarde, teriam de se manifestar.
6. A estabilização cambial, concomitante com as operações de defesa, visava a impedir que a melhoria da taxa cambial diminuísse a remuneração dos agri-

cultores em moeda nacional e, dessa forma, trabalhava eficazmente contra a diversificação da produção nacional e contra o desenvolvimento industrial.

7. A concorrência se desenvolveu em função de dois fatores: preços elevados e dificuldades de pagamentos internacionais. Dentro da política atual, é improvável que essa concorrência venha a diminuir.

8. A concorrência africana é particularmente ativa e, se o Brasil quiser conservar o mercado, é preciso produzir uma redução do preço internacional do produto, pois o poder de competição do café solúvel diminui à medida que baixa o preço do café verde.

9. A oferta do café no ano t depende do preço do produto nos anos t-4, t-5... t-w e tende a apresentar um movimento oscilatório próprio.

10. A procura de café depende do preço no ano t e do nível de rendimento dos consumidores. Existe, entretanto, uma parcela importante da procura, dominada pelo fator "especulação".

11. Deixado o mercado cafeeiro inteiramente livre, ele deverá apresentar flutuações, pois o caminho do preço de equilíbrio é descrito por uma equação a diferença, linear, não homogênea, de grau $w + 1$, onde w é a idade máxima do cafeeiro, equação esta que apresenta raízes complexas.

12. A instabilidade do mercado cafeeiro não deriva, como geralmente se acredita, do fato de a sua procura ser inelástica, mas sim do fato de a oferta ser dominada por um fator "hereditário".

13. O estudo das condições de equilíbrio do mercado nada permite afirmar quanto a sua convergência. De fato, há razões para acreditar-se que um mercado cafeeiro inteiramente livre apresentará ciclo de amplitude crescente.

14. Não existe razão para pensar-se que um mercado cafeeiro livre fosse capaz de produzir uma taxa cambial cadente que chegasse a gerar um movimento contraditório entre os preços internos e externos do produto.

15. Mesmo no caso mais simples, não é, em geral, possível estudar-se o caminho do ajustamento simultâneo do preço do café e da taxa cambial. O parâmetro estratégico, no caso, é a elasticidade da taxa cambial com relação ao preço externo do café. O conhecimento histórico mostra que o valor daquele parâmetro era compatível, na segunda metade do século passado, com a estabilidade do sistema.

16. É praticamente impossível esperar-se um comportamento razoável do mercado cafeeiro dentro de um processo inflacionário aberto.

17. Todas as políticas de valorização possuem seus próprios ciclos, de onde se conclui que a substituição do mercado pela ação governamental é incapaz de estabilizar tanto os preços do produto como a receita de divisas.

18. O Brasil assumiu, voluntariamente, a posição de fornecedor residual, quando passou à fase da defesa permanente.
19. O equilíbrio do mercado em regime de oligopólio, em que cada parceiro procura maximizar a sua receita de divisas, também apresenta uma solução oscilatória.
20. O mercado cafeeiro é inerentemente instável e qualquer que seja a política seguida com independência pelos produtores (e o próprio mercado livre) tende a gerar ciclos de preços.
21. O custo social da defesa do café foi muito superior ao que geralmente se estima, pois manteve no mercado os produtores menos eficientes e gerou inicialmente condições muito desfavoráveis ao desenvolvimento industrial. Posteriormente, a disparidade criada entre as taxas cambiais de exportação e de importação impediram uma distribuição eficiente dos fatores de produção, o que tende a compensar os ganhos obtidos nas relações de troca.
22. O problema da elasticidade da procura do café é extremamente complexo e não pode ser resolvido em bases puramente estatísticas. Todos os coeficientes estimados são viciados para menos.
23. A elasticidade da procura do café brasileiro depende principalmente do comportamento de nossos concorrentes.
24. Apesar da grande quantidade de qualificações necessárias, é possível afirmar-se que, no nível atual de preços e a curto prazo, a procura de café é relativamente inelástica no mercado norte-americano.
25. A elasticidade da procura no mercado europeu deve ser maior, mas a execução de uma política de preço deve aqui ser executada juntamente com gestões diplomáticas para a diminuição das barreiras alfandegárias e dos altos impostos internos.
26. Apesar da baixa elasticidade da procura, é certo que, a prazo mais longo, a procura tende a crescer muito mais depressa a um nível de preço mais baixo.
27. Não existe nenhum tipo de acordo internacional capaz de garantir a estabilidade do mercado. Mais do que isso: os acordos de preço não garantem a estabilidade da receita de divisas. Existem tipos de acordo que, no caso do café, poderão, inclusive, aumentar a instabilidade da receita de divisas.
28. Aos pequenos produtores, que possuem condições favoráveis, não interessa o acordo, o que significa que eles poderão continuar a tirar vantagens da passividade de ação dos maiores produtores.
29. Todo acordo tende a criar uma série de interesses nacionais e internacionais, que, à medida que se consolidam, vão impedindo o seu funciona-

mento. A situação é pior devido ao fato de que a oferta de café somente responde aos estímulos dos preços com um atraso mínimo de quatro anos.

30. O mecanismo do desenvolvimento econômico do país deslocou todo o peso do fornecimento de divisas para o café e está trabalhando no sentido da sua eliminação do mercado internacional.

31. O café é um produto de amplas perspectivas no comércio internacional, não sendo exagero prever-se que, se forem criadas condições favoráveis, o consumo poderá crescer de 20 a 25 milhões de sacas nos próximos 25 anos.

32. O Brasil dispõe não somente da mais eficiente rede de comercialização do produto no mundo, como de amplos conhecimentos tecnológicos capazes de garantir a triplicação da sua produtividade em curto prazo. Da mesma forma, é absurdo sacrificar-se o produto para obter-se um aumento temporário da receita de divisas.

33. A política cafeeira que mais convém ao Brasil não é aquela que procura obter o máximo de dólares por saca a curto prazo, mas aquela que assegura a receita máxima de divisas a longo prazo.

ANEXO

Preço de Importação do Café nos Estados Unidos
(em cents/libra-peso)

Ano	Preço	Ano	Preço
1851	7,4	1904	8,1
1852	7,7	1905	8,6
1853	8,9	1906	7,9
1854	8,7	1907	7,6
1855	9,1	1908	7,5
1856	9,1	1909	7,9
1857	9,6	1910	10,3
1858	9,4		
1859	10,8	1911	13,3
1860	11,1	1912	13,8
		1913	11,1
1861	11,3	1914	9,6
1862	12,5	1915	9,6
1863	12,0	1916	10,1
1864	11,5	1917	9,0
1865	11,2	1918	14,1
1866	10,9	1919	19,5
1867	10,1	1920	19,5
1868	9,7		
1869	10,3	1921	10,7
1870	9,8	1922	12,9

Ano	Preço	Ano	Preço
		1923	13,5
1871	12,7	1924	17,5
1872	15,0	1925	22,3
1873	19,3	1926	21,6
1874	15,8	1927	18,5
1875	16,7	1928	21,3
1876	16,2	1929	20,4
1877	16,8	1930	13,1
1878	12,5	1931	10,1
1879	13,5		
1880	12,5	1932	9,1
		1933	7,9
1881	10,0	1934	8,8
1882	8,2	1935	7,6
1883	9,3	1936	7,7
1884	8,2	1937	8,9
1885	7,6	1938	6,9
1886	10,7	1939	6,9
1887	14,0	1940	6,2
1888	13,0		
1889	16,0	1941	7,9
1890	19,0	1942	12,0
		1943	12,4
1891	20,0	1944	12,5
1892	14,0	1945	12,7
1893	16,4	1946	17,2
1894	14,7	1947	24,0
1895	14,6	1948	25,1
1896	11,1	1949	27,2
1897	7,5	1950	44,7
1898	6,5		
1899	6,7	1951	50,5
1900	7,4	1952	51,3
		1953	52,7
1901	6,4	1954	65,7
1902	6,6	1955	52,2
1903	7,0	1956	51,2

Fontes: 1. Relatório do ministro brasileiro em Washington, Sr. Assis Brasil, intitulado *O café nos Estados Unidos da América*.
2. *Statistical Abstract of United States*. Vários anos.
3. Hoop. H. *A lei da oferta e da procura em relação ao preço do café*. 1954.
4. Relatórios do Bureau Pan-Americano do Café.

BIBLIOGRAFIA

ALLEN, R.G.D. *Mathematical economics*. London, Macmillan & Co., 1957.

ASHWORTH, W. *A short history of the intemational economy*, 1850-1950. London, Longmans & Green, 1954.

AVELAR MARQUES, J. Q. *Conservação do solo em cafezal*. São Paulo, Superintendência dos Serviços do Café, 1951.

BARROS FERRAZ, M. & Arruda Veiga, A. *Secagem nacional do café*. Secretaria da Agricultura do Estado de São Paulo, 1957.

BARTLETT, M. S. *Fitting a straight line when both variables are subject to error*. Biometrica, v. 5, p. 207, Sep. 1949.

BERNEGG, A. S. von. *O café*. Rio de Janeiro, Departamento Nacional do Café, 1938.

BRANDÃO, J. S. *Nosso grave problema cafeeiro*. Rio de Janeiro, 1945.

BOWLES, C. *Africa's challenge to America*. Berkeley, University of California Press, 1957.

Bureau Pan-Americano do Café. Foram consultados todos os relatórios anuais divulgados sob o nome de *Annual Coffee Statistics*.

_____. *Estadísticas cafeteras*. Curitiba, 1954. Volume preparado para a 5ª Conferência Pan-Americana do Café.

CALÓGERAS, J. P. *La politique monétaire du Brésil*. Rio de Janeiro, Imprimérie Nationale, 1910.

CAMARGO, R. & Queiroz Telles, A. *O café do Brasil*. Rio de Janeiro, Ministério da Agricultura, 1953, 2 v.

CAMARGO, T. & Teixeira Mendes, J. E. *Viagem de estudo aos países cafeeiros das Américas do Sul e Central.* São Paulo, 1941.

CARVALHO, V. *Solução da crise do café.* São Paulo, Civilização, 1901.

COCHRANE, D. & Orcutt, G. H. Application of least squares regression to relationships containing auto-correlated error terms. *Journal of the American Statistical Association*, v. 44, p. 32, 1949.

Conferência Internacional do Café. New York, 1902. Textos em inglês e português.

COSTA, I. *Os erros da valorização.* São Paulo, 1925.

COSTE, R. *Les caféiers et les cafés dans le monde.* Paris, Larose, 1955. Foi consultado apenas o primeiro volume.

CINTRA LEITE, O. *Estudo de mercados consumidores de café na Europa.* Rio de Janeiro, Instituto Brasileiro do Café, 1957.

DELFIM NETTO, A. O café brasileiro no mercado dos Estados Unidos no período 1922-1939, *Revista dos Mercados*, p. 15, mar. 1954.

_____. A curva de procura do café no mercado norte-americano no período 1925-1952. *Revista dos Mercados*, p. 7, maio 1955.

_____. Observação sobre o conceito de elasticidade. *Revista dos Mercados*, p. 7, mar. 1955 a.

_____. Política cafeeira. *Digesto Econômico*, n. 142, p. 67, jul./ago. 1958.

Departamento Nacional do Café. *Defesa do café no Brasil*, 1935. (Coletânea de Documentos Oficiais).

_____. *Convênios dos estados cafeeiros, 1906-1939.*

DI FULVIO, A. *El café en el mundo.* Roma, FAO, 1947.

Documentos Parlamentares. *Política econômica: valorização do café.* Rio de Janeiro, 1915, 2 v.

EGERTON, F. C. C. *Angola in perspective.* London, Routlegde & Kegan Paul, 1957.

EZEKIEL, M. *The Cobweb theorem.* Quarterly Journal of Economics, p. 255, Feb. 1938.

Federación Nacional de Cafeteros. *Boletín de Estadística.* Publicação anual.

_____. *Revista Cafetera de Colombia.*

Federal Trade Commission. *Report of the investigation of coffee prices.* Washington, 1954.

FELLNER, W. *Trends and cycles in economic activity.* New York, Henry Holt, 1956.

FERRAR, W. L. *Algebra.* London, Oxford University Press, 1941.

FERREIRA, P. C. *A política econômica do café.* Rio de Janeiro, Pongetti. 1933.

FERREIRA RAMOS, F. *A situação do café, câmbio e estatísticas*. São Paulo, 1919.

FOX, K. A. *Estimation of the consumer demand for coffee in the United States*. Washington, FTC Economic Report of the Investigation of Coffee Prices, 1954.

Fundo Monetário Internacional. *International Financial Statistics*. Publicação mensal.

FURTADO, C. *A economia brasileira*. Rio de Janeiro, A Noite, 1954.

GIBSON, W. M. & Jowett, G. H. *Three group regression analysis*. Applied Statistics. v. 6, 1957.

GILBOY, E. W. Time series and the derivation of demand and supply curves. *Quarterly Journal of Economics*, v. 48, 1934.

GIRSHICK, M. A. The application of the theory of linear hypothesis to the coefficient of elasticity of demand. *Journal of the American Statistical Association*, v. 37, p. 233, June 1942.

GUDIN, E. *Rumos de política econômica*. Rio de Janeiro, 1945.

HAARER, A. E. *Modern coffee production*. London, Leonard Hill, 1956.

HAAVELMO, T. The inadequacy of testing dynamic theory by comparing theoretical solutions and observed cycles. *Econometrica*, v. 8, n. 4, 1940.

HARBERGER, A. C. Some evidence on the internacional price mechanism. *The Journal of Political Economy*, v. 65, p. 506, Dec. 1957.

HOPP, H. A lei da oferta e procura em relação ao preço do café. Bureau Pan-Americano do Café, 1954, mimeogr.

_____ & Foote, R. J. (1955) A statistical analysis of factors that affect prices of coffee. *Journal of Farm Economics*, v. 37, n. 3.

HORNER, F. B. Elasticity of demand for the export of a single country. *The Review of Economics and Statistics*, v. 34, p. 236, Nov. 1952.

HSU, P. L. On the problem of rank and the limiting distribution of fisher's test function. *Annals of Eugenics*, v. 11, p. 39, 1941.

IBEC Research Institute. *Programa experimental no Brasil*. 1956.

JACOB, H. E. *Coffee: the epic of a commodity*. New York, The Viking Press, 1935.

JOHNSON, H. G. The de-stabilizing effect of internacional commodity agreement on prices of primary products. *The Economic Journal*, v. 60, n. 239, p. 626, Sep. 1950.

JORDAN, C. *Calculus of finite difference*. New York, Chelsea Publishing. 1950.

Jornal do Commercio. Retrospecto comercial. Rio de Janeiro. Publicação anual.

Junta de Exportação do Café. *Revista do Café Português*. Edição mensal.

Junta Interamericana do Café. *Primeiro relatório anual, 1941-1942*, Washington, 1942.
KENDALL, M. G. *Rank correlation methods*. London, Charles Griffin, 1948.
KEYNES, J. M. *A treatise on money*. London, Macmillan & Co. 1950. v. 2, p. 140.
KINGSTON, J. *A lei estatística da demanda do café*. Rio de Janeiro, Ministério da Agricultura, 1939.
_____. A análise periodal e sua aplicação à estatística da produção. *Revista de Economia e Estatística*, 1937.
_____. Fatores determinantes do preço do café. *Revista Brasileira de Estatística*, ano 8, p. 353, set. 1947.
KLEIN, L. R. *Economic fluctuations in the United States, 1921-1941*. New York, Wiley, 1950.
_____. *A textbook of econometrics*. New York, Row & Peterson. 1953.
_____. La elasticidad de la demanda del café en los Estados Unidos. *Revista del Banco de la República*, Bogotá, 1955.
KOOPMANS, T. *Linear regression analysis in economic time series*. Haarlem, 1937.
KUZNETS, S. *Population, income and capital Economic progress*. Louvain, Institut de Recherches Economiques et Sociales, 1955.
LACERDA, J. F. *Produção e consumo de café no mundo*. São Paulo, 1897.
LALIÈRE, A. *Le café dans l'État de Saint Paul*. Paris. Augustin Challamel, 1909.
LAWRENCE, J. S. *Stabilization of prices*. New York, Macmillan, 1928.
LESCURE, J. *Descrises gènèrales et periodiques de surproduction*. Paris, Domat-Montchrestien, 1938.
LEVY, H. V. *O aspecto externo do problema do café*. São Paulo, 1936.
MALAVOLTA, E., Pimentel Gomes, F. & Coury, T. Estudo sobre a alimentação mineral do cafeeiro. *Boletim 14 da Escola Superior de Agricultura Luiz de Queiroz*, 1958.
MALTA CARDOSO, F. *O papel do café na economia nacional*. São Paulo, 1945.
MANN, H. B. Non-parametric tests against trends. *Econometrica*, v. 13, p. 246.
MARINHO, A. *O sangue da Nação*. São Paulo, 1934.
MARSHALL, A. *Principies of economics*. 8. ed. New York, Macmillan, 1952.
MARTINS, D. *Café e câmbio*. São Paulo, 1924.
MASON, E. S. *Controlling world trade*. New York, 1946.
MATHESON, J. K. & Bovill, E. W. *East African agriculture*. London, Oxford University Press, 1950.
MENDES, J. E. T. *Ensaio de variedades de cafeeiros*. São Paulo, Imprensa Oficial do Estado, 1939.

MERGULHÃO, B. *A hora H do café*. Rio de Janeiro, Pongetti, 1937.

_____. *A santa inquisição do café*. Rio de Janeiro, Pongetti, 1940.

MILLIET, S. *Roteiro do café*. São Paulo, 1938.

Ministério da Agricultura. *O café na economia mundial*. Rio de Janeiro, 1935.

NAVARRO DE ANDRADE, E. *Café, juta e borracha (missão ao Oriente)*. São Paulo, 1923.

NIXFORD, O. *Cultura do café*. São Paulo, Melhoramentos, 1954.

NOGUEIRA, T. *Comentários e estudos sobre a questão do café*. São Paulo, 1937.

ONU. *Measures of internacional economic stability*. 1951.

_____. *Relatório da divisão de população*. 1951.

_____. Supplement to world economic report, 1949-50. *Review of economic conditions in Africa*, 1951.

_____. *Instabilité des marches d'éxportation des pays insuffisamment développés*. 1952.

_____. *Aperçu de l'évolution des conditions économiques en Afriques*, 1952-53. 1954.

_____. *Review of economic activity in Africa*, 1950 to 1954. 1955.

PAIVA, R. M. *Agricultura na África*. São Paulo, Secretaria da Agricultura do Estado de São Paulo, 1952.

PENTEADO, E. *A defesa do café*. São Paulo, 1930.

PIRES DO RIO, J. *A moeda brasileira e seu perene caráter fiduciário*. São Paulo, José Olympio.

PORTER, R. S. Buffer and economic stability. *Oxford Economic Papers*, v. 2, n. 1, p. 95, Jan. 1950.

PORTO-ALEGRE, P. *Monographia do café*. Lisboa, Bertrand, 1879.

RAMOS, A. *A crise do café*. São Paulo, 1930.

_____. A intervenção do Estado na lavoura cafeeira. *O café*. Rio de Janeiro, Departamento Nacional do Café, 1934.

REGRAY, L. *O café do Brasil em 1934*. Rio de Janeiro, DNC, 1935.

ROWE, J. W. F. *Markets and men*. Cambridge, The University Press, 1936.

_____. *Studies in the artificial control of raw material supplies*. London, The Executive Committee of London & Cambridge Economic Service, Brazilian coffee, n. 3, 1932.

RUFENACHT, C. *Le café et les principaux marches de matières premières*. Le Havre, Sociétè Commerciale Interocéanique, 1955.

SAMPAIO VIDAL, B. A. O café na economia brasileira. *Observador Econômico e Financeiro*, maio 1943.

SAMUELSON, P. A. Welfare economics and international trade. *The American Economic Review*, v. 28, n. 2, p. 261, June 1938.

SAMUELSON, P. A. The gains from international trade. *Canadian Journal of Economics and Political Science*, v. 5, p. 195, May 1939.

_____. Conditions that the roots of a polynomial be less than unity in absolute value. *Annals of Mathematical Statistics*, v. 12, n. 3, p. 360, 1941.

_____. *Foundations of economic analysis*. Cambridge, Harvard University Press, 1953.

SCHLITLER SILVA, H. A elasticidade da procura norte-americana de café. *Revista Brasileira de Economia*, ano 3, n. 4, 1949.

SCHMIDT, C. B. *Formação de cafezal*. São Paulo, Secretaria da Agricultura, 1957.

SCHUMPETER, J. A. *Business cycles*. New York, Mc-Graw-Hill Book Co., Inc. 1939. 2 v.

Secretaria da Agricultura do Estado de São Paulo. *Boletim de Agricultura*, série 55ª, 1954. 1956. Volume dedicado ao estudo dos problemas cafeeiros.

SMITHIES, A. Equilibrium in monopolistic competition. *Quarterly Journal of Economics*, v. 55, n. 1, 1940.

_____. The stability of competitive equilibrium. *Econometrica*, v. 10, n. 3, 4, 1942.

SOUZA REIS, F. T. *O padrão de câmbio-ouro como solução do problema monetário brasileiro*. São Paulo, 1923.

SPRINGETT, L. E. *Quality coffee*. New York, 1935.

Statistical abstract of the United States. 1923.

STEVENS, W. L. *Análise estatística do ensaio de variedades de café*. Separata de Bragantia, n.9, p. 103-13, 1949.

STONE, R. *The measurement of consumer's expenditure and behavior in the United Kingdom, 1920-1938*. Cambridge University Press, 1954.

Superintendência dos Serviços do Café. *Anuário Estatístico de 1953 e 1954/56*. São Paulo, Secretaria da Fazenda.

SZARF, A. e Pignalosa, F. Factors affecting United States coffee consumption. *Monthly Bulletin of Agricultural Economics & Statistics*, 1954.

TAUNAY, A. E. *Pequena história do café no Brasil*. Rio de Janeiro, Departamento Nacional do Café, 1946.

_____. *A história do café no Brasil*. Rio de Janeiro, Departamento Nacional do Café, 1939. 15 v.

TEIXEIRA VIEIRA, D. *A evolução do sistema monetário brasileiro*. *Revista de Administração*, ano 1, n. 2, 1947.

_____. *A produção e o comércio do café e o inquérito do Senado norte-americano*. São Paulo, 1950.
TELLES, R. *A defesa do café e a crise econômica de 1929*. São Paulo, 1931. 2 v.
TELLES, R. *Política de fraque e cartola*. São Paulo, 1956.
THURBER, F. B. *Cofee: from plantation to cup*. New York, 1881.
TINTNER, G. *The variate difference method*. Indiana, 1940.
_____. *Econometrics*. New York, Wiley, 1952.
TOSTA FILHO, I. *Comércio exterior do Brasil, 1800-1939*. Rio de Janeiro, 1958, mimeogr.
URIBE, A. *Brown gold*. New York, Random House, 1954.
UKERS, W. H. *All about coffee*. New York, The Tea and Coffee Trade Journal Co., 1922.
_____. *Coffee merchandising*. New York, The Tea and Coffee Trade Journal Co., 1924.
VEIGA FILHO, J. P. *O Estado de São Paulo*. São Paulo, 1896.
VIANA, V. *O Banco do Brasil*. Rio de Janeiro, 1926.
VILLARES, H. D. Contribuição para o estudo do problema econômico do café. São Paulo, 1933.
VILLARES, J. H. *O café, sua produção e exportação*. Instituto do Café do Estado de São Paulo, 1927. 2 v.
WALD, A. The fitting of straight lines if both variables are subject to error. *The Annals of Mathematical Statistics*, v. 11, p. 284, Sep. 1940.
WALLACE, B. B. & Edminster, L. M. *International control of raw materials*. Washington, Brookings Institution, 1930.
WALLIS, W. A. & Moore, G. H. *A significant test for time series*. New York, National Bureau of Economic Research, 1941. (Technical Paper 1).
WHITAKER, J. U. *A administração financeira do Governo Provisório*. São Paulo.
WICKIZER, V. D. *The world coffee economy*. California, Food Research Institute, Stanford University, 1943.
_____. *Coffee, tea and cocoa*. California, Stanford University Press, 1951.
WILSON, T. *Fluctuations in income & emphyment*. London, Pitman Publ. Co., 1949.

Formato: 16 x 23 cm
Mancha: 11,6 x 18 cm
Tipologia: ITC Garamond
Papel: Chamois Fine 80g/m² (miolo)
Couchê fosco 130g/m² (capa)
Impresso pela Gráfica Prol